KB121497

결혼학개론

결혼학개론

—

2021년 1월 20일 초판 1쇄 발행
2022년 11월 20일 초판 5쇄 발행

—

지은이 벨린다 루스콤
옮긴이 박선영
펴낸이 김정수, 강준규

—

책임편집 유형일
마케팅 추영대
마케팅지원 배진경, 임혜솔, 송지유, 이원선

—

펴낸곳 (주)로크미디어
출판등록 2003년 3월 24일
주소 서울특별시 마포구 마포대로 45 일진빌딩 6층
전화 02-3273-5135
팩스 02-3273-5134
편집 070-7863-0333
홈페이지 http://rokmedia.com
이메일 rokmedia@empas.com

—

ISBN 979-11-354-9366-9 (03190)
책 값은 표지 뒷면에 있습니다.

—

• 비잉(Being)은 로크미디어의 인문 도서 브랜드입니다.
• 잘못 만들어진 책은 구입하신 서점에서 교환해 드립니다.

MARRIAGEOLOGY: THE ART AND SCIENCE OF STAYING TOGETHER

결혼학개론

벨린다 루스콤 지음 / 박선영 옮김

행복한 결혼생활로

안내하는

과학적인 가이드

Being

다행히 지구력 운동을
더 좋아하는 에도에게

심장이여, 절대 지치지 않는 사랑을 해낼 만큼 강한가?

-알프레드 테니슨Alfred Tennyson 경

결혼은 훌륭한 제도다.

하지만 제도 안에서 살고 싶은 사람이 있을까?

-저자 미상

지은이 _ **벨린다 루스콤**Belinda Luscombe

벨린다 루스콤은 수상 경력이 있는 타임지 저널리스트이자 평론가이다. 대인 관계, 결혼, 문화, 육아, 21세기 여성의 진화된 역할 등을 주제로 〈타임〉지에 20년간 칼럼을 써왔다. 그 외에도 〈보그〉, 〈뉴욕 타임스〉, 〈스포츠 일러스트레이티드〉, 〈포춘〉, 〈아레나〉 등 다수의 잡지와 일간지에 글을 써왔으며, 결혼생활에 관한 기사로 현대 가족협의회 미디어상Council on Contemporary Families Media Award을 수상했다. 그녀와 그녀의 남편은 서로 맞지 않는 부분이 정말 많다고 생각하지만, 아이들의 놀림을 종종 받으며 30년째 그럭저럭 맞춰가는 방법을 터득하고 있다.

옮긴이_박선영

경성대학교 영문과를 졸업하고 부산대학교 교육대학원에서 영어교육학 석사를 취득했다. 영국에서 1년간 사회봉사 활동을 하고 필립모리스 코리아 외 외국기업에서 7년간 근무했다. 영어 강사와 기술 번역가로 활동했으며 글밥 아카데미를 수료한 뒤 현재는 바른번역에 소속되어 활동 중이다. 역서로는 《니체의 삶》, 《혼자 살아도 괜찮아》, 《오래도록 젊음을 유지하고 건강하게 죽는 법》, 《깃털 도둑》, 《다윈의 실험실》, 《처음 만나는 그리스 로마 신화》등이 있다.

우리가 결혼을 거꾸로 축하하고 있다고 생각해본 적이 있는가? 먼저 결혼식을 떠올려보자. 우리는 거창하게 식을 올려 결혼을 축하하고, 호화로운 신혼여행을 떠난다. 결혼 1주년 기념일은 아주 특별하고 흥분되는 날이다. 때로는 친척과 친구들이 그날을 기억하고 축하 카드를 보내기도 한다. 2주년이 되면 근사한 저녁을 먹고, 서로 선물을 주고받는다. 서양의 경우, 결혼기념일을 축하하기 위해 주고받는 선물이 정해져 있다. 가령, 3주년에는 가죽 제품, 5주년에는 나무 제품, 10주년에는 주석 제품, 그리고 15주년이 되면 크리스털 제품을 선물한다. 이후 20주년까지는 정해진 선물이 없고, 20주년에

도자기류를 선물하는데 아무래도 도자기는 크리스털보다는 덜 비싸다. 30주년이 되면 진주를 선물한다. 기본적으로 아내 쪽에서만 선물을 받는다.

이것은 완전히 거꾸로 된 발상이다. 어떤 바보라도 1년은 결혼생활을 유지할 수 있다. 신혼여행의 추억만으로도 3년은 버틸 수 있다. 결혼기념일 선물이 정말로 필요한 시점은 15년째부터다. 그때부터는 결혼생활이 더는 신선하게 느껴지지도 않고, 늘 옆에 있는 사람의 소중함을 느끼지도 못하게 된다. 그런데도 15주년 이후로 선물을 뚝 끊는 것은 축구 시합에서 전반전만 응원하거나 마라톤에서 하프 코스까지만 응원하는 것과 같다. 그때까지는 그나마 뛸 만한데 말이다.

이렇게 생각하게 된 계기는 오랜 친구에게서 받은 전화였다. 몇 달 만에 연락해온 친구는 20년간 함께한 아내와 이혼 절차를 밟고 있다는 소식을 전했다. 그들은 헤어짐도 좋은 경험으로 남기고 싶다는 이유로 당분간 한집에서 같이 살 계획이라고 했다. 같이 식사하고 집안일도 함께하면서 말이다. 하지만 결국에는 금전적인 부분을 정리할 것이라고 했다. 그들은 단지 결혼생활을 더 유지할 수 없을 뿐 여전히 서로를 사랑했다. 어쨌든 그 친구는 그렇게 말했다. 자신이 아는 어떤 부부도 비슷한 방식으로 헤어지고 있다는 말을 덧붙이면서.

요즘 부부들이 헤어지는 방식은 이렇다. 증오심으로 얼룩진

서문

다툼이나 구급 요원의 손에 들려 나가는 피 터지는 싸움은 별로 없다. 현대인의 이혼은 최첨단 동물병원에서 이뤄지는 안락사와 비슷한 듯하다. 두 사람이 마주 앉아 삶의 질을 생각하며 오랜 고민 끝에 서로에게 가장 좋은 선택, 즉 불행한 삶을 끝내는 가장 좋은 방법이 헤어짐이라고 결론을 내린다. 정말 좋은 의도에서 내리는 결정이다. 오랫동안 키워온 반려견이 몸이 완전히 망가져서 괴로워할 때 안락사를 고려하는 것처럼 말이다. 이는 식어버린 애정에 대한 분노가 아니라 신중하게 판단하고 결정한 우호적인 이별이다.

물론 그 친구는 그런 결정이 내려진 것을 안타깝게 생각하며 힘들어했다. 하지만 이별에 대한 아픔보다는 민망한 마음이 커 보였다. 친구에게는 그 결혼이 첫 번째 결혼이 아니었다. 그에게는 전부인 사이에서 낳은 장성한 아들이 있었다. 그는 그 아들이 자신을 어떻게 생각할지 걱정스러워했다. 그의 말을 듣다 보니, 그는 이혼을 두고 가족을 잃는 문제라고 생각하기보다 직장을 잃는 정도의 일로 받아들이는 것 같았다. 혹은 조심성 없이 신용카드를 쓰다가 사기를 당한 정도의 일로 여기는 듯했다. '맙소사. 또? 대체 나는 왜 이럴까?' 정도의 마음으로 말이다.

누구도 이렇게 말하고 싶지 않겠지만, 결혼이 실패하는 것은 당연한 일이다. 결혼한 부부들은 눈을 치울 때와 비슷한 감

결혼학 개론

정을 느낄 수 있다. 마음을 단단히 먹고 그 일을 시작하지만, 시간이 갈수록 힘들게 느껴진다. 생각했던 것보다 훨씬 큰 인내심이 요구된다. 시간이 가면 음식이 상하고, 불꽃이 사그라지고, 열정이 식는 것처럼, 결혼생활에 질리는 것은 자연스러운 과정이다.

누군가와 남은 평생을 함께하겠다는 말은 그 어떤 것보다 모험을 건 도전이자 두렵고 큰 결정이다. 그 말은 곧 그 사람과 함께 아이를 낳을 것이고, 이제부터 내리는 거의 모든 결정에 그 사람의 행복을 고려할 것이며, 그 사람의 미래가 내 미래에 영향을 미칠 것이고, 내게 청력이 남아 있는 한 그 사람의 농담과 이야기를 듣게 될 것이며, 그 사람의 신발이, 그 사람의 물건들이 우리 집 벽장을 차지할 것이고, 우리 집 배수구는 그 사람의 머리카락으로 늘 막힐 것이란 말이기 때문이다.

스타트업의 시대이자 팝업의 시대, 플래시 몹*의 시대에는 평생 함께하는 관계라는 말이 오히려 이상하게 느껴질 수 있다. 모든 것이 금방 생겼다 없어지는 시대에 그런 관계는 너무 길게 느껴진다. 파괴적 혁신에도 적합하지 않은 것 같다. 빠른 실패나 업그레이드를 허용하지 않으니 말이다. 넷플릭스, VOD 서비스의 등장으로 드라마의 다음 편을 보기 위해 일주

---

* flash mob. 불특정 다수의 사람이 인터넷이나 휴대전화로 약속한 장소에 모여 특정 행동을 하고 사라지는 행위 -역자주

일을 기다려야 한다고 생각하지 않듯, 그런 관계는 쟁기나 팩스처럼 쓸모없어진 인간의 다른 발명품과 함께 폐기 처분해야 한다고 생각할 수 있다.

결혼이 실패하는 것은 자연스러운 일이지만, 피할 수 없는 것은 아니다. 바람직한 일도 아니다. 우리는 음식을 상하지 않게 오래 보관하고, 사그라지는 불꽃을 다시 살리고, 사람들에게 새로운 동기를 부여할 방법을 안다. 조금만 주의를 기울이면, 우리는 당연하게 여겨지는 어려움을 극복할 수 있다.

결혼은, 그 낡고 케케묵은 제도는 지킬 만한 가치가 있다. 우리에게는 대부분 다른 사람과 친밀한 관계를 맺고자 하는 강한 욕구가 있다. 우리는 친구뿐 아니라 나를 위하고 아껴줄 남편이나 아내, 혹은 그런 역할을 해줄 누군가가 필요하다. 인생이라는 여행을 함께해줄, 지구 끝까지 함께하겠다고 약속해줄 사람이 필요하다. 연구 결과를 보면, 젊은 세대는 지금도 여전히 결혼을 강렬하게 원한다. 남녀 모두 그렇다. 동거하는 연인들은 대체로 그들의 관계를 공식적인 관계로 못 박아두고 싶어 한다. 굳이 그럴 필요가 없는데도 말이다. 오늘날에는 동성 간의 결혼을 법적으로 인정할지를 두고 논쟁이 끊이지 않는다. 결혼은 행복에 있어서 그만큼 중요한 문제다.

운전, 스쿠버 다이빙, 분홍색으로 머리를 염색하는 일 등 자연을 거스르는 다른 많은 행위처럼 결혼생활을 오래 잘 유지하는 것은 놀라운 경험이 될 수 있다. 결혼은 삶을 풍요롭게 하고, 흥분되고, 인생을 바꿔놓을 만한 경험이다. 정말 해볼 만한 가치가 있다.

아무에게도 도움 받지 않고, 혹은 배우지 않고 스쿠버 다이빙을 하는 사람은 없다. 역사적으로 볼 때 산소통보다 잘못될 확률이 훨씬 높은 결혼도 마찬가지다.

나는 오랫동안 결혼 문제를 연구하며 10년 넘게 〈타임〉지에 글을 써왔다. 결혼은 나에게 언제나 대단히 흥미로운 주제였다. 거의 모든 사람은 결혼에 대해 할 말이 있다. 자신의 결혼일 수도 있고, 부모님이나 자녀, 혹은 친한 친구나 그들이 사랑하는 연인의 결혼일 수도 있다. 결혼은 사람들을 극단으로 몰고 간다(여기서 결혼은 이성과 동성을 포함해 두 사람이 평생 함께 하겠다고 약속하는 모든 관계를 말한다). 결혼으로 인해 훌륭한 공감 능력을 발휘하고 인내하며 가장 멋진 모습의 내가 될 수도, 말도 안 되게 속 좁고 복수심에 불타는 사람으로 변해버릴 수도 있다.

내가 결혼 문제에 관해 글을 쓰는 동안 결혼을 바라보는 사람들의 인식이 크게 달라졌다. 한때 결혼은 모든 사람이 언젠가 해야 하고, 어떻게든 헤쳐 가야만 하는, 그리고 그만한 가치가 있는 일로 여겨졌다. 하지만 이제 결혼은 위험한 줄타기 같은 일, 해내기가 상당히 어렵고, 꼭 그렇게 필요하지 않은 일로 여겨지고 있다. 혼자 살기는 과거 어느 때보다 쉬워졌고 사회적으로도 인정되는 분위기다. 이제 결혼은 꼭 해야 하는 의무가 아니다. 한때 결혼은 성인이 되기 위한 통과의례였지만, 이제는 가까운 슈퍼마켓에 갈 것인지, 멀리 있는 유기농 직거래 장터를 찾아갈 것인지 고르는 것처럼 선택의 문제가 되었다.

결혼에 대한 인식이 이렇게 달라진 이유는 결혼 제도가 경제·기술·사회 등 여러 방면에서 압박을 받고 있어서다. 경제적인 면에서는 임시직 일자리의 증대와 부채 증가, 주택 시장의 변화, 실질 소득 감소 등에 영향을 받고 있다. 기술적인 면에서는 특히 불임 치료를 포함한 의료 기술의 발달과 온라인 데이트 증가, 소셜 미디어의 발달 등에 영향을 받고 있다. 또 사회적인 면에서는 여성들의 경제적 자립도 증가와 독신 및 한 부모 가정에 대한 사회적 인식 변화 등의 영향을 받는다. 세계화 현상과 디지털 혁신, 정보 혁명 등에 따른 영향 또한 두 사람 간의 친밀도 형성에 근본적인 변화를 일으키는 이유로 꼽히며, 이외에도 도시 발달과 동성 결혼, 성적 유동성, 넷플릭스, SNS 사용, 스마트폰, 요리 배달 서비스, 인터넷 무료 포르노, 미투 운동 등도 결혼 제도의 변화에 영향을 미치고 있다.

이런 격변의 소용돌이 속에서도 결혼이, 혹은 특정한 한 사람과 남은 평생을 함께 살아가는 삶이 탁월한 선택이 될 수밖에 없는 이유는 많다. 아마도 결혼은 학계에서 가장 많이 다뤄지는 주제 중 하나일 것이다. 그만큼 결혼에 관한 책도 많다. 연구 결과에 따르면, 결혼은 특히 세 가지 측면, 즉 건강, 재산, 성관계 면에서 우리에게 유리한 점이 있다. 결혼해서 행복하게 사는 사람, 혹은 행복하게 짝을 이뤄 살아가는 사람이 그렇지 못한 사람에 비해 대체로 더 오래 살고, 더 건강하며, 더 부유하고, 삶에 대한 만족도가 더 높다. 또한 그들 사이에서 태어난 자녀가 더 잘 자랄 가능성이 크다. 그리고 (평균적으로) 성관계도 더 많이 가진다.

그런데 좋은 거래에는 반드시 조건이 따르듯, 결혼으로 인한 장점을 누리는 데도 조건이 있다. 두 사람이 오래도록 함께해야 한다는 것이다. 물론 이는 쉬운 일이 아니다. 서로를 싫어해서도 안 된다. 매사추세츠주에 사는 남성 수백 명을 대상으로 80년간 이루어진 하버드 대학교의 연구 결과를 보면, 남성의 건강을 예측하는 최고의 변수는 50세 때 배우자와의 관계에서 느끼는 만족도였다. 갈등이 심한 결혼생활은 전쟁 지역에서 생활하는 것과 비슷하다는 연구 결과도 있다. 행복하지 않은 결혼생활을 유지하는 사람은 독신으로 사는 사람보다 더 불행하고, 더 건강하지 못했다. 결혼에 실패한 사람은 헤어짐을 견뎌냈던 기간을 인생에서 가장 힘든 시간으로 기억했다.

이 모든 사항을 고려하면 우리는 결혼에 관한 모든 과정을 물리학 기말시험을 준비하듯 진지하게 준비할 것이라 예상할

서문

수 있다. 어쨌든 새로 산 집이 마음에 들지 않으면 리모델링을 하거나, 다시 이사할 수 있다. 직업이 마음에 들지 않으면 직종을 바꾸거나 다른 회사로 옮길 수 있다. 머리카락은 기다리면 다시 자란다. 어쨌든 인생에서 내린 대부분의 결정은 적절하지 않다고 판단될 때, 조금만 노력하면 되돌리거나 만회할 수 있다. 하지만 배우자와 헤어지는 일은 그렇지 않다. 특히 아이가 있을 때는 헤어진 배우자를 인생에서 완전히 지우고 살 방법이 별로 없다. 법적으로는 거의 확실히 그렇다.

이상하게 우리는 부부간의 관계가 잘 풀릴 거라 막연히 기대한다. 인생을 옷에 비유한다면, 사람들은 어느 날 자신의 옷 솔기를 아무 데나 트고는 그곳에 다른 사람의 옷을 꿰맨 다음, 그 옷이 나에게 완벽하게 맞을 거라 기대한다. 억지로 기워놓은 부분이 터질 것 같아도 의식하지 못하다가 어느 날 솔기가 터져버려 속수무책으로 벌거벗겨진 상태가 된다.

다행히 우리에게는 성공적인 결혼생활을 도와주는 연구 결과가 많다. 그동안 사회학자, 심리학자, 인간관계와 인간 행동을 연구하는 학자들은 결혼 문제를 여러 방면에서 연구해왔다. 결혼이 개인의 삶에 중요하고, 건강한 가족이 자녀의 삶과 행복에 미치는 영향이 지대하기 때문이다. 인생의 동반자를 찾고자 하는 욕구는 별로 달라지지 않았지만, 찾는 방법은 많이 달라졌다. 따라서 그와 관련된 연구도 계속 수정되고 업데이트되고 있다.

　심리치료사들 또한 부부들을 관찰하며 얻은 결론을 통해 잘 못된 관계를 바로잡고 수렁에서 빠져나오는 법을 제시하며 결혼에 관해 조언하는 훌륭한 책을 많이 내고 있다. 이런 임상 전문의들은 거시적 관점에서 인간의 행동을 관찰하고 결론을 내리기보다 두 사람 사이에서 실제로 일어나는 일을 관찰하며 개인적 수준의 문제를 깊이 들여다본다. 부부 사이에 반복되는 문제가 있는가? 보편적인 문제 해결법은 없는가? 그들은 이런 질문에 대한 답을 찾고자 한다. 심리치료사들은 전문 분야에 따라 제공하는 정보가 다르다. 도시인을 대상으로 하는 심리치료사와 신앙을 기반으로 하는 심리치료사, 혹은 섹스 치료사는 서로 조금씩 다른 관점을 보일 수 있다. 하지만 그들의 조언에는 공통점이 있고, 연구자들의 조언과도 일치하는 부분이 많다. 사회학자들이 숲을 보는 식이라면, 심리치료사들은 나무를 관찰하는 식이다. 이 책에서는 두 가지 관점을 모두 살피고 공통된 주제를 찾아볼 것이다.

　나는 지난 몇 년간 해외 통신원이 한 나라를 알아가듯 결혼의 속성을 속속들이 파헤치고자 노력했다. 결혼과 관련된 반복적인 패턴과 공통점을 찾아내고, 인간의 보편적 특징은 무엇인지, 개별 부부의 특징은 무엇인지 알아내고자 했다. 수많은 자료와 학술지를 읽고, 연구원들을 인터뷰하였으며, 부부 상담사, 섹스 치료사 등 여러 분야의 전문 치료사 및 재무 상담사와 이야기를 나누었다. 결혼과 관련된 통계자료를 살펴보며 그 자료가 의미하는 바가 무엇인지 통계학자들과 토론하고, 높은 이혼율(초혼의 경우 37퍼센트 언저리다)의 진짜 원인이 무엇인지 밝혀내고자 노력했다. 사회학, 심리학, 가족학 분야의 여러 교수와 만나 이야기를 나누었고, 소비자 행동 심리학을 전공한 교수도 만나보았다. 몇몇 통계학자에게 부탁해 통계자료를 다른 각도에서 살피고 결과물을 분석하기도 했다. 또한 부부 수백 쌍을 대상으로 그들의 재정 상태와 성생활, 친밀도, 다툼 빈도, 이혼, 육아 문제의 해결 방법도 조사했다.

물론 우리는 어떤 곳에서 실제로 살아보기 전에는 그곳을 정확히 알 수 없다. 따라서 나는 반의반 세기 동안 유지된 나의 결혼생활도 살펴보았다. 남편은 나와 성향이 아주 다르다. 물론 대부분의 부부가 다들 그렇게 말하는데, 우리는 정말로 너무 다르다. 나는 남편과 결혼하기 전 7년 동안 1년에 한 번 만나 데이트를 했다. 그마저도 만나면 이상하게도 지난번보다 더 불편했다. 어느 날 그가 불쑥 이렇게 물었다.

"왜 나랑 안 사귀는 거예요?"

"저기, 잠깐만요. 저 좋아하세요?"

우리의 대화는 이런 식이었다. 우리는 그렇게 지난 30년간 대화법의 차이를 극복하기 위해 줄다리를 놓는 연습 중이다. 아직 위험스러운 구멍이 많지만, 그래도 대체로 잘 오가고 있다.

누군가가 서점에서 이 책을 읽거나 인터넷에서 미리보기를 보고 있다면, 그래서 지금 내 옆에 있는 사람과 헤어지는 것이 좋은지 결론부터 알고 싶다면, 나는 일단 좋은 생각이 아니라고 말하고 싶다. 적어도 아직은 아니다. 오랜 관계는 그 자체만으로 가치가 있다. 하지만 그런 말은 최근 들어 의미가 퇴색하고 있다. 영속성이 주는 가치가 인기를 잃고 있기 때문이다. 우리는 모두 혼란에 빠져 있다. 오래되었다는 이유만으로 영광을 얻던 시대는 지났다. 하지만 예외는 있다. 아름다운 옛 성당이나 나무들이 무성하게 자란 숲, 빈티지 제품을 떠올려보자. 고치거나 다듬어서 가치가 있는 것도 있다. 심지어 원래보다 더 나아지는 것도 있다. 어쩌면 배우자와의 관계가 그런 것 중 하나일지 모른다.

15주년 이후의 결혼기념일을 위해 누군가가 멋진 선물 아이디어를 제안해주기 바란다. 선물 업계에서 시도한 것들이 있지만, 그다지 좋은 아이디어는 아니었다. 시카고 공립 도서관은 24주년 결혼기념일 선물로 악기를 제안했다. 시카고 도서관의 제안에 감사한다. 가까운 사람이 새로운 악기를 배우는 모습을 지켜보는 것은 꽤 흥분되는 일일 것이다. 말년의 결혼생활을 좀 더 현실적인 면에서 생각해보면, 합성수지로 된 제품도 좋을 것 같다. 독성은 있지만, 내구성이 좋지 않은가.

화산 활동으로 만들어진 경석도 좋을 것 같다. 여러 천 조각을 덧대어 만든 퀼트 제품도 좋다. 어쨌든 의미가 담긴 선물이면 좋겠다.

나는 이 전통이 보완되기를 바라며 결혼에 관해 알아낸 것들을 여섯 가지 주제로 요약했다. '익숙함의 문제, 부부싸움, 돈 관리, 육아, 성생활, 부부 상담'이라는 이 여섯 가지 주제는 결혼한 부부나 평생 함께하기로 약속한 모든 커플이 행복하게, 적어도 실질적으로 살아가는 과정에서 익혀야 할, 혹은 익히기 위해 노력해야 할 과제와 관련된다. 여기서 제시된 과제들이 부부 사이의 모든 문제를 해결해준다고 장담할 수는 없지만, 색소폰을 배우는 것보다는 재밌을 거라고 장담한다.

♥ 차례

006 _____ 저·역자 소개

008 _____ 서문

023 _____ CHAPTER 1. 익숙함의 문제

071 _____ CHAPTER 2. 잘 싸우는 것이 중요하다

119 _____ CHAPTER 3. 영원한 숙제, 돈

155 _____ CHAPTER 4. 가족이라는 이름

197 _____ CHAPTER 5. 뜨거운 밤을 위하여

243 _____ CHAPTER 6. 현명하게 도움받기

279 _____ 부록

286 _____ 주석

321 _____ 감사의 말

익숙함의 문제

1

MARRIAGEOLOGY

FAMILIARITY

♡

우리 남편에게는 한 가지 특이한 점이 있다. 편지 봉투와 관련된 건데, 남편은 편지 봉투가 집에 있는지 늘 묻는다. 나는 편지 봉투가 어디 있는지 남편에게 수백 번도 넘게 말해주었다. 편지 봉투는 선반 위에 다른 문구류와 같이 있다. 옆에는 필기구도 있다. 같은 사진이 여러 장이지만 버리지 못하는 아이들 사진 위에, 역시나 버리지 못하고 보관하고 있는 식단표들 위에 있다. 편지 봉투는 수십 년간 그 자리에, 우편함처럼 생긴 좁은 선반 안에 들어있다. 우리 집에 처음 와보는 사람도 집 안을 한 번만 둘러보면 편지 봉투가 있을 곳은 거기뿐이라고 생각할 것이다. 하지만 남편은 우편물을 보낼 일이 있을 때마다 이렇게 묻는다. "집에 편지 봉투 있어?"

표면적으로는 악의 없는 단순한 질문이다. 물론 대답하기도 쉽다. "응, 선반 위에 있어. 펜 옆에"라고만 하면 된다. 하지만 남편이 그렇게 물어볼 때마다 나는 주머니에 돌멩이를 집어넣고 바다에 뛰어들고 싶은 심정이 된다. 아니, 사실은 돌멩이를 남편에게 던지고 싶다.

그의 질문은 모든 면에서 나를 화나게 하고 우울하게 한다. 남편은 편지 봉투가 어디 있는지 왜 기억하지 못할까? 왜 나는 매번 같은 질문에 같은 답을 해야 할까? "집에 편지 봉투 있어?" 사실은 그 말 자체보다, 수동적인 것처럼 보이지만 실제로는 공격적인, 그의 태도가 나를 미치게 한다. 남편은 "편지 봉투 좀 가져다줄래?"라고 절대 말하지 않는다. 그 말은 곧 자신이 자질구레한 집안일은 신경 쓰고 싶지 않다는 사실을 직시하는 말이기 때문이다. 또한 배우자를 자신의 개인 비서로 취급하고 있다는 사실을 인정한다는 의미가 되며, '내가 정말 원하는 것은 당신이 봉투를 가져다주는 거야'라는 속마음을 입 밖으로 내뱉는 것과 같기 때문이다.

남편이 한 말은 "편지 봉투 있어?"였지만, 내 귀에는 이렇게 들린다. "내가 지금 하는 일은 매우 중요한 일이야. 우편물을 부치는 일이 됐든 뭐가 됐든 말이지. 반면 당신은 그다지 중요한 일을 할 리가 없어. 그러니까 봉투를, 내가 지금 말하는 이 순간 뒤돌기만 하면 보이는 선반에 있는 그 물건을 가져다주는 일이 당신에게 딱 맞는 자질구레한 종류의 일이야."

어떻게 이런 생각을 할 수 있을까? 나는 남편을 사랑한다. 오랫동안 그래왔다. 나는 남편 같은 남자를 만난 적이 없다. 남편은 무슨 일이든 잘해낸다. 건축 일이든, 요리든, 아이들을 돌보는 일이든, 여행이든, 뭐든. 그는 잘생기고, 힘도 세고, 잠자리 기술도 훌륭하다. 인내심도 뛰어나고, 힘든 일도 잘 이겨낸다. 남편은 어떤 현상에 관해 아주 일반적인 설명으로 믿기 힘든 재밌는 가설을 세우고, 압도적인 증거에 맞서서도 자신의 주장을 집요하게 잘 밀어붙인다. 우리는 30년간 대체로 행복하게 잘살고 있다. 그가 없는 내 삶은 상상하기 힘들다. 그렇다면 그의 사소한 단점에 나는 왜 그렇게 화가 날까?

익숙함 때문이다. 익숙함은 로켓 부스터가 타 없어지듯, 새로 시작된 관계에서 느껴지는 흥분과 설렘이 사라지고 상대로 인해 놀랄 일이 거의 없는 안정 궤도에 진입할 때 생기는 감정이다. 그것은 늦은 밤 꿈과 희망을 주제로 나누던 깊은 대화가, 다음날 누가 아이를 학교로 데려갈 것인지 결정하는 이야기로 대체될 때 따라오는 감정이다. 두 사람의 관계가 모험보다는 일상에 가까울 때, 근사한 외식보다 평범한 집밥에 가까울 때 생겨난다. 익숙함은 모든 결혼생활에서 자연스럽게 생기는 감정이며, 발에 잘 맞게 길든 신발처럼 여러 면에서 훌륭한 장점이 될 수 있다. 하지만 이 감정은 잘 다뤄지지 않으면, 두 사람의 관계에 문제를 일으킬 수 있고, 단순히 지루함과 불만족을 넘어 훨씬 어둡고 파괴적인 결과로 이어질 수 있다. 특히 인생의 긴 여정을 오랫동안 함께하고 싶은 부부에게는 이 익숙함이 과거 어느 때보다 더 큰 문제가 되고 있다.

결혼이 변하고 있다

결혼에 관한 조언을 처음 들었을 때가 생각난다. 나는 그때 그 말을 듣고 큰 충격을 받았다. 나는 대학생이었고, 엉망이 되어버린 자동차 여행 중이었다. 친구들과 나는 내 오빠의 고물 미니버스를 빌려 산을 오를 계획이었지만, 우리는 집 앞의 진입로를 오르기도 벅찼다. 오빠의 차는 시내를 벗어나기만 하면, 그리고 아는 사람에게 도움을 요청하기 힘든 밤만 되면 고장이 났다. 어느 날 나는 친구들이 고장 난 차에서 기다리는 동안, 전화를 걸기 위해 그 시간에 유일하게 문을 연 근처 술집에 들어갔다(휴대전화가 없던 때였다). 술집 안은 교대근무를 끝내고 온 노동자들로 북적였다. 나는 전화를 걸었고, 견인차 주인은 그곳에서 기다리라고 했다.

술집에 앉아서 음료수를 홀짝거리고 있을 때, 손님 하나가 갑자기 큰 소리로 떠들기 시작했다. 그는 예언자인 양 거기 있는 모두를 향해 이렇게 소리쳤다.

"결혼이 뭔지 내가 말해주지."

그는 모두가 들으라는 듯 이렇게 말했다.

"어차피 우리한테는 그 망할 여편네들이 전부라고. 다른 계집들은 우리한테 개똥만큼도 관심이 없으니까."

그의 말은 내게 낭만적이고 아름다워야 할 결혼의 어두운 면을 직시하게 했다. 물론 그 시대의 관점에서 보면 완전히 틀린 말도 아니다. 이전 세대 사람들에게 결혼은 내가 몰았던 그 낡은 버스와 같았다. 꿈같은 차는 아니지만, 가진 차가 그뿐이니 그냥 타는 것이었다. 물론 열심히 보수하거나 목적지를 잘 선택하면 그런 차도 쓸모가 있었다. 우리 부모님은 장장 60년 세월을 함께했다. 그러나 서로에게 특별히 흥분되고 짜릿한 감정은 기대하지 않았다. 나 역시 부모님이 서로에게 "사랑해"라고 말하는 것보다 외계어를 말하는 것이 덜 충격적일 것이다. 어렸을 때 어머니는 밝게 "여보세요!" 하고 전화를 받았다가도 상대가 아버지인 걸 알고 나면 시큰둥한 목소리가 되었다. "아, 당신이군요. 왜요?" 나는 부모님이 서로를 얼마나 사랑하는지, 서로에게 얼마나 최선을 다하는지 의심하지 않는다. 그런데 두 분의 결혼기념일 59주년을 앞두고 그렇게 오랫동안 함께 살 수 있었던 비결을 물어보았을 때, 어머니는 주저 없이 이렇게 말했다.

"그냥 참는 거지, 뭐."

하지만 이제 우리는 인생의 동반자와 함께하는 삶을 이런 식으로 바라보지 않는다. 적당한 상대를 만나 백년가약을 맺고, 어떤 폭풍우를 만나도 이겨내고, 어떤 역경에 부딪혀도 헤쳐 나가야 하는 시대는 지났다. 비행기를 탈 때 비즈니스 클래스로 업그레이드하면 특혜를 누릴 수 있듯이, 결혼은 삶을 업그레이드하는 이벤트로 여겨진다. 사람들은 결혼을 통해 친숙한 얼굴을 집에서 보는 것 이상을 얻고자 한다. 성취감과 안정감, 헌신, 자유, 협력, 개인의 가치 향상, 변화와 같은 가치를 원하고, 무엇보다 감동을 원한다. 가족 심리치료사인 테렌스 리얼Terrence Real은 그의 저서《결혼의 새로운 법칙The New Rules of Marriage》에서 이렇게 말했다. "20세기의 결혼이 동반자적 관계를 의미했다면, 지금의 결혼은 육체적·성적·지적 의미에서, 무엇보다 정서적 의미에서의 친밀감을 의미한다."[1] 생계를 떠안은 가장과 집안일을 도맡은 전업주부로 구성된 전통적 가족 모델이 사라짐에 따라 가족의 정서적 의미는 더욱 중요해졌다. "과거에는 경제적 안정을 이유로 결혼을 선택하고, 나머지 부분은 참는 식이었어요. 결혼은 경제적 생존에 관한 문제였죠." 심리치료사인 수 존슨Sue Johnson은 이렇게 말한다. "하지만 이제는 정서적 생존에 관한 문제로 바뀌었습니다. 사람들

결혼학 개론

은 이제 무감각한 익숙함을 원하지 않아요."

하지만 익숙함은 계약의 일부다. 선택 사항이 아니다. 오랜 관계에 따라오는 선물이자 부담스러운 짐이다. 우리는 이 감정 때문에 애정으로 대해야 할 사람을 무심하게 대할 수 있다. 배우자를 무기력하게 만들 수 있고, 심지어 상대방을 무시하고 멸시할 수도 있다. 새로움을 추구하고 일상적이고 습관적인 것들을 피하려는 현대 사회에서는 또 다른 누군가와 함께하는 삶에서 필연적으로 따라오는 이 익숙함이라는 감정이 반갑게 느껴지기보다 불편하게 느껴질 수 있다.

현대인의 결혼생활을 수년간 연구한 노스웨스턴 대학교의 엘리 핀켈Eli Finkel 교수의 말에 따르면, 21세기 사람들은 결혼생활에서 인내심 이상의 것을 원한다. 사람들은 결혼을 통해 자신의 가치를 높이기를 원한다. 그들은 자신을 더 완벽하게 해주는 관계를 원한다. "우리는 지금도 결혼을 사랑과 열정의 정점으로 생각하고, 가정을 안식처로 여긴다. 하지만 점점 더 많은 사람이 자기실현에 도움이 되지 않는 결혼을 충분하지 않다고 여기고 있다."[2] 우리는 있는 그대로의 모습보다 더 나은 모습으로 이끌어줄 파트너를 원한다. 단순히 만족스러운 정도로는 충분하지 않다. 우리는 요즘 유행하는 고급 커피나 빵처럼 결혼생활에서도 높은 수준을 기대한다.

그렇다면 사람들은 왜 결혼에서 더 많은 것을 요구하고 있을까? 한 이론에 따르면 그 이유는 관계 유연성과 관련이 있다.[3] 가령 미국처럼 배우자를 쉽게 바꿀 수 있는 분위기의 사회에서는 배우자와 관계를 강화하기 위해 애정 표현을 더 많이 하고 더 열정적인 관계를 추구한다. 배우자의 관심을 자신에게 묶어두고 다른 사람이 끼어들지 못하게 하는 것이다. 반면 일본과 같이 배우자를 바꾸기가 어려운 사회에서는 결혼에 따른 정서적 기대치가 대체로 낮다(일본은 공동 양육권을 법적으로 인정하지 않는다).

물론 서로에게 노력을 요구하고 흥미를 추구하는 관계가 문제가 되는 것은 아니다. 다만 한 사람이 다른 한 사람의 정서적 기대치를 100퍼센트 만족시키는 건 거의 불가능하다. 특히 기대 수명이 길어져 부부가 함께할 시간이 얼마나 길지 알 수 없다는 점에서 더더욱 그렇다. 우리는 상대가 줄 수 있는 것보다 더 많은 것을 원하고, 기대가 충족되지 않으면 큰 충격을 받는다. "결혼생활은 우리의 기대치에 부응하기가 더 어려워졌다. 그 말은 곧 더 많은 사람이 결국 실망하게 된다는 뜻이다." 핀켈은 이렇게 지적했다.[4] 하지만 지나친 기대감이 전적으로 우리의 잘못은 아니다. 우리 모두 영혼의 단짝이라고 하는 '소울메이트'의 존재를 믿도록 강요받았으니 말이다.

소울 메이트는 없다

나는 사람들을 미치게 할 좋은 방법을 알고 있다. 자신에게 맞는 차가 이 세상에 딱 한 대뿐이라고 믿게 하는 것이다. 특정 제조사나 특정 모델이 아니라 실제로 특정한 차 한 대를 말하는 것이다. 게다가 그 차는 직접 찾아야 한다. 그 차를 찾아내기만 하면, 그 차로 어디를 가든 정신이 아득해질 정도로 행복해진다. 하지만 그 차를 찾지 못하면, 혹은 그 차를 이미 다른 사람이 소유하고 있고 팔지 않으려 하면, 혹은 자신에게 맞지 않는 차를 실수로 사서 타고 있다면, 타고 다닐 수는 있지만, 어딘가 고장 난 차를 탔다는 느낌을 평생 떨쳐내지 못할 것이다.

어떻게 그런 말도 안 되는 소리를 믿게 할 수 있을까? 간단하다. 단 한 대의 진정한 차를 찾은 사람들에 관한 아름다운 이야기를 많이 지어내어 찬양하게 만들면 된다. 그런 차는 필요한 모든 옵션이 달려 있고, 정비도 필요하지 않고, 기름도 떨어지지 않고, 고장도 나지 않는다고 믿게 하는 것이다. 또 사람들이 자신에게 완벽하게 맞는 차를 글로벌하게 찾을 수 있게 네트워크를 만드는 방법도 있다. 네트워크에 접속해 좋아하는 사양, 가령 사륜구동, 1등급 연비, 양문 개방형, 블루라이트 전조등 같은 키워드를 입력하면, 맞춤식 제안서를 받아볼 수 있게 말이다.

그리고 마침내 차를 찾아 계약하는 사람은 거창하게 파티를 여는 전통을 만든다. 새 차의 주인공이 그날 이후로 다시는 입지 않을 아주 값비싼 옷을 입고, 친척과 친구들을 초대해 사진을 찍으며 거창한 축하연을 열게 하는 것이다.

차 주인이 새 차에 만족하지 못할 때, 가령 차가 긁히거나 안전띠가 고장 나거나 브레이크 등이 계속 깜빡거리면, 그 차를 버릴 수는 있지만, 그 차에 쓴 엄청나게 많은 돈은 그냥 잊어야 한다.

물론 이는 말도 안 되는 소리다. 그렇게 되면 사람들은 차를 아예 사지 않거나 끊임없이 차를 사고파느라 미칠 지경이 될지 모른다. 나에게 완벽하게 맞는 자동차가, 혹은 바지가, 혹은 머리 스타일이, 혹은 맥주가 있다고 믿게 하는 것은 바지를 아예 입지 못하게 하거나 맥주를 절대 마시지 못하게 할 멋진 방법이기도 하다.

소울 메이트를 찾는다는 말도 그렇다. 그것은 헛되고 해로운 일이다. 소울 메이트라는 것은 없다. 적어도 우리가 찾을 수 있는 존재는 아니다. 그것은 영화표를 팔아야 하고, 아이튠즈의 다운로드 횟수를 높여야 하고, 온라인 데이트 사이트에서 회원을 모집해야 하는 사람들이 만든 신화일 뿐이다. 어쨌든 이 세상에서 나에게 완벽하게 맞는 단 한 사람을 찾아내서 서로에게 매력을 느끼고 사랑에 빠져 결혼에 골인할 가능성은 극히 희박하다.

우리는 해변에서 멋진 조개껍데기를 찾아내듯 소울 메이트를 찾을 수 없다. 방법은 내가 소울 메이트가 되는 것이다. 그리고 상대도 나에게 소울 메이트가 되어주는 것이다. 한 사람은 파도가 되고 다른 한 사람은 모래가 되어 서로의 형태를 바꾸기도 하고, 새로운 길을 내기도 하며 함께 해변을 만들어가는 것이다. 그러다 보면 낚시 그물에 걸린 멋진 소라를 만날 수도 있다.

하지만 상대가 나를 완벽한 사람으로 만들어준다는 의미는 아니다. 어느 날 갑자기 나를 완전히 다른 사람으로, 언제나 행복하고, 언제나 그 자리에 있으며, 어떤 실수도 하지 않는 완벽한 사람으로 만들어주는 것은 아니다. 내가 찾아낸 사람이 완벽한 섹스 상대이자 가장이자 요리사여서 모든 문제가 해결되었다고 생각할지 모르지만, 그렇지 않다. 결혼은 그런 것이 아니다. 결혼은 나의 많은 부분을 상대에게 내어주고, '당신과 함께하면 이 여행이 더 재미있을 것 같다'라고 생각하는 일이다.

스탠퍼드 대학교의 심리학 교수인 캐럴 드웩Carol Dweck은 고정형 사고방식과 성장형 사고방식에 관한 이론을 소개했다. 고정형 사고방식은 자신의 능력과 관심, 지적능력이 태어날 때부터 정해져 있다고 믿는 것이고, 성장형 사고방식은 관심과 능력이 길러질 수 있다고 믿는 것이다. 고정형 사고방식을 가진 사람은 자신의 관심 분야나 진로를 찾는 데 많은 시간을 보낸다. 반면 성장형 사고방식을 가진 사람은 자신이 하는 일에 많은 시간을 투자하고 그것을 키워나가려는 경향이 있다. 결혼은 성장형 사고방식이 필요하다. 특정한 한 사람이 아닌, 어느 누군가와 삶을 만들어가야 한다. 그 사실을 먼저 인정한 뒤, 더 완벽한 관계를 위해 대화하고, 사랑하고, 그 사람의 특이한 점마저 감사하는 법을 익혀나가야 한다.

내 경험상, 새내기 부부는 다음 사실을 알아두는 것이 좋다. 우리는 어느 시점에 이르면 이유 없이 배우자의 거의 모든 점에 화가 난다. 배우자는 우리가 원할 때 변하지 않는다. 우리가 원하지 않아야만 변할 것이다. 배우자를 알아갈수록 처음에는 매력적이라고 느꼈던 많은 점이 자신의 발등을 찍고 싶은 이유가 된다. 물론 배우자는 신중하게 선택해야 한다. 하지만 익숙함의 문제는 나에게 맞는 짝을 선택함으로써 해결되는 것이 아니라, 콩깍지가 벗겨졌을 때, 나와 남은 인생을 함께할 사람이 이 사람이라는 것을 깨달았을 때, 내가 어떤 행동을 선택할지에 달렸다.

나는 남편을 처음 만났을 때, 자기 일에 푹 빠져 있는 그의 모습이 무척 좋았다. 건축 일을 하는 남편은 건축에 관해서라면 옆에 있는 사람도 빠져들게 할 정도로 열정이 넘쳤다. 내 아버지는, 아버지의 말을 빌리면 그저 그런 재보험 일을 했다. 아버지가 가족을 부양하는 데는 문제가 없었지만, 집에서 일 이 야기는 거의 하지 않았다. 그 대신 아버지는 교사였던 어머니에게 하루 동안 어떤 일이 있었는지 저녁마다 귀찮도록 물었다. 반면 나의 남편은 자신이 하는 일로 늘 활기가 넘쳤다. 신나게 일했고, 그만큼 능력도 뛰어났다. 함께 일하는 사람들에 대해서도 늘 좋게 이야기했다. 그의 열정은 전염성이 강해서 나는 남편을 따라 한적한 곳에 떨어진 예술 전문 서점에도 가고, 별로 유명하지 않은 건축물을 보러 가고, 심지어 건축 관련 강의도 들었다.

하지만 나는 우리의 대화와 여가 생활과 인생 계획이 매번 건축으로 이어지는 것에 결국 진절머리가 났다. 나는 다른 대화도 나누고 싶었다. 음악이나 날씨에 관해서도 이야기하고, 멋진 사막이나 섬으로도 휴가를 가고 싶었다. 어디든 건물이 없는 곳으로 말이다. 하지만 그의 열정적인 성격에서 너무 지나친 면을 빼고 활기찬 모습만 좋아할 수는 없다. 그 둘은 동전의 양면처럼 공존하는 것이니 말이다.

물론 나도 완벽한 사람은 아니다. 나는 거의 모든 상황에서 유머적인 요소를 찾으려고 한다. 사람들은 유머를 좋아한다. 유머 감각이 있는 사람은 모임을 활기차게 만들고, 가라앉은 분위기를 가볍게 만들 수 있다. 특히 마감을 앞두고 글을 쓸 때 나의 유머 감각은 힘을 발휘한다. 실제로 적당한 유머 감각은 결혼생활에 자산이 될 수 있다.[5] 하지만 모든 면에서 유머만 찾다 보면 눈치 없는 사람이 되기도 한다. 그런 여자는 심각한 회의에서나 불편하고 말하기 힘든 문제를 개인적으로 상의할 때 환영받지 못할 수 있다. 결혼생활을 지속하는 데 힘든 요인이 될 수도 있고,[6] 사람을 짜증나게 하는 큰 단점이 될 수도 있다.

내가 생각하기에 내 유머 감각은, 70퍼센트 정도는 장점이 되고, 적어도 12.5퍼센트의 경우에는 다른 사람의 기분을 망치는 것 같다. 젊었을 때는 이보다 타율이 높았다. 하지만 이제는 정말로 입을 닫아야 할, 그 여덟 번 중 한 번의 순간이 언제인지 잘 모르겠다. 그 순간을 안다고 해도 나는 성격상 내가 사랑하는 사람들에게 장난치고 농담을 건네지 못하면 직무유기를 하는 것처럼 느껴진다. 가족을 재미있게 해주지도 못하는 사람이 정상일까? 나는 이런 생각이 든다.

우리는 배우자를 변화시킬 수 없다. 사실 그것이 꼭 좋은 것도 아니다. 우리가 상대에게 미칠 듯 화가 나는 이유는 원래 그 상대에게서 좋아했던 점들과 관련이 있다. 배우자의 몸매가 훌륭한가? 나중에는 그가 혹은 그녀가 운동에 쏟는 시간에 질리게 될 것이다. 외모가 멋진가? 그렇다면 다른 사람이 내 배우자에게 보내는 관심 때문에 괴로워진다. 창의력이 좋다고? 아, 생각만 해도 끔찍하다. 정리정돈을 잘하고 깔끔하다? 흠, 잔소리

결혼학 개론

가 여기까지 들린다!

익숙함에는 고약한 면이 있다

사람들은 대부분 우리 어머니가 그랬던 것처럼 익숙한 관계에
서 오는 따분함이나 불만족, 실망감을 그냥 받아들인다. 문제
가 없는 것은 아니지만, 참을 만하기 때문이다. 그 문제가 두고
두고 자신을 괴롭힐지언정, 헤어질 정도는 아니다. 익숙함의
진짜 문제는 그 익숙함 속에서 상대를 무시하는 감정이 자란
다는 것이다. 상대를 무시하고 경멸하는 부부를 본 적이 있을
것이다. 저녁 모임에서나 아이들 축구 시합에서 장난스럽게
농담을 주고받던 부부가 갑자기 예민해지고, 두 사람 중 한 사
람이 상대를 쏘아보며 지지 않으려 하는 모습을 본 적이 있을
것이다. 배우자를 무시하는 행위는 결혼생활에서 가장 위험
한 요소 중 하나다. 삶의 즐거움을 빼앗고 상대에게 상처를 준
다. 한 여성은 남편에게서 딱 한 번 무시받는 감정을 느꼈지만,
그때의 기억이 너무 선명하고 끔찍해서 다시는 결혼하고 싶지
않다고 말했다.

상대를 무시하는 행위는 누군가의 존재를 당연하게 여길 때
드는 무기와도 같은 감정이다. 상대를 존중하라는 말이 형식

적이고 너무 뻔한 말로 들리겠지만, 그것은 누군가에게 인정받고, 동시에 사랑받고자 하는 인간의 기본 욕구와 관련된다. 상대가 내 눈곱 낀 모습이나 엉덩이 긁는 모습을 보아도, 내가 지독한 독감을 앓고 난 후라도 그 사람에게서 사랑받는다는 것을 의미한다. 나와 상관없는 스포츠 선수나 정치인을 무시하는 것과, 함께 밥 먹고, 잠자고, 생활하고, 사랑을 나눈 누군가를 무시하고 하찮게 여기는 것은 다른 일이다. 잔혹하게도 결혼은 상대에게 상처 주기 좋은 수단이다. 그 어떤 제도도 결혼만큼 상대의 흠을 속속들이 알고 그것을 이용할 기회를 갖기는 힘들다. 부부만큼 서로를 치명적으로 공격할 수 있는 관계도 없다. 형제자매끼리 그런 경우도 있지만, 부부만큼 그렇게 오랫동안 가깝게 지내는 경우는 드물다.

한 친구는 내게 이렇게 말했다. 남편과의 이별을 예감한 순간은 남편이 파스타를 먹는 모습에서 거부감이 느껴지기 시작할 때였다고 말이다. 친구의 남편은 다른 방에서 다 들릴 정도로 파스타를 쩝쩝거리며 먹는다고 했다. 친구는 남편과 밥을 먹을 때마다 그 소리가 거슬려 견딜 수가 없었다. 그런 이유로 배우자와 헤어질 수 있다고 말하는 학자도 있다. 정신과 의사인 필 스터츠Phil Stutz는 부부 관계나 연인 관계가 깨지는 시초 증상 중 하나가 두 사람 중 한 사람이 상대의 입을 떠올리면 혐오감이 느껴질 때라고 말한다. 실제로 '청각 과민증'이라는 신경 질환이 있는데, 일반적으로는 별문제 없는 사소한 소리가 이 질환이 있는 사람들에게는 불안감과 스트레스를 유발한다는 것이다. 신경과학자들에 따르면, 청각 과민증이 있는 사람들은 청각을 자극하는 특정 소리를 듣게 되면 혐오감, 두려움, 슬픔 같은 주관적 감정을 조절하는 뇌 일부가 활성화된다. 내 친구의 경우에는 남편이 파스타를 먹는 방식에 문제가 있었던 것이 아니라 친구에게 이미 잠재된 불만이 그 소리로 인해 폭발했다고 할 수 있다.

나는 1980년대에 있었던 작은 실험[7] 결과를 우연히 접하고, 음식 씹는 소리 때문에 이혼할 수 있다는 주장이 더욱 설득력 있게 느껴졌다. 이 실험의 연구진은 훈련받은 관찰자들을 결혼한 가정에 보내어 그 집의 부부를 관찰하게 하고, 부부가 나누는 대화 중 긍정적인 대화의 수를 기록하게 했다. 관찰 대상이 되는 부부들도 훈련을 받아 자신들이 나누는 대화 중 긍정적인 대화의 수만 기록했다. 행복한 부부들은 관찰자들이 기록한 것과 결과가 거의 일치했다. 반면 행복하지 않은 부부들은 관찰자들과 비교해 거의 절반 정도의 수만 기록했다. 즉 행복하지 않은 부부들은 관찰자들이 보기에 긍정적인 대화였다고 기록한 것 중 50퍼센트 정도를 부정적인 대화로 간주한 것이다.

오레곤 대학교의 심리학 박사인 로버트 웨이스Robert Weiss는 이런 현상을 두고 '부정적 감정의 압도'라고 설명한다.[8] 부정적 감정이 인지능력을 압도하여 쩝쩝거리는 소리와 같이 사소한 행동이나 말, 때로는 긍정적인 행동이나 말조차 부정적으로 해석하는 것을 말한다. 장밋빛 안경을 쓰고 사물을 바라볼 때와는 반대로, 싫은 점만 부각되는 것이다.

한 사람과 오랜 시간 대화하고 상호작용하다 보면, 그 대화와 상호작용이 어떤 패턴으로 흘러갈지 어느 정도 예상할 수 있다. 이는 자연스럽고 정상적인 과정이며, 이로 인해 우리는 그 사람과 다음번에 상호작용할 때 인지적 노력을 줄일 수 있다. 가령 우리 남편은 한 번에 두 가지 일을 못 한다. 그래서 남편이 요리 중이거나 문자 메시지를 보낼 때는 말을 걸어도 대답을 기대하기 힘들다는 것을 안다. 또 그가 다른 방에서 욕설을 내뱉고 있으면 내게는 좋은 소식이다. 집안 관리에 필요한 유지보수가 잘되고 있다는 뜻이니 말이다.

하지만 이런 주관적인 해석은 원래의 의도를 완전히 빗나가기도 한다. 특히 배우자의 말이나 행동으로 속상해지고 화나는 경우가 그렇다. 배우자가 행동하거나 말한 의도를 추측하다 보면, 원래의 의도와 전혀 다른 경우가 생긴다. 내 친구는 빵과 관련해서 이런 문제를 겪었다. 친구는 남편이 자신에게 빵을 줄 때마다 딱딱한 겉면만 준다고 불만이 많았다. 그 부분은 아무도 좋아하지 않는다는 것이다. 알고 보니 남편의 집

결혼학 개론

안에서는 그 부분을 빵의 가장 맛있는 부분으로 생각했다. 남편 쪽에서 보면 아내를 배려해서 한 행동이었지만, 아내는 오히려 그의 행동에서 배려받지 못한다고 생각했다. 대체 남편이 왜 아내에게 제일 맛없는 부분을 주겠는가? 이 경우 논리적인 이유보다 부정적 감정에 압도되었다고 할 수 있다.

두 사람 사이에 아무런 신비감도 남아 있지 않을 때, 새로운 공통점을 발견하고 기뻐하는 작은 즐거움도 느끼지 못할 때, 고치지 못하는 상대의 수십 가지 단점 때문에 미칠 것 같은 기분에서 벗어나지 못할 때, 우리는 어떻게 이런 부정적인 생각을 떨쳐내고 상대를 무시하고 경멸하지 않을 수 있을까?

생각을 바꿔보자

우리가 의식적으로 선택할 수 있는 한 가지 중요한 방법은 배우자의 행동을 나쁜 의도로 해석하지 않는 것이다. 아주 특이한 경우가 아니라면 남편과 아내가 서로를 괴롭힐 의도는 없다. 일부러 배우자를 화나게 하고 싶은 사람은 없을 것이다. 때로는 이 말이 믿기 힘들다는 것을 나도 안다. 가령 이성적인 사람이라면 내 남편 같은 사람이 편지 봉투가 있는 장소를 절대 기억하지 못한다는 것을 믿기 힘들다. 하지만 어느 순간 나는 그가 편지 봉투가 있느냐고 묻는 말에서 재밌는 사실을 깨달 았다. 남편은 단지 그런 물건에 관심이 없는 사람이라는 것을 말이다. 이를테면 그것은 그의 '남성적 시각'이자 약점이다. 편 지 봉투가 어디 있는지 기억하지 못하는 것은 남편이 나를 어 떻게 생각하는지 보여주는 것이 아니라, 편지 봉투를 어떻게 생각하는지 보여주는 것이다. 이제는 그런 면에서 남편의 무 능함이 심지어 좋게 느껴진다. 그런 행동은 그의 턱에 난 점처 럼 다른 사람의 마음을 해칠 의도가 없는, 타고난 약점으로만 보인다. 게다가 이제는 편지를 직접 써서 부치는 일도 없으니 마음을 해칠 일도 정말 별로 없다.

여러 심리치료사와 연구자가 공통으로 지지하는 또 한 가지 방법은 익숙함을 무기가 아닌 도구로 사용하는 것이다. 흔히 부부 관계를 공동 기업에 종사하는 파트너처럼 한 팀으로 생 각하는 커플은 이 방법을 쉽게 해내는데, 어떤 사람과 함께 시 간을 보낼 때, 결혼생활이든, 가족을 이루는 일이든, 장기적 파 트너십이 필요한 그 어떤 일이든, 그 일을 해내고 있다는 목적 의식을 갖는 것이다.

가족 상담의 창시자로 알려진 칼 휘태커Carl Whitaker는 종종 가족 단위를 훌륭한 스포츠팀에 비유한다. 팀플레이가 잘되는 팀은 오랜 시간 다져진 유대감 덕분에 더 강력한 팀이 된다. 그 래서 어떤 팀은 다른 팀에 비해 뛰어난 경기력을 발휘한다. 가령 90년대에 농구팀 시카고 불스나 70년대에 서인도 크리켓팀, 1997년 브라질 축구팀이 그렇다. 그런 팀은 다른 팀에 비해 선수 개개인이 모두 뛰어났다기보다 팀플레이가 뛰어났다(물론 마이클 조던이나 호나우두 같은 선수를 두어서 나쁠 것은 없지만). 조던, 피펜, 필 잭슨 감독은 개인으로서도 훌륭했지만, 이들이 한 팀이었기에 더 좋았던 건 사실이다.

팀 정신이 있으면 힘들고 어려운 일을 해내기가 훨씬 쉽다. '팀을 위한 희생'이라는 말도 여기서 생겨난다. 가령 야구 선수는 희생 플라이를 치고, 아이스하키 선수는 페널티 샷을 뽑아내고, 사이클링팀의 도움 선수는 리더 선수가 선두에 설 수 있도록 자신을 희생한다. 그들은 2루에서 3루로 진출하는 선수를 좋아해서가 아니라, 혹은 노란 저지를 입고 있는 선수를 위해서가 아니라 팀의 승리를 위해 자신을 희생한다. 중요한 것은 팀이다. 마찬가지로 우리에게는 사랑하는 사람과 함께 만들어가는 파트너십이 필요하다. 파트너십은 그 자체만으로 가치가 있다. 우리는 남편이나 아내를 위해, 혹은 나 자신을 위해 그 자리를 지키는 것이 아니라, 그 이상의 무언가를 위해 그 자리를 지키는 것이다.

이른바 이런 '관계 중심적 사고'는 행복한 부부 관계를 유지하는 데 필요한 핵심적인 열쇠다. 게다가 이 방법은 생물학적 효과도 있는 것으로 밝혀졌다. 2009년 텍사스 여성을 대상으로

한 연구 결과에 따르면, 실험 대상자들은 연애 상대를 떠올릴 때 타액에 코르티솔 호르몬이 증가했다.[9] 연구자들은 이 호르몬이 열정적으로 사랑에 빠진 사람에게 나타나는 신체 반응 중 하나라고 생각한다.

두 사람이 모여 두 사람 이상의 힘을 발휘하는 것, 결혼은 바로 그런 것이다. 이런 관점에서 부부 관계를 생각하면 상대를 존중하기가 더 쉬워지고, 더 협력하고 싶어지고, 배우자가 나의 신경을 일부러 거슬리게 한다고 생각하지 않게 된다. 사실 결혼생활에 차이를 만드는 것은 사소한 것들에 있다.

결혼생활에 차이를 만드는 사소한 것들

습관화된 행동을 바꾸는 가장 쉬운 방법은 작은 것부터 시작하는 것이다. 배우자를 대하는 방식에 몇 가지 작은 변화만 주어도 큰 변화를 가져올 수 있다. 먼저 행복한 부부 관계를 유지하고 싶은 사람이라면 꼭 익혀두어야 할 기술을 소개한다. 익숙해지려면 조금 시간이 걸리겠지만, 연습하면 누구나 할 수 있다.

1단계: 배우자가 잘한 행동에 주목하라. 필요하다면 적극적으로 찾는 노력도 필요하다.

2단계: 그것에 감사함을 표현하라.

3단계: 단 부정적인 말을 바로 덧붙이는 것은 좋지 않다.

좋지 않은 예: "저녁을 요리해줘서 고마워. 근데 비싼 파르메산 치즈를 다 써버렸네."

좋은 예: "난로에 불을 피워줘서 정말 고마워."

연하장의 인사말처럼 진부하게 들리겠지만, 배우자에게 고맙다는 표현만 잘해도 부부 관계가 크게 달라질 수 있다는 믿을 만한 연구 결과가 있다. 2015년 조지아 대학교 가족 연구 센터의 연구 결과[10]에 따르면, 배우자에게 감사함을 표현하는 것은 결혼의 질을 좌우하는 가장 중요하고 일관된 예측 변수였다. 연구진은 미국인 부부 약 500쌍을 대상으로 부부 사이에 느끼는 스트레스 정도와 그것을 해결하는 방법을 조사했다. 결과적으로 부부 사이에 경제적 문제나 다툼이 있더라도 고맙다는 표현이 어느 정도 보호막 역할을 하는 것으로 밝혀졌다. 연구원인 앨런 바튼Allen Barton은 "고맙다는 말을 표현하는 것은 다른 방면에서 고충이나 어려움이 있더라도 결혼생활의 긍정적인 결과에 도움이 될 수 있다"라고 말한다. 그렇지 않겠는가? 상대에게 "고마워"라고 표현할 수 있다면, 그 사람의 존재를 당연하게 여길 수 없다. 적어도 그 상대방은 그렇게 느낄 것이다.

플로리다 주립대학교에서 시행한 또 다른 연구 결과에 의하면, 배우자에게 고마움을 표현하는 것은 그 배우자를 좀 더 긍정적인 방식으로 인식하는 결과로 이어진다.[11] 배우자에게 고마움을 더 많이 표현하도록 요청받은 참가자들은 그렇지 않은 참가자보다 자신의 배우자에게 더 좋은 감정을 느꼈다. 고마움을 표현한 사람은 긍정적인 인식 덕분에 두 사람 사이에 해결이 필요한 문제를 좀 더 편하게 말할 수 있었고, 결과적으로 배우자에게 느끼는 분노나 원망 같은 부정적인 감정이 줄어들었다. 상대에게 느끼는 원망은 젖은 양말이 발에 문제를 일으키듯 인간관계에 문제를 일으킨다. 반면 감사함을 느끼고 표현하는 것은 반창고를 붙이는 것과 같다. 발에 물집이 생겨도 계속 걷거나 달릴 수 있고, 혹은 천천히 조금씩이라도 걸을 수 있게 된다. 즉 상대에게 느낄 수 있는 원망과 분노를 낮춰주는 완충재 역할을 한다.

결국, 감사 인사는 반사작용을 일으켜 자기도 모르는 사이에 배우자를 즐겁게 하고, 좋은 부부 관계를 유지할 수 있게 해준다. 부부 생활 연구와 훈련 기관으로 유명한 미국의 가트맨 연구소Gottman Institute의 발표에 따르면, 부부 사이에 부정적 상호작용과 긍정적 상호작용은 1:5의 비율이 가장 좋다고 한다. 즉 배우자에게 기분 나쁜 표현을 한 번 했다면, 좋은 말이나 행동은 다섯 번 해야 한다는 말이다. 나의 경우, 다섯 번 중 세 번을 해치우기 좋은 때는 이른 아침과 퇴근 직후, 잠자리에 들기 전이다. "잘 잤어요?", "어서 와요. 고생 많았어요."라고 말하기는 어렵지 않다. 잠자리에 들기 전에 할 수 있는 좋은 인사말도 많다. 어떤가? 쉽지 않은가? 여기에 두 번만 더 좋은 말을 보태면 된다. 물론 잠자리에 관련된 이야기도 좋은 주제가 될 것이다.

또 한 가지 방법은 배우자에게 생긴 좋은 일을 축하해주는 것이다. 내가 인터뷰한 한 부부 문제 전문가는 자기 아내의 논문이 유명 학술지에 실린 것을 나에게 자랑스럽게 이야기했다. 현관문에는 이메일로 받은 통지문을 커다란 포스터 용지에 출력해서 붙여두었다고 했다. 이 방법은 배우자에 대한 고마움뿐 아니라 인정과 존경심을 표현하는 의미가 담겨 더욱더 효과적이다. 또, 축하해주는 사람과 축하받는 사람 모두에게 긍정적인 효과가 있다. 이 방법은 현대적인 관점에서 사람들이 더 발전한 모습의 자신이 되게 해줄 관계를 원한다는 핀켈의 주장과도 일맥상통한다.

어느 부부 문제 전문가의 표현처럼 '의식 있는 부부'가 되는 또 다른 방법은 아이러니하게도 배우자에게 무언가를 부탁하는 것이다. 약간 의아하게 들릴 수 있지만, 이는 실제로 '프랭클린 효과'라는 이름으로 불리는 현상이다. 미국 정치가인 벤

저민 프랭클린Benjamin Franklin은 정부 의원 하나가 자신을 좋아하지 않는다는 것을 알고 그가 가진 책 중 희귀 서적 한 권을 빌려 달라고 부탁했다. 그리고 감사 인사와 함께 책을 돌려주었다. 그 후로 그 의원은 프랭클린을 늘 친절하게 대했다.

부탁받은 사람은 부탁한 사람을 더 긍정적으로 생각한다는 연구 결과가 있다. 이는 60년대에 실시한 한 유명한 실험의 결과였는데,[12] 두 연구원은 이 실험에서 상금을 걸고 대회를 연 다음, 상금을 탄 사람들을 세 가지 방식으로 대했다. 첫 번째 그룹에는 '연구원'이 직접 상금을 돌려 달라고 부탁했다. 그 돈은 개인적으로 지급된 것이고 돈 문제로 자신이 힘든 상태라고 이유를 설명했다. 두 번째 그룹에는 '연구실 비서'가 상금을 돌려 달라고 부탁했다. 그들은 연구실 예산이 부족하다는 이유를 댔다. 세 번째 그룹에는 아무 부탁도 하지 않았다. 나중에 이 세 그룹을 조사했더니 개인적인 부탁을 들어준 첫 번째 그룹이 그 '연구원'에게 가장 좋은 감정을 느꼈다. 연구실 비서를 상대했던 두 번째 그룹이 좋은 감정을 가장 적게 느꼈고, 세 번째 그룹은 중간으로 나타났다.

일부 연구원은 '부탁 기법'이 효과가 있는 이유로 자기지각이론self-perception theory을 꼽는다. 누군가를 돕게 되면 자신이 좋은 사람처럼 느껴진다. 누군가에게 필요한 사람, 도움이 필요할 때 찾는 사람이 되기 때문이다. 따라서 요구가 아니라 부탁

결혼학 개론

하는 말로 잘 표현하는 것이 중요하다. 물론 부탁받은 사람이 너무 힘들지 않게 할 수 있는 일이어야 한다. 또, 그 부탁은 누구나 할 수 있는 성가신 일이 아니라 배우자의 장점을 살릴 수 있는 일이어야 한다. 따라서 "청소기 좀 돌려줄래?"와 같은 부탁은 이 카테고리에 맞지 않는다. "직장동료와 관련된 문제가 있는데, 당신이라면 어떻게 할 것 같아?"와 같은 질문이 이에 해당한다.

덴버 대학교의 부부 및 가족 연구센터의 공동책임자이자 심리치료사, 연구 교수로 일하는 스콧 스탠리Scott Stanley는 배우자의 부탁이 없어도 배우자를 위해 할 수 있는 소소하지만 특별한 일을 해보라고 조언한다. "저는 사람들에게 자주 이 방법을 권합니다. 이번 주 배우자를 위해 할 수 있는 일을 한 가지 생각해보세요. 평소에는 잘 하지 않지만, 배우자가 좋아할 만한 일이 좋습니다. 그런 일은 누구나 할 수 있죠." 침대를 정리해도 좋고, 배우자가 늦잠을 잘 수 있도록 아이들을 데리고 나가도 좋다. 스탠리는 이 방법이 두 가지 면에서 효과가 있다고 생각한다. 첫째, 앞서 언급한 프랭클린 효과를 낼 수 있다. 둘째, 배우자에 대해 생각해볼 시간이 생긴다. 즉 배우자의 하루가 어떤지, 어떤 스트레스를 받는지 생각해볼 수 있게 되어 상대를 좀 더 잘 이해할 수 있게 된다. 연구 결과를 보면 결혼생활과 배려심은 수영장 미끄럼틀과 물의 관계처럼 잘 어울리는 한 쌍이다.[13] 그 두 가지가 만나면 더 재밌어진다.

또 다른 실천 방법은 기도다. 이 방법도 약간 의아해 보일 수 있다. 여기서 말하는 기도란, 배우자의 안녕에 초점을 맞추는 기도다. 최근 연구 결과에 따르면, 배우자를 위해 더 자주 기도하는 부부는 그렇지 않은 부부보다 결혼생활에서 스트레스를 더 적게 느끼는 것으로 나타났다.[14] 2014년 결혼 10년 차가 넘는 200쌍의 흑인계 미국인 부부를 조사한 결과에서도, 서로를 위해 기도하는 부부는 결혼 만족도와 책임감이 더 높게 나왔다.[15] 다른 조사에서는 기도 관련 결혼 교육 프로그램에 참여한 부부가 그런 프로그램에 참여하지 않은 부부보다 결혼 만족도가 더 높았다.[16]

일리노이 대학교에서 인간 발달 및 가족학 부교수로 있는 브라이언 오골스키Brian Ogolsky는 가족관계 문제와 관련하여 거의 50년간 자료를 조사했는데, 기도에 관해 보여주는 연구 결과가 놀라운 수준이라고 말한다. "이 분야를 조사한 사람들은 가족관계 분야에서 꽤 유명한 사람들입니다. 종교기관에 속해 있는 사람들이 아니에요. 이 문제에 관해 5년 전에 질문을 받았다면 저는 부정적으로 답했을 겁니다." 학자들에 따르면 이 방법이 효과가 있었던 것은 종교를 가진 사람들, 따라서 결혼제도에 이미 헌신적이고 충실한 사람들이 시행했기 때문이거나, 배우자에 대해 혹은 부부의 갈등 문제를 약간 다른 방식으로, 즉 배우자를 좀 더 배려하는 방식으로 생각했기 때문이다. 기도에 마음수련이나 호흡법처럼 명상 효과가 있기 때문일 수도 있다. 물론 정말로 어떤 초월적 존재가 도움을 줄 수도 있을 것이다.

중요한 것은 '함께'한다는 것

자기 확장 모델로 알려진 관계 과학 이론에 따르면, 연애 초에 느끼는 설렘은 친밀감이 강렬하게 발달하는 과정에서 생긴다. 뉴욕 주립대학교의 심리학 교수인 아서 아론Arthur Aron은 이 이론을 이렇게 설명했다. "우리가 진화해온 방식에는 두 가지 측면이 있습니다. 하나는 살아남는 것이고, 다른 하나는 새로운 정체성과 이해력, 각종 능력을 발전시켜 더 효율적인 방식으로 더 오랫동안 더 잘사는 것입니다. 따라서 우리가 인생에서 갖는 동기 중 하나는 자신을 확장하는 것, 즉 무언가를 성취할 수 있는 능력을 증가시키는 것이죠. 그 방법 중 한 가지가 바로 관계를 형성하는 것입니다." 시작 단계의 연인들은 새로운 사람에 관해 받아들이는 새로운 정보로 뇌가 활성화되기 때문에 모든 감각이 더 생동감 있게 느껴진다. 하지만 이런 학습 곡선은 시간이 갈수록 차츰 완만해지고, 처음에 느낀 흥분감도 조금씩 희석된다.

아론과 동료 연구원들은 부부가 함께 재밌는 활동을 하거나 새로운 것을 배우면 관계 강화에 도움이 될지 모른다고 추측했다. 즉 뇌에 자극을 주는 활동을 하거나, 배우자와 근접한 수준으로 자아를 확장하면, 뇌가 그 활동에서 즐거움을 느끼고, 그 즐거움을 배우자와 연관 짓게 될 것으로 예상한 것이다.

그들은 이 가설을 검증하기 위해 중년 부부 53쌍을 세 그룹으로 나누어 실험했다.[17] 첫 번째 그룹은 스키, 등산, 댄스, 콘서트 관람 같은 '신나는' 활동에, 두 번째 그룹은 영화 관람, 외식, 친구 집 방문 같은 '즐거운' 활동에 일주일에 90분씩 같이 참여하도록 했고, 세 번째 그룹은 아무런 활동에도 참여하지 않도록 했다. 결론적으로 '신나는' 활동에 참여한 부부가 조사 기간 중 결혼 만족도가 가장 높게 나타났다. 따라서 이 방법은 적어도 단기적인 면에서 효과가 있었다.

또 다른 사례도 있다. 플로리다 주립대학교의 심리학 교수인 제임스 맥널티James McNulty는 결혼한 장병 중 배우자와 떨어져 스트레스가 많은 환경에 배치된 이들에게 도움이 될 방법을 찾아보라는 국방부의 요청을 받았다(한 연구 결과를 보면 전투 군인은 일반 군인보다 이혼율이 62퍼센트 더 높다[18]). 맥널티 교수와 그의 연구팀은 사랑하는 사람과 관련하여 감정을 변화시키는 방법을 시험해보기로 했다.[19]

그들은 우선 몇 쌍의 부부에게 6주 동안 3일에 한 번씩 배우자의 사진과 강아지, 피자, 아기 같은 사진을 함께 보도록 하거나 '멋지다'라는 글자를 함께 보도록 요청했다. 다른 부부에게는 배우자의 사진과 단추 사진 같은 별 특징 없는 사진을 함께 보도록 요청했다. 그리고 2주에 한 번씩 배우자와 관련해서 어떤 감정이 떠오르는지 확인했다. 결과적으로 긍정적인 이미지를 본 사람들은 실험이 진행될수록 배우자와 관련해서 긍정적인 감정을 떠올렸고, 결혼생활에 대해서도 더 긍정적인 느낌을 받는다고 보고했다.

연구진은 이 효과가 아주 강력하다면 결혼생활을 도와주는 앱, 가령 배우자의 사진과 아기 판다의 사진을 동시에 볼 수 있는 앱을 개발할 계획이었다. 하지만 안타깝게도 이 효과가 그런 앱을 개발할 정도로 강력하지는 않다고 보았다. 그래도 이 실험은 배우자와 관련된 직관적인 느낌의 중요성과 영향을 생각해보게 한다는 점에서 의의가 있다.

반대 경우도 마찬가지다. 배우자에 대해 부정적인 이미지를 떠올리는 사람은 결혼생활을 더 불만족스럽게 생각한다. 한 종적縱的 연구에 참여한 연구진이 9년 동안 부부 123쌍을 관찰한 결과, 결혼 7년 차에 결혼생활이 지루하다고 말한 부부는 16년 차 때까지도 결혼 만족도가 적게 나타났다.[20] 이 결과는 남녀, 인종, 수입 정도에 상관없이 공통적으로 나타났다. 연구진은 지루함이 두 사람 사이의 친밀감을 떨어뜨리는 결과로 이어졌다고 생각했다. 즉 배우자와 함께하는 시간이 지루하다는 말은 배우자와 보내는 시간이 적어진다는 것을 의미하며, 이는 곧 친밀감이 적어지는 결과로 이어진다는 것이다.

심리치료사들은 부부가 앞으로 같이할 활동을 계획하는 것만으로도 친밀감을 끌어낼 수 있다고 말한다. 서로에 대한 일종의 책임감, 즉 오랜 시간 힘든 일을 함께 해나갈 것이라는 미래에 대한 비전이 있기 때문이다. 스콧 스탠리는 이렇게 말한다. "서로에 대한 책임감은 상당 부분 미래에 대한 믿음과 관련되어 있습니다. 미래를 함께 계획하고 고민하는 것이 그 책임감을 더 단단하게 해주죠." 이는 앞서 부부란 팀플레이가 필요한 관계라고 한 말과도 비슷한 맥락이다.

배우자와 함께할 수 있는 새로운 취미활동을 시작해보라는 제안은 전혀 새로운 이야기가 아니다. 오히려 상투적인 문구에 가깝다. 그런데 디지털 세상이 된 지금의 환경에서는 혼자 즐길 수 있는 활동의 유혹이 너무 많다는 것이 문제다. 밖으로 나가서 새로운 취미활동을 배우고 즐기려면 따로 시간을 내야 하고, 돈도 든다. 반면 스마트폰 게임을 하거나, 인스타그램에 사진을 올리고, 넷플릭스를 보는 일은 그만큼의 시간과 노력이 들지 않는다. 우리의 여가를 차지하려는 경쟁자는 과거 어느 때보다 많아졌다. 게다가 우리는 어디를 가나 그것들과 함께한다. 특히 소셜 미디어는 양날의 검과 같다. 다른 사람의 피드를 보며 인스타그램을 뒤지는 일은 무료함과 외로움을 달래기에 편하고 좋은 방법이다. 하지만 그로 인해 우선순위를 매길 수도 없을 만큼 가까운 사람들에게 쏟아야 할 노력을 쏟지 못하게 되고, 상대적으로 그들을 재미없는 사람으로 보게 되기도 한다.[21] 소셜 미디어 활동은 배우자가 줄 수 없는 도움을 받거나, 시야를 넓히고, 인맥을 넓힐 수 있다는 장점도 있지만, 우리의 관심을 딴 데로 돌려서 정작 내가 사랑하는 사람과 적극적으로 상호작용할 기회를 잃는다는 단점도 있다. 또한 배우자가 인터넷에서 활동하는 모습을 통해 그들이 세상을 어떻게 바라보는지, 혹은 어떻게 보이고 싶은지 알 수도 있지만, 한편으로는 배우자가 매우 낯설게 느껴지거나 소외감이 들 수도 있다.

물론 온라인상의 활동을 꼭 혼자 할 필요는 없다. 소셜 미디어는 배우자와 친밀감을 쌓을 많은 방법을 제공한다. 같이 인스타그램 피드를 꾸미거나 비슷한 관심사를 찾아보는 방법도 있다. 페이스북 최고 운영책임자이자 린인Lean In 재단의 설립자인 셰릴 샌드버그Sheryl Sandberg는 죽은 남편이 가장 그리울 때 중 하나가 같이 온라인 스크래블*을 하며 놀던 시간이라고 말

---

* 영어 철자로 단어를 맞추는 보드게임의 일종 -역자주

한다. 요즘은 비디오게임을 같이 하는 커플도 많고, 인터넷을 찾아보면 재밌는 2인용 게임을 소개하는 글도 많다. 하지만 게임은 게임일 뿐 정말로 새로운 모험을 경험하게 하지는 않는다.

또한 부부끼리만 새로운 모험을 경험할 필요는 없다. 여러 연구 결과를 보면, 다른 부부와 가깝게 지내는 부부는 결혼생활을 훨씬 더 만족스럽게 생각하고, 힘든 시기를 잘 헤쳐 나가는 경향이 있다. 아론 역시 다른 부부와 친목을 유지하면 부부 관계에 도움이 된다고 말한다. 배우자는 물론이고 다른 사람들에 대해서도 알아갈 수 있으므로 자기확장이론과도 잘 들어맞는다. 일반적인 의미에서도 그렇다. 가령 부부가 어려움을 겪을 때 다른 부부가 상담자 역할을 해줄 수 있고, 감정을 표출하는 상대가 될 수도, 축하할 일이 있을 때 함께 기뻐하거나, 서로 문제 해결에 필요한 기준을 만들 수도 있다.

2015년, 아론은 커플 사이에 친밀감을 높여주는 36가지 질문을 만들어 언론의 주목을 받았다. 그는 그 질문에 답하려면 자신의 약점을 직시해야 하는데, 서로의 약점을 인정하고 받아들이는 과정에서 친밀감이 높아진다고 주장했다. 시작 단계의 연인들이 밤새도록 은밀한 이야기를 나누며 시간을 보내는 것도 그런 이유에서다. 아론이 개발한 질문을 몇 가지만 소개하면 다음과 같다.

혼자 노래해본 적이 언제입니까? 다른 사람에게 노래를 불러준 적은 언제인가요?

90세까지 살 수 있고 마지막 60년은 서른 살의 몸이나 서른 살의 마음으로 살 수 있다면, 당신은 몸과 마음 중 어느 쪽을 택하고 싶나요?

당신은 어떻게 죽을 것 같은지 생각해본 적이 있나요?

내일 아침 눈뜰 때 새로운 특징이나 능력을 갖출 수 있다면, 무엇이 좋을까요?

배우자와의 공통점 세 가지를 말해봅시다.

가장 소중한 기억은 무엇입니까?

가장 힘들었던 순간은 언제인가요?[22]

사람들은 대학 룸메이트나 배우자의 가족 등 주변 사람들과 더 친밀한 관계를 쌓기 위해 이 질문들을 사용해보았다. 하지만 이미 잘 알고 있는 사람에게 이런 질문을 불쑥 꺼내면 분위기가 이상해질 수 있다(나도 어머니에게 시도해보았더니 정말 분위기가 이상하게 흘러갔다). 아론은 다시 다른 방법을 제안했다. "다른 부부와 어울려서 네 사람이 이 질문을 주고받으면 효과가 훨씬 좋을 것입니다." 이 방법은 누군가와 가볍게 시간을 보내는 동안 그 사람에 관해 깊이 알 수 있게 된다는 장점이 있을 뿐 아니라, 뇌가 좋아하는 방식인 학습 곡선이 훨씬 가파르게 상승한다는 장점도 있다. (전체 질문 목록은 부록 참고.)

나를 위한 시간도 필요하다

그렇다면 우리는 결혼에 관한 이런 오랜 조언대로 배우자의 취미생활에 무조건 관심을 기울여야 할까? 이 질문에 대한 학자들의 답은 '그렇다'이기도 하고 '아니다'이기도 하다. 이상적인 세계에서 보면, 인생을 함께하는 사람과 관심사를 공유하는 것은 아주 바람직하다. 하지만 실제 연구 결과를 보면, 소위부부가 '공유'한다는 열정적인 취미활동은 남편이 좋아하는 취미활동이 되어버리는 경우가 많다.[23] 아내들은 부부 관계를 생각해 남편에게 맞춰주는 경우가 많고, 자신이 원하는 것을 고집하지 않는다. 아내들은 왜 양보를 더 잘할까? 그 편이 더 편하기 때문이다. "포기는 20세기형 배우자와 21세기형 기대감이 충돌할 때 여성들이 가장 쉽게 선택하는 문제 해결법이다." 테렌스 리얼은 이렇게 말한다.[24] 문제는 자신이 원하는 바를 주장하지 않는 여성들이 상대를 미워하는 감정의 필요충분조건, 즉 억울한 감정을 느끼기 시작할 때 발생한다.

배우자와 모든 것을 함께하려고 하면 오히려 우울함을 느끼고 관계가 위험해질 수 있다. 때로는 자신이 좋아하는 것을 해도 괜찮다. 사실 의무적으로 그렇게 해야 한다. 이제 나는 건축 분야에 관심이 많고, 유명 건축가인 프랭크 게리Frank Gehry와 자하 하디드Zaha Hadid의 작품에 관해 어느 정도 깊이 있게 이야기할 수 있다. 건축 양식을 알아내고, 브루탈리즘*의 멋을 이해하고, 건물 전체를 둘러보며 설계의 목적과 의도도 거의 이해할 수 있다. 하지만 나는 절대 남편만큼 건축 분야를 좋아하지 못할 것이다. 남편과 순환의 상호작용과 프로그램적 요소에 관해 이야기하다 보면, 나는 엉덩이가 들썩거린다. 한편으로 보면 남편은 내가 매일같이 집요하게 관찰하고 글을 쓰는 시사 문제에 관해 우리가 만나기 전보다 더 신경을 쓴다. 남편은 이제 뉴스 마니아는 아니라도 즐길 정도는 된다. 나는 남편 덕분에 배낭여행의 즐거움을 알게 되었고, 남편은 나로 인해 휴양지에서 보내는 휴가의 즐거움을 알게 되었다.

하지만 나에게 남편이 좋아하는 난해한 요리법이나 테니스 그랜드 슬램을 참아줄 인내심은 없다. 반면 남편은 내가 좋아하는 요가 수업에 지금까지 딱 두 번, 그것도 그중 한 번은 내 생일이어서 참석했다. 또한 남편은 상징적인 코미디를 전혀 이해하지 못한다. 남편에게 "아무 때나 페치 좀 갖다 붙이지 마 Stop trying to make fetch happen."**와 같은 영화 속 유행어를 말하면 눈만 껌뻑일 것이다. 그런 것은 좋다. 벅 헨리Buck Henry와 에이미 슈머Amy Schumer가 나오는 영화의 상대적 장점을 주장하는 사람

---

* 거대한 콘크리트나 철제 블록 등을 그대로 노출한 건축물과 같이 건축물의 재료, 기능, 목적을 그대로 드러내고자 한 건축 양식. -편집자주
** 영화 〈퀸카로 살아남는 법Mean Girls〉에 나온 대사로, 누군가가 어떤 일을 억지로 밀어붙이거나 유행시키려 할 때, '그래 봐야 소용없다'는 의미로 쓰인다. -역자주

은 많다. 취향은 다양하다. 내가 좋아하는 모든 것을 남편이 좋아할 필요는 없다. 그렇다고 내가 좋아하는 것들을 포기한다는 의미는 아니다. 다름은 상대에게 흥미를 느끼게 하는 중요한 요소다. 우리는 다른 중요한 일들이 아무리 많더라도 자신만의 티타임을 포기하지 말아야 한다. 이혼 전문 변호사인 제임스 섹스턴James Sexton은 그의 저서 《내 사무실에 왔다면 이미 늦었어요If You're in My Office, It's Too Late》에서 자신에게 즐거움을 안겨주는 것들을 포기한 후 결혼생활이 불행해진 사람을 너무 많이 보았다고 했다. 가끔은 배우자와 다른 일을 하도록 노력해보자. 섹스턴의 말대로 밤마다 부부가 마주 앉아 조금 전까지 본 막장 드라마로 이야기를 나눌 수는 없다.

같은 의미에서 나는 남편의 모든 문제를 해결할 수 없다. 심지어 이해할 수도 없다. 남편이 의뢰인이나 도급업자, 시 공무원과 일을 협의하는 과정은 듣기만 해도 하품이 나온다. 마찬가지로 남편도 내 문제를 해결해줄 수 없다. 내가 좋아하는 구절을 편집자가 삭제하지 못하게 막아줄 수도 없고, 사람들이 내 글을 좋아하게 만들 수도 없다. 그래 주기를 바라지도 않는다. 남자들이 자주 하는 실수 중 한 가지는 아내가 문제가 생겼다고 말할 때, 그 문제를 꼭 해결해야 한다고 생각하는 것이다. 남편들은 문제가 생겼을 때 얼른 그 문제를 해결하고 싶어한다. 그래야 다른 일을 할 수 있다고 생각한다. 하지만 풀리지 않는, 혹은 쉽게 풀리지 않는 문제도 많다. 아내들은 종종 남편들이 그냥 듣기만 해주기를, 어려움이 있다는 점을 알아주기만을 바란다. 여자들은 혼자가 아니라고 느끼는 것만으로도 위로를 받는다. 아내들은 많은 경우 "저런", "정말 힘들었겠어"라는 말만 들어도 충분하다. 나는 미국에서 친 첫 번째 면허시험에서 보기 좋게 떨어졌다. 다른 나라에서 15년 전 면허를 취득하고 쭉 운전을 해왔는데도 말이다. 너무 실망한 나는 남편에게 문자 메시지를 보냈다. 잠시 후 남편에게서 이런 답이 돌아왔다. "저런. 토닥토닥." 한동안 나는 남편에게 기꺼이 편지 봉투를 가져다주었다.

그렇다고 문제를 해결해주려는 남편의 제안을 모두 거절해야 한다는 뜻은 아니다. "도와줄 필요 없어. 그냥 듣기만 해줘." 남편에게 이렇게 말하는 것은 그들이 보여줄 수 있는 사랑의 방식을 절반 넘게 빼앗는 셈이다.

때로는 배우자의 고민을 들어주는 일이 지겹고, 화나고, 소모적으로 느껴질 수 있다. 하지만 그럴 사람이 있다는 것만으로도 당신은 운이 좋은 사람이다. 심지어 그런 소소한 일들을 터놓고 말할 만큼 당신을 믿는다는 뜻이기 때문이다. 다음 사실을 눈여겨보자. 많은 연구 결과를 보면, 상대의 말에 귀를 기울이는 것은 인간관계의 만족도를 높여주는 결과로 이어진다. 상대의 자긍심을 키워주고,[25] 심지어 성관계에 대한 흥미도도 높여준다.[26] 비욘세의 콘서트 티켓을 구한다고 가정해보자. 시간 맞춰 온라인 사이트에 접속해야 하고, 인터넷 창을 수없이 '새로 고침' 해야 하는 쉽지 않은 일이다. 하지만 성공하면 비욘세의 라이브 공연을 눈앞에서 보는 보상을 얻는다. 우리는 그럴 만한 가치가 있다고 생각되는 일에 희생을 감수한다. 평생 함께하는 사람과 깊은 관계를 맺는 일이 가치가 없을 수는 없을 것이다.

사랑이란 그런 것이다. 누군가를 향한 설레는 느낌이나 그 사람에 대한 열정적인 애정 표현보다는, 물론 그런 것도 좋기는 하지만, 진정한 사랑은 한 사람을 위해 기꺼이 자신을 내던지는 마음, 그 사람의 삶을 조금 더 좋게, 조금 더 신나게, 조금 덜 힘들게 할 수 있다면, 무엇이든 하겠다는 의도적인 결심이다. 존 가트맨John Gottman에 따르면, 결혼생활의 진정한 고수는 좋은 관계를 위해 배우자의 요청이 있을 때만 응답하는 사람이 아니라, 요청에 앞서서 혹은 그의 표현대로 상대방의 초대bid에 앞서서 배우자를 감동시킬 수 있는 무언가를 찾아 끊임없이 주변을 살펴보는 사람이다. 우리가 아이들을 위해 하는 일을 생각해보면 이해하기 쉽다. 우리는 아이들에게 무엇이 필요한지, 어떤 문제가 있을지 늘 앞서서 생각한다. 아이들을 위해서라면 눈물이 나올 만큼 재미없는 일도 꾹 참아낸다. 나는 공원에 가기가 싫다. 끝없이 공주를 구해야 하는 무의미한 게임도 싫고, 장난감 자동차를 밀어주기도, 〈겨울 왕국〉을 또 보기도 싫다. 특히 한자리에 가만히 서서 그네를 밀어주는 일이 제일 싫다. 너무 힘들고 따분하다. 그래도 우리는 이런 일들을 한다. 누군가를 사랑하는 것, 사랑하는 사람을 행복하게 해줄 수 있는 것이 얼마나 즐거운 일인지 알기 때문이다. 성공적인 결혼생활의 비결은 바로 여기에 있다. 성생활, 돈 문제, 육아 문제도 모두 마찬가지다. 상대의 즐거움을 위해 나의 즐거움을 조금 내려놓는 것. 어떤가? 해볼 만하지 않은가?

고양이 화장실에서 얻은 교훈

배우자를 지겨워하지 않을 방법이 있다고는 말할 수 없다. 하지만 인간이 쾌락 적응의 동물이라는 점은 분명히 말할 수 있다. 지금 아무리 좋게 생각하는 것도(혹은 아주 끔찍하게 생각하는 것도) 시간이 지나면 거기서 얻는 만족감(혹은 불만족)은 줄어든다. 즉 행복감은 쉽게 희석된다. 인간은 비교적 안정된 수준으로 삶에 대한 만족도를 유지한다고 알려져 있다. 만족도는 일시적으로 낮아지거나 높아질 수 있지만, 시간이 지나면 거의 원래 수준으로 돌아온다. 가령 사고가 나거나, 실직했을 때, 혹은 얼굴에 보기 싫게 여드름이 났을 때, 삶에 대한 만족도가 낮아질 수 있다. 반대로 복권에 당첨되거나, 운 좋게 주차 자리를 찾았을 때, 사고 싶은 옷을 세일 가격에 샀을 때, 만족도가 높아질 수 있다. 하지만 그런 만족이나 불만족은 얼마 안 가 원래 수준을 회복한다. 우리 집 고양이 화장실을 예로 들면 좋을 것 같다. 우리 집에는 고양이 두 마리가 있다. 이름은 각각 '문어'와 '오리너구리'다. 우리는 두 고양이를 위해 상당한 돈을 지출했다. 그랬더니 고맙게도 녀석들은 놀라운 재주 두 가지를 규칙적으로 보여주었다. 하나는 구토하는 재주이고, 다른 하나는 기가 막히게 타이밍을 잘 맞춰 우리가 밥만 먹으려고 하면 화장실을 찾는 재주다. 특히 검은 고양이인 오리너구리는 모든 단백질에 알레르기 반응을 보였다. 육식 동물인 고양이가 단백질 알레르기라니 너무 황당했지만, 어쨌든 녀석은 토끼 고기만 먹을 수 있다. 그 말은 두 녀석 모두에게 토끼 고기로 된 사료를 먹여야 한다는 뜻이다. 끔찍하게도 고양이는 토사물을 나눠 먹는 행동으로 유명하다. 혹시 토끼가 포식자를 물리치는 방어 기제로 어떤 방법을 사용하는지 알고 있는가? 나는 알 것 같다. 바로 포식자의 몸에서 소화되고 나면 지독한 냄새를 풍기는 방법이다. 토끼를 잡아먹고 뒤처리를 해본 동물이라면 다시는 토끼를 잡아먹지 않을 것이다.

고양이 화장실은 설명하기 힘든 여러 가지 이유로 우리가 밥을 먹는 식탁 옆에 둘 수밖에 없었다. 따라서 우리는 고양이 배설물의 지독한 냄새와 배변 시간, 화장실의 위치 문제로 점점 힘들어졌다. 남편과 나는 매일 그 문제로 옥신각신했다. 화장실을 바꿔도 보고, 청소 당번을 정해놓기도 하고, 수의사 친구에게 상담도 받아보았다. 하지만 그 어떤 방법도 소용이 없었다. 고양이는 계속해서 화장실 문제를 일으켰다. 우리는 식사 때마다 골머리를 앓았다. 나는 남편에게 건축가로서 큰 도전이라 생각하고 해결 방안을 떠올려보라고 했다. 그랬더니 남편은 안락사를 제안했다. 너무 극단적이지 않으냐고 내가 발끈했더니 남편은 고양이를 두고 한 말이었음을 강조했다.

결국 우리는 500달러나 되는 거금을 들여 '리터-로봇3 오픈에어'라는 캐나다산 대형 자동 세척 고양이 변기를 구입했다. 말도 안 된다고? 정말 그렇다. 정말로 이 장치는 우리 집에 있는 것들 중 고양이 토사물을 제외하고 가장 이상하게 생긴 물건이다. 하지만 효과는 있었다. 더는 지독한 냄새를 맡지 않아도 되었고, 누가 청소할 차례인지 남편과 옥신각신할 일도 없어졌다. 심지어 사람들을 초대할 수도 있게 되었다. 그렇다면 그 뒤로 우리는 쭉 행복했을까? 물론 아니다. 우리는 불과 이틀 만에 이 기계가 집에 있다는 사실도 의식하지 못했다. 그 문제는 지난달 문제였고, 이제는 다른 문제로 서로의 신경을 자극하고 있다. 느린 와이파이 때문에, 혹은 블루베리가 하나밖에 안 남은 통을 냉장고에 넣어둔 사람이 누구인지를 두고 다시 티격태격 중이다. 인간은 변화된 환경에 정말 빨리 적응한다. 우리는 다람쥐 쳇바퀴 같은 일상 속에서 잠깐씩 기쁨을 느끼지만, 넘칠 듯한 즐거움이 영원히 지속되지는 않는다. 아무리 열렬하게 소망했던 일도 이룬 후에는 그로 인해 행복했던 기분을 금세 잊는다.

그렇다. 배우자는 우리에게 즐거움을 준다. 그 즐거움은 통조림 음식보다는 수플레와 닮았다. 통조림 음식은 상온에서도 오랫동안 맛이 유지되지만, 수플레는 그렇지 않다. 금방 만든 수플레는 기막히게 맛있다. 하지만 그 맛은 오래가지 않는다. 우리는 지금의 배우자와 결혼하고, 그들과 함께하는 삶을 오랫동안 꿈꾸어왔다. 하지만 일단 그 꿈을 이루고 나면, 그 삶에 금세 적응하고 또 다른 것을 바라게 된다. 그래서 결국 어느 정도는 결혼하기 전에 느꼈던 삶의 만족도로 돌아간다. 사람들은 결혼의 축복이 유유자적하게 흐르는 강물과 같다고 생각한다. 그 말도 맞다. 하지만 곧 누군가는 그 생활에 지겨워지거나 초조해져서 배를 뒤집으려 한다.

얼마 전 나는 다른 방에서 청구서를 정리하고, 남편은 주방에서 식사를 준비했다. "여보!" 찬장 앞에 서 있던 남편이 나를 불렀다. "우리 후추 없어?" 그 순간 나는 익숙함의 문제를 또 한 번 생각했다. '익숙함의 문제는 그 익숙함 없이는 가족을 이룰

수 없다는 것이다.' 나는 주방으로 갔다. 그리고 찬장 위에 있
는 후추를 꺼내어 말없이 남편에게 건넸다.

CHAPTER 1. 익숙함의 문제

잘 싸우는 것이
중요하다

CHAPTER

2

MARRIAGEOLOGY

내가 남편과 가장 어이없는 문제로 가장 크게 싸운 건 바
비큐 그릴 때문이었다. 사실 더 크게 싸운 적도 있지만,
바비큐 문제보다는 덜 어이없었다. 또 더 어이없는 문제로 싸
운 일도 있는데, 싸움 정도는 덜했다. 가령 식탁을 차릴 때 버
터를 내놓지 않는 문제로 매번 반복되는 입씨름이 이에 속한
다. 어쨌든 바비큐 그릴 사건은 우리 집에 오븐이 없어서 비롯
된 일이었다. 우리 집에 오븐이 없었던 건 남편이 건축가이자
열정적인 요리사지만, 돈이 아주 많지는 않아서 디자인과 요
리, 예산 측면에서 모두 그의 입맛에 맞는 오븐을 찾기가 너무
어려웠기 때문이다. 우리는 가스레인지와 전자레인지만으로

그럭저럭 만족하며 살았다. 사실 그것만 있어도 웬만한 음식은 다 만들 수 있다. 아이들의 학교 바자회에 쓸 빵을 못 만든다는 점만 제외하면 말이다(사실 그래서 더 좋았지만).

우리에게 오븐은 없지만, 테라스는 있다. 우리 집에 테라스가 있는 이유는 건축가인 남편 덕분이다. 남편은 어느 해인가 내 생일 선물로 맨해튼에 있는 우리 아파트 뒤쪽에 테라스를 만들기로 하고, 여차여차해서 공간적 한계와 재료, 예산의 범위에 맞는 테라스를 지었다. 나의 선택은 정말 탁월했다. 나는 언제라도 생일 선물로 오븐보다 테라스를 선택할 것이다. 테라스가 생기고 보니 그릴도 설치할 수 있을 것 같았다. 남편도 대찬성이라고 했다. 하지만 그러려면 먼저 테라스로 가스 배관을 빼내야 한다고 했다. 그래서 배관공을 부르고, 벽을 조금 뚫고, 에어컨에 영향을 미칠 수 있으니 그 부분도 손봐야 할지 모른다고 했다. 나는 이해할 수 없었다. 그냥 가스통이 연결된 그릴을 사면 되지, 왜 배관공을 부르고, 벽을 깨는 등의 공사를 하느냐고 남편에게 씩씩거리며 물었다. 남편이 말하는 그 일은 최소한 오븐을 찾는 일만큼 오래 걸릴 것 같았다. 그러자 남편도 같이 씩씩거리며 말했다. 자신이 하고 싶어 하는 일에 내가 늘 비협조적이라고 말이다. 나는 그 말이 내가 하고 싶은 말이라고 했다. 사실 그릴 설치는 내가 원한 일이었다. 비협조적인 쪽은 남편이었다. 어쨌든, 그때까지 그릴도 없고, 오븐도 없었던 것은 남편 때문이니까. 나는 약간 눈물도 글썽였던 것 같다. 결국 우리는 가스통이 달린 그릴을 샀다. 하지만 그 그릴은 얼마 가지 않아 골칫거리가 되었다. 맨해튼에서는 가스통이 필요한 직종에 있지 않은 한, 교체 가스통을 살 수 없다(탈레반 덕분에). 결국 그 그릴은 가스가 떨어져 1~2년쯤 뒤에 내다 버렸다. 그리고 배관선이 연결된 그릴을 다시 설치했다.

나는 우리 둘 다 옳았다고 생각한다! 하지만 남편은 2년만 사용한 물건에 400달러를 쓰고서야 그 싸움이 끝났다고 말한다. 그러면 나는 아이들이 옆에 없을 때, 우리가 아이들에게 쓰는 돈을 생각해보라, 아무 이득도 없는 일에 얼마나 많은 돈을 쓰느냐고 응수한다. 그래서 우리는 그 일을 무승부로 하기로 했다. 적어도 내 쪽에서는 그랬다.

우리는 사랑하는 사람과 싸우게 되어 있다. 싸우지 않을 거라고는 기대하지 마라. 싸우지 않는 사람들이 오히려 무섭다. 그 관계는 오래가지 않을 것이다. 그런 경우는 둘 중 하나가 감정을 완전히 억누르고 있거나 자존감이 전혀 없는 것이다. 그래서 그 결혼은 결국 파탄에 이를 것이다. 아니면 두 사람 다 사이보그이고, 기계가 세상을 지배하고 있는 것이거나.

결혼한 사람들은 싸울 수밖에 없다. 암울한 말 같지만 사실이다. 상대의 의견에 동의하지 않는 법을 알아내지 못하면, 결혼생활을 유지하는 법도 알아낼 수 없다. 싸움은 나와 나의 배우자에게 정말로 중요한 것이 무엇인지 알아가는 방식이다. 그것은 남편이, 혹은 아내가 정말로 두려워하는 것이 무엇인지 이해할 수 있는 방식이며, 마찬가지로 자신이 진짜로 두려워하는 것이 무엇인지 파악하는 방법이다. 그런데 우리는 부부싸움을 나쁘게만 본다. 피하거나 견뎌야 하는 장애물로 본다. 하지만 사실 그것은 장애물이 아니라, 자세히 살펴보고, 지도에 담아두고, 넘어서야 할 중요한 특징이다. 일단 그 특징들을 잘 이해하고 다루게 되면, 내가 사랑하는 사람, 그리고 나라는 사람에 관해 훨씬 더 많이, 더 잘 알게 된다. 또한 훌륭한 파트너십에 이르는 가장 덜 위험한 길을 어렴풋이나마 알게 된다.

서로 다른 두 사람이 만나 아무런 의견 대립 없이 미래를 계획하고, 아이를 돌보고, 한 침대에서 편히 자고, 더러워진 냉장고를 누가 청소할지 곧장 결정하고, 아무 문제 없이 잘 어우러져 살 수 있다고 믿는 것은 너무 순진하다. 보통 사람의 경우, 평생은커녕 일주일도 감당하기 힘들다. 부부싸움이 다른 싸움, 가령 격투기 선수 간의 싸움과 다른 점은 반드시 이길 필요가 없다는 것이다. 부부간의 싸움은 레슬매니아*와 좀 더 닮았

---

* Wrestle-Mania. 미국의 프로레슬링 단체인 WWE에서 1년에 한 번 여는 이벤트 경기로, 경기에서 선보이는 기술은 물론 승패와 선수 간의 갈등 등이 모두 정해진 각본대로 진행된다. -편집자주

다. 경기의 긴장감은 실제 선수들의 몸싸움보다 그들의 뒷이야기에서 더 많이 느껴진다. 그리고 실제 누가 이기는지보다 두 레슬러가 다시 맞붙을 수 있는지가 더 중요하다.

언뜻 생각하면 우리는 사랑하는 사람과 평화롭게 의견 대립을 풀어갈 수 있을 것 같다. 어쨌든 우리는 상당한 노력을 기울여 천생연분을 찾아서 결혼에 이르지 않았는가? 우리는 그동안 많은 사람을 만나보았고, 때로는 자신의 자존감과 지갑에 엄청난 희생을 지불해가며 그중에서 나와 가장 잘 맞는 사람을 선택했다. 밤늦도록 대화를 나누며 그 상대에게서 마음 깊이 이해를 받았고, 때로는 큰 용기도 얻었다. 그 사람으로부터 우리 자신의 새로운 모습과 세상의 새로운 면을 발견했다. 그러니 우리는 최소한 대부분의 경우, 우리 의견에 동의해주는 사람을 찾지 않았을까?

그렇지 않다. 그럴 가능성은 매우 낮다. 만약 그런 사람을 찾았다 해도 사람은 변한다. 자신도 마찬가지다. 혹은 상대가 정말 변했으면 좋겠는데 변하지 않는다. 우리는 결혼을 통해 한 번도 경험해보지 않은 상황에 놓인다. 그리고 어떤 일에 대한 상대의 자연스러운 반응이 나의 반응과 얼마나 다른지, 그 간격이 얼마나 좁히기 힘든지를 깨닫고 충격을 받는다. 그 간격을 다루는 방식, 즉 가벼운 말다툼부터 공동 명의 계좌에서 돈 절반을 찾는 심각한 싸움에 이르기까지, 부부 사이에 일어나는 크고 작은 문제들을 어떻게 다룰지가 사랑의 형태를 결정한다. 홍수가 강의 형태를 바꿔놓는 것과 같은 이치다. 그 홍수로 강둑이 무너질 수도, 새로운 지형과 멋진 강줄기가 탄생할 수도 있다.

일부 심리치료사들은 싸움의 내용보다 싸움의 방법이 더 중요하다고 말한다. 연구 결과들을 보면, 사람들이 싸우는 방식에 관한 사회학 용어인 '갈등 행동'은 그 사람이 재산을 얼마나 가졌는지, 어떤 배경을 가졌는지, 살아가는 동안 어떤 일을 겪었는지 파악하는 자료로써 활용되기보다 이혼을 예측하는 지표로써 훨씬 더 많은 기능을 한다.[1] 관계 연구 분야의 대부인 존 가트맨은 부부가 한 장소에서 상호작용하는 방식을 관찰하면 두 사람이 계속해서 같이 살 수 있을지 꽤 높은 정확도로 맞출 수 있다고 말한다. 부부 사이에 '경멸, 비난, 방어적 태도, 비협조적 태도(가트맨은 이 네 가지를 두고 '묵시록의 네 기사'라고 부른다)'가 보이면, 그 부부는 헤어질 가능성이 매우 크다. 다른 심리치료사들도 이름을 다르게 부여할 뿐, 가트맨이 말하는 것과 비슷한 행동 유형이 부부의 이혼 가능성을 높인다고 제시한다.

유명인들을 보면 이혼 사유로 '성격 차이를 극복할 수 없다'라는 말을 자주 한다. 사실 이 말은 '싸움 방식을 충분히 개발하지 못했다'라고 해야 더 정확한 말이 될 것이다. 우리는 모두 극복할 수 없을 만큼 서로 다르다. 그러니 무엇이 다르고, 어떻게 다른지 찾아내야 한다. 우리 부부는 그동안 그림 설치 문제 같은 싸움을 수천 가지 다른 형태로 해왔다. 그 수많은 싸움을 통해 내가 일을 빨리 끝내기 좋아하는 사람이라는 것을 알게 되었다. 결과물이 꼭 내가 원했던 방향이 아니어도 괜찮다. 반면 남편은 자신이 원하는 결과를 얻기 위해서라면 어렵고 지루한 과정도 참아내는 사람이다. 다시 말해 나는 약간 '엉성한' 스타일이고, 남편은 '철저한' 스타일이다. 다르게 표현하면, 나는 현실적인 사람이고, 남편은 좀 비현실적인 사람이다. 이 점을 이해한다는 말은 우리 부부가 서로의 행동뿐만 아니라 자신의 행동까지 이해하는 능력을 갖추게 되었음을 뜻한다.

하지만 이런 능력이 생겼다고 해도 싸움이 일어나지 않게 할 수는 없다. 부부싸움은 일어날 수밖에 없다. 그것은 쓰레기를 버리는 일에 비유할 수 있다. 어떤 사람들은 집을 깔끔하게 유지하고 싶어서 쓰레기를 조금씩 매일 내다 버린다. 또 어떤 사람들은 대형 쓰레기봉투가 꽉 찰 때까지 기다린다. 결국 우리는 소매를 걷어붙이고 싸우고 협상하는 과정을 통해 합의를 도출해야 한다. 그래야 결혼생활의 진짜 재밌는 부분을 제대로 즐길 수 있다.

싸울 때는 정정당당하게

심리학자이자 치료사인 스탠 탯킨Stan Tatkin은 PACTPsychobiological Approach to Couples Therapy라는 부부 치료 기법을 개발하고 뇌와 사랑에 관한 다수의 책을 썼다. 그는 사람들이 건설적인 방식으로 견해차를 좁히지 못하는 이유가 딱 세 가지라고 말한다. 첫째, 인간은 표현력이 좋지 못하다. 둘째, 인간의 인식은 완벽하지 않다. 셋째, 인간은 기억력이 좋지 않다. "사람들 사이에서 일어나는 문제의 대부분은 알고 보면 오해에서 비롯됩니다." 탯킨은 이렇게 말한다. "자신은 대화 기술이 좋다고 생각하는 사람이 많은데 알고 보면 착각인 경우가 많습니다. 기억력이 좋다고 믿는 사람도 완전히 잘못 알고 있는 거예요. 게다가 인간의 감각적 인식은 위협받는 상황에서 평소와 다르게 반응합니다." 그의 말에 따르면 사람들은 자신의 의사소통 능력과 기억력, 이해력을 너무 믿기 때문에 이혼한다. "우리의 대화 능력과 기억력, 인지력은 대단히 불완전해요. 이런 불완전한 능력을 바탕으로 이루어지는 사고가 얼마나 오류에 빠지기 쉽고, 잘못된 판단을 내리기 쉬운지 안다면, 많은 사람이 이혼한 것을 후회할 겁니다."

탯킨은 우리의 생각뿐 아니라 몸이 반응하는 방식, 즉 심박수, 호흡계, 변연계도 배우자에 대한 행동에 영향을 준다고 믿는다. 그는 디지털 프레임 분석, 즉 사람들을 비디오카메라로 찍어서 표정과 몸짓, 목소리를 프레임 단위로 분석했을 때, "사람들이 서로를 정말 쉽게 오해한다는 사실을 확인할 수 있었다"라고 말한다.

사람들은 자신에게 일어나는 일이 자기 자신, 혹은 자신과 관계된 사람, 혹은 물리적으로나 어떤 식으로든 위협적인 상황이라고 판단되면, 생존 모드로 전환한다. 이때 위협적인 상황에 대한 본능적인 반응 체계인 투쟁-도피 반응이 발동하여 신체 내 자율신경계의 움직임이 빨라질 수 있다. 탯킨은 이렇게 설명한다. "이 투쟁-도피 반응은 자기도 모르게 아주 빠르게 증폭됩니다. 배우자를 포식자처럼 인식하고 반응하는 거죠. 그게 인간의 모습이에요. 잘못된 게 아닙니다."

그러므로 건설적인 싸움의 비결은 상대가 안전하다고 느낄 수 있게 해주면서 싸우는 것이다. 또한 역으로 우리가 지금까지 사랑했던 사람이 갑자기 내게 위협이 될 가능성이 매우 낮다는 것을 기억하는 것이다(물론 정말로 위협이 될 수도 있다. 그때는 즉시 그 상황에서 빠져나와 전문가의 도움을 받아야 한다). '싸울 때도 친절하게!' 이론상으로는 간단해 보일지 몰라도, 감정이 고조된 갈등 상황에서 상대를 확실히 배려해주는 것은 생각보다 쉽지 않다. "이 간단한 개념을 이해하지 못해서 일찍 헤어지는 사람들을 저는 너무 많이 보았어요." 탯킨은 이렇게 말했다.

"우리가 해야 할 중요한 임무는 먼저 서로를 보호해주고, 안전하다고 느낄 수 있게 해주는 거죠."[2]

남편과 내가 가장 심각하게 의견 대립을 겪었던 문제 중 하나는 랜스 암스트롱Lance Armstrong에 관한 것이다. 랜스 암스트롱은 세계적인 사이클 대회인 투르 드 프랑스Tour de France에서 최초로 7연속 우승을 차지한 선수다. 남편은 이 사이클 대회의 광팬이다. 이 대회는 남편이 좋아할 만한 요소를 모두 갖추고 있다. 일단 시각적으로 눈길을 사로잡는다. 또, 기술적으로 매우 복잡하고 너무 힘들다. 암스트롱을 잘 모르는 사람들을 위해 그를 잠깐 소개하자면, 텍사스 출신인 그는 전이성 고환암을 앓고도 위험하고 힘들기로 악명 높은 사이클 대회인 투르 드 프랑스에서 1999년에서 2005년까지 7년 연속 우승을 차지했다. 부러진 쇄골이 완전히 회복되기 전에 대회에 참가해 3위를 차지한 적도 있고, 뒷바퀴 브레이크가 고장 난 채로 거의 온종일 경기를 이어간 적도 있다. 암 환자를 위해 자선단체를 세우고 5억 달러에 달하는 기부금을 모았으며, 록스타 셰릴 크로우Sheryl Crow와 잠깐 사귄 이력이 있고, 여러 차례 사회적 물의를 일으키기도 했다.

오랜 시간 힘든 경기를 이어가야 하는 로드 레이스의 특성상 이런 시합에 출전하는 선수들은 오래전부터 약물 복용의 유혹에 자주 시달려왔다. 암스트롱 역시 그런 의혹을 여러 차례 받았지만, 그는 수많은 약물 테스트에서 단 한 번도 걸리지 않았다. 사이클 업계 사람들은 때때로 그가 약물 복용을 시인했다는 말을 들었다고, 혹은 주변 사람들이 그의 도핑 사실을 은폐하도록 도왔다고 주장했다. 하지만 암스트롱과 그 주변 사람들은 언제나 테스트 결과를 제시하며 그를 시기하고 질투하는 사람들의 모함이라고 일축했다.

하지만 그가 약물을 복용한 것은 사실이다. 암스트롱은 2013년 오프라 윈프리 쇼에 나와 그 사실을 인정했다. 그는 거짓말을 하고, 속임수를 쓰고, 자신의 영향력과 권위를 이용해 진실을 말하지 못하도록 사람들을 괴롭혔다. 이것은 이제 세상이 다 아는 사실이다. 물론 남편도 그렇다.

남편과 내가 싸우는 문제는 '그럼에도 불구하고 암스트롱은 찬사를 받을 만한 선수인가?'라는 것이다. 나와 운명을 함께하기로 약속한 내 남편은 그 시대의 모든 선수가 약물을 복용했고, 약물의 이점을 모두 똑같이 누렸기 때문에 어쨌든 암스트롱이 최고의 선수라고 주장한다. 그러면 나는 이렇게 반박한다. 그는 스포츠 정신을 파괴하고, 사람들을 기만했으며, 진실을 밝히려고 했던 사람들을 괴롭혔기 때문에 그가 이룬 업적이 모두 무효라고. 단순히 약물을 복용한 것이 문제가 아니라 그것을 은폐하려고 시도한 행위가 더 큰 문제라고 말이다. 남편은 암스트롱이 행한 모든 일이 사이클과 암 때문이었다고 주장하고, 나는 그가 팬들과 동료를 속였다는 사실이 더 중요하다고 주장한다.

이 문제는 명백히 내가 옳다. 하지만 이 싸움이 특히 공격적으로 변하는 이유는 사이클과 관련이 없다. 나는 남편이 암스트롱을 지지하는 모습을 보면, 그의 도덕성이 의심스럽다. 내가 사랑하는 남자가 거짓말과 협박을 용납하는 사람이라는 말인가? 그렇다면 나에게도 거짓말을 할 수 있다는 뜻인가? 혹은 사람들을 괴롭힐 수 있다는 뜻인가? 왜 그런 행동이 남편의 눈에 대수롭지 않게 보일까? 남편은 그런 행동을 용납하는 것이 아니라, 단지 그것 때문에 암스트롱의 뛰어난 실력이나 성과가 지워지지는 않는다는 것을 믿을 뿐이라고 말한다. 다른 사람의 불행을 속으로 기뻐하고, 철새처럼 왔다 갔다 하는 사람들을 참을 수 없다는 것이다.

이 싸움은 암스트롱에 관한 문제가 아니라 가치와 두려움에 관한 문제다. 나에게 중요한 가치는 정직함이다. 거짓말과 위협으로 최고의 자리에 오른 사람은 범죄자일 뿐이다. 또한 나는 거짓을 두려워한다. 만약 남편이 나를 속인다면, 나는 깊이 상처받을 것이다. 그래서 우리 가족이 파탄에 이를 수도, 우리가 그동안 쌓아온 모든 것이 하루아침에 무너질 수도 있다. 생각만 해도 끔찍하다. 반면 남편은 의리를 중요하게 생각하고 책임을 저버리는 행동을 두려워한다. 그는 지금까지 영웅으로 생각했던 사람이 완벽하지 않다는 이유로 등을 돌리는 게 몹시 무책임하다고 생각한다. 그 말은 곧, 상황이 힘들어지거나, 자신이 실수라도 하면, 내가 남편을 버릴 수도 있다는 뜻으로 해석된다. 이렇다 보니 우리를 잘 아는 사람들은 지금도 우리 앞에서 랜스 암스트롱 이야기를 절대 꺼내지 않는다.

어떤 싸움은 아주 심각하고, 어떤 싸움은 내용만 다를 뿐 같은 주제가 반복된다. 가령, 남편과 나는 효율성과 질의 문제로 끝없이 옥신각신한다. 또, 어떤 싸움은 정말 사소한 문제다(우리 집의 버터 문제처럼). 그렇다면 우리는 어떻게 해야 잘 싸울 수 있을까?《손자병법》에 따르면, 전쟁이란 속임수다.[3] 즉 전쟁에서 이기려면 적을 기만해야 한다. 하지만 부부간의 싸움은 승자가 필요 없다. 따라서 상대를 속이는 일은 없어야 한다. 싸울 때는 정정당당하게 싸우자. 협박의 수단으로 이혼을 들먹여서도 안 된다. 자신이 원하는 것, 혹은 자신이 한 행동을 속이지도 말자. 자신에게 유리한 쪽으로 태도를 바꾸는 것도 좋지 않다. 그렇게 하면서도 싸움에서 이기는 두 가지 좋은 전략이 있다. 하나는 싸움을 다루는 기술에 관한 것이고, 다른 하나는 언제 어디서 싸울 것인가 하는 맥락의 문제다.

내가 싸움을 시작할 때

부부싸움이 종합격투기가 아닌, 레슬매니아가 되려면 어떻게 해야 할까? 상대를 실제로 다치게 하지 않으면서 결론에 이르는 싸움은 어떻게 다를까? 첫 번째 힌트는 시작하는 말에 유의하는 것이다. '상대'를 지칭하는 말로 시작하는 건 좋지 않다. 더 안 좋은 건 "당신은 항상 -" 혹은 "당신은 늘 -"로 시작하는 경우다. "당신은 절대 정리하는 법이 없어", "당신은 늘 그래. 섹스를 원한 적이 없어" 혹은 더 심하게 "당신한테서는 항상 이상한 냄새가 나" 등등. 이런 말은 상대를 비난하기만 할 뿐 문제를 해결하지 못한다. 그런 말들은 실제로 문제가 되는 행위보다 사람에 초점이 맞춰진다. 나와 인생을 함께하는 사람이 내게서 모욕을 받거나 상처를 받았다고 느끼면 문제를 해결하고 싶은 생각이 별로 들지 않을 것이다. 부부싸움의 기본 원칙 중 하나는 문제가 있을 때 상대가 아닌 '나'의 관점에서 표현하는 것이다. 예를 들면 이런 식이다. "양말 좀 치워주면 좋겠는데." "얼마 전부터 좀 이상한 냄새가 나는 것 같아. 자기는 어때?"

심리학자이자 임상 치료사, 정서 중심 치료Emotionally Focused Therapy 전문가로 알려진 수 존슨은 '상대'를 비난하는 말로 싸움을 시작하는 사람들을 '비난자blamer'라고 부른다.[4] 다른 학자들은 '추격자pursuer'라는 표현을 쓰기도 한다. 이런 방식으로 싸우는 사람들이 특별히 더 과격하다는 의미는 아니다. 그들은 종종 주어진 상황에서 매우 논리적으로 대응한다. 문제는 그들이 중요하게 생각하는 부분을 상대가 귀담아듣지 않는다는 점이다. 남편과 나는 신혼여행 둘째 날 저녁, 한 노부부가 주차하기 까다로운 장소에 주차하는 모습을 보았다. 노부부의 남편 되는 사람이 주차하는 동안 그의 아내가 차 밖에서 남편을 도와주고 있었다. "아니!" 부인이 손을 내저으며 꽥 소리를 질렀다. "이쪽이라고요, 이쪽! 거기 말고! 이제 쭉 바로 들어와요!" 남편은 노부인이 왜 저렇게 고함을 치며 말하는지 이해할 수 없다고 말했다(남편은 자신의 미래가 걱정스러웠던 것 같다). "저 톤으로 말해야만 남편분이 아내의 말에 반응해왔기 때문 아닐까?" 나는 이렇게 추측해보았다. 비난자들은 그 노부인처럼 배우자에게 자신이 하고 싶은 말을 분명히 전달하기 위해 자신이 쓸 수 있는 방법을 쓰는 것뿐이다. "비난자들은 자신을 혼자라고 여기는 경우가 많습니다. 배우자에게 중요하지 않은 사람, 버려진 사람, 하찮은 사람으로 여겨진다고 생각하는 거죠." 존슨은 이렇게 말한다. "그들의 분노 이면에는 상처가 감춰져 있어요." 특히 말하는 사람이 여자일 경우, 이런 행동을 가리키는 좀 더 일상적인 단어로 '바가지를 긁는다'라는 표현도 있다(참고로 나는 단지 이런 표현이 있다는 사실을 밝히는 것일 뿐, 이 표현을 좋아하지는 않는다).

잘 싸우기가 어려운 이유 중 하나는 종종 내가 옳다고 느끼는 일들이 사실 그렇지 않기 때문이다. 가령, 비난자들뿐만 아니라 모든 사람은 가끔 상대에게 불만을 표현해야 할 것만 같다고 생각한다. 이는 갑자기 이유 없이 분노를 터트리는 행위와 다르다고 생각한다. 몇 주, 몇 달 혹은 몇 년간 쌓아온 감정을 표출하는 것, 내게 사랑을 약속한 사람이 나를 얼마나 힘들게 했는지 알려주는 것, 나의 괴롭고 힘든 기분을 분출하는 것은 꼭 필요한 일처럼 느껴진다. 심지어 더 건강해 보인다. 나에게는 내게 일어나는 일들, 내가 느끼는 기분을 사람들에게 정확히 알려줄 권리가 있는 것 같다.

불평은 비난과 마찬가지로 대화와 변화의 길을 열어주지 않는다. 오히려 쓰레기를 길에 뿌려대는 행위와 같다. 하지만 서구 문명에서 살아가는 21세기형 인간인 우리는 이 부분을 이해하기 힘들어한다. '억압은 나쁜 것, 표현은 좋은 것'으로 배워왔기 때문이다. 소셜 미디어를 생각해보자. 소셜 미디어는 결국 자신이 그동안 훈련받은 것을 말하려는 사람들의 거대한 집합소가 아니던가. 그런데 페이스북이나 트위터를 좀 사용해본 사람들은 알 것이다. 누구도 모욕적인 말을 듣고, 혹은 히틀러, 스탈린, 말포이* 같은 인물과 비교를 당하고서 생각을 바꾸

---

* 해리포터를 괴롭히는 마법사 -역자주

지는 않는다.

　그렇다면 내가 원하는 것이 무엇인지 상대가 알게 하려면 어떻게 해야 할까? 내가 이 책을 준비하는 동안 만나본, 혹은 살펴본 거의 모든 상담사는 '간결함'이 중요하다고 말한다. 핵심만 말하고 빨리 끝내는 것이다. 빠르면 빠를수록 좋다. 여성 심리와 관계 연구로 유명한 해리엇 러너Harriet Lerner는 "감정과 관련된 문제를 다룰 때 말이 길어질수록 상대가 더 빨리 귀를 닫는다"라고 말한다.[5] 불평은 긍정적인 피드백에 약간 도움이 될 수 있다. 하지만 무엇이 문제인지, 왜 기분이 나빴는지 설명을 늘어놓다 보면 불만이 더 커질 수 있다. 불만을 말하는 사람뿐 아니라 듣는 쪽은 듣는 쪽대로 기분이 나빠진다. 비난과 불평은 부정적인 감정의 연쇄 반응을 일으키는데, 탯킨은 이 과정을 이렇게 설명한다. "매우 빠르게 작동하는 이 상호작용은 산불에 비유할 수 있다. 처음에 내가 만든 것은 아주 작은 불씨였지만, 내가 기름을 조금 붓고, 상대도 기름을 조금 붓다 보면 어느새 감당할 수 없는 산불이 되어버린다." 위대한 병법서인 《손자병법》에서도 이렇게 지적한다. "긴 전쟁에서 이득을 보는 나라는 없다."[6]

　보스턴에서 심리치료사로 일하며 결혼 관련 베스트셀러 작가로 이름을 알린 테렌스 리얼은 배우자에게 문제를 제기할 때 사용할 수 있는 '피드백의 바퀴Feedback Wheel'라는 재밌는 3단계 전략을 소개했다. 원래 이 방법은 고인이 된 자넷 헐리Janet Hurley가 처음 만든 것이지만, 리얼이 《결혼의 새로운 법칙》이라는 책에서 좀 더 다듬어서 선보였다. 그 방법은 다음과 같다.

1단계: 배우자가 내 말을 들어줄 수 있는 상태인지 물어본다. 당연한 말로 들리겠지만, 그만큼 꼭 필요한 절차이다.

2단계: 배우자에 대한 사랑을 표현한다.

3단계: 다음 네 가지를 말한다.

1. 내가 본 것이나 들은 것 중 문제라고 생각되는 것을 말한다. "당신이 이러이러했어"라고 말하지 말고, "내가 이러이러한 것을 봤어"라고 말한다.
2. 본 것(혹은 들은 것)에 대한 결과라고 내가 생각한 것을 말한다. "그래서 이러이러한 결과가 나타났어"라는 식으로 표현한다. 즉, 추측이 아닌 내가 받은 인상만 말한다.
3. 그래서 어떤 기분인지 말한다.
4. 다음번에는 어떻게 하면 좋을지를 말한다.

거기까지만 하고 끝내는 것이 좋다. 결론에 연연하지 말고. 어쨌든 내 말을 잘 들어주어서 고맙다고 말하고 끝내자. 문제를 더 확대해서는 안 된다.

나는 이 방법을 남편에게 실험해보았다. 어느 날 남편은 국제 전화로 여든셋 되신 아버님이 컴퓨터 문제를 해결하실 수 있게 도와주고 있었고, 나는 십 대인 아이와 넷플릭스 시청 시간을 두고 논쟁을 벌이고 있었다. 어느 순간 아이의 목소리가 커졌고, 내 목소리도 커졌다. 남편은 전화를 끊더니 우리에게로 왔다. 잠시 뒤 집 전체에 고성이 오갔다. 나는 남편의 행동이 부당하다고 생각했다. 그 일이 있기 전, 남편은 분명히 내가 아이들의 영상물 시청 시간을 관리하려는 계획에 찬성했으니 말이다.

나는 하루쯤 지나 테렌스 리얼의 책을 다시 읽은 뒤, 남편에게 얘기 좀 할 수 있느냐고 물었다. 남편은 잠자코 있었다. 그래서 일단 이야기를 시작했다. 먼저 나는 내가 본 것(남편이 갑자기 버럭 화내던 모습)을 말했다. 그리고 "그 모습을 보니 이러이러한 생각이 들었다"라고 말했다(아이들의 삶에서 정신적 유해 요소를 차단하기 위해 애쓰고 있는데 남편이 나와 함께하는 동지가 아니라는 생각이 들었다). 그리고 기분이 어땠는지 말했다(당혹감과 배신감을 느꼈다). 그리고 다음에는 어떻게 했으면 좋겠는지 말했다(이 문제에 관해서는 내 편을 들어주면 좋겠다. 원래 그러기로 하지 않았느냐). 총 4분 정도의 시간이 걸렸다. 이제 남편 차례였다. 남편은 내가 아내로서, 부모로서, 여자로서, 인간으로서, 심지어 영장류 및 포유동물로서 어떤 문제가 있는지 조목조목 읊었다. 나는 남편이 그렇게 관찰력이 뛰어난 사람인지 처음 알았다. 인내심도 놀라웠다. 어디 써둔 글을 보고 읽는 것도 아닌데 한 가지 주제로 그가 그렇게 길게 말할지 누가 알았겠는가? 어느 순간 나는 그에게 휴식 시간을 주어야 하는 게 아닌지 걱정될 정도였다. 마침내 그의 이야기가 끝이 났다. 물론 이 게임의 규칙상 반박은 허용되지 않았다. 따라서 나는 내 말을 들어주어서 고맙다는 말만 했다. 거의 그렇게 했다.

테렌스 박사의 3단계 전략이 내게는 너무 불공평하게 느껴졌지만, 어쨌든 그 문제는 우리 집에서 두 번 다시 등장하지 않았다. 그때 일로 나는 잘 싸우는 법의 가장 어려운 부분이 무엇인지 다시 깨달았다. 바로 상대의 말을 잘 들어주는 것!

배우자가 싸움을 시작할 때

몇 년간 함께 일했던 내 상사는 한쪽 귀가 거의 들리지 않았다. 그의 청력 상태는 시간이 갈수록 더 나빠졌다. 의사는 그가 태어날 때부터 이런 상태였다면 청각 장애인 등급을 받았을 거라고 했다. 하지만 주변 사람 대부분 그 사실을 몰랐다. 그는 상태가 좋은 나머지 한쪽 귀와 타고난 지능, 상대를 세심하게 관찰하는 방법으로 그 문제를 커버했기 때문이다. 그는 사람들과 대화할 때 상대의 말에 최대한 집중할 수밖에 없었다.

결과적으로 그는 훌륭한 매니저가 될 수 있었다. 그와 이야기를 나누는 사람들은 그가 정말로 자기 이야기를 귀담아듣는다고 느꼈다. 그의 상태를 몰랐던 어느 동료는 그가 이야기를 정말 잘 들어주는 매니저라고 엄지를 치켜세웠다. 결국 그는 미국 정부 고위직에 발탁되었고, 이후에는 어느 기술 기업 총수의 자문관으로 활동했다.

많은 부부가 다른 이유로 배우자 앞에서는 귀머거리가 된다. 사랑하는 사람이 내게 문제가 있다고 지적하는 말은 참고 가만히 듣기가 쉽지 않다. 《왜 사과하지 않나요?Why Won't You Apologize?》의 저자인 해리엇 러너는 배우자가 하는 말이 특히 듣고 싶지 않은 말일 때 방어적인 태도를 취하지 않고 상대의 말을 들어주는 것만큼 힘든 일도 없다고 말한다.[7] 하지만 우리는 노력해야 한다. 가트맨이 지적하듯이 방어적인 태도는 부부 관계를 힘들게 하는 '묵시록의 네 기사' 중 하나이지 않은가?

방어적인 태도는 말 그대로 상대방의 말이나 질문을 공격으로 받아들일 때 나오는 반응인데, 이유가 어쨌든 상대의 기분을 상하게 하기 쉽다. 방어적 태도를 취하면 죄책감, 불만, 수치심, 적대감, 혹은 단순히 피곤한 상태에서 벗어날 수 있다 보니, 배우자의 모든 말에 부정적 의도가 있다고 생각하고, 방어할 필요가 없는 상황에서도 방어 모드를 취하게 된다. 그렇게 이런 태도가 습관이 되면 상처받지 않으려는 생각에만 몰입해 배우자가 하는 말을 열린 마음으로 받아들이기가 어려워진다. 위험을 막아주는 보호막이 아예 그것에 다가가기 어렵게 하듯이 말이다.

내가 방어적인 태도를 보이는지 아닌지 확인하는 방법은 배우자가 자신에게 어떤 문제가 생겼다고 말할 때, 내 반응이 '그 사람 탓'이라는 식으로 말하는지 살펴보는 것이다. 예를 들어 배우자가 "이번 달에 ○○ 세금을 못 낼 것 같아"라고 말할 때, 다음과 같은 식의 반응을 보이면 방어적인 태도라고 할 수 있다. "대체 돈을 어디다 쓴 거야?", "내가 돈으로 보여?", "내가 모를 것 같아?", "대체 무슨 소리야?"

이런 반응은 옳지 않다. 이는 은행 금고의 돈을 허가 없이 꺼내서 금고 주변에 있는 모든 경보장치를 건드린 것과 같다. 상대방, 우리가 사랑하는 그 상대방은 이런 말을 들으면 위협을 느껴서 투쟁-도피 반응을 보이게 된다.

좋은 반응은 이런 식의 말일 것이다. "어쩌다 그렇게 됐지? 자기는 어떻게 했으면 좋겠어?", "그러게. 나도 걱정하고 있었어. 좋은 생각 있어?"

누군가를 꼭 비난하고 싶다면 나처럼 대타를 이용하라. 나는 주로 재무부 장관을 탓한다.

때로 우리의 배우자는 멍청하거나, 비열하거나, 옹졸하거나, 공격적인 행동을 한다. 그들도 사람이니까. 이런 경우 방어적인 태도를 보이면 보복적인 행위가 잇따를 수 있다. 이는 대뇌 피질 하부 영역에서 이뤄지는 반사작용과 관련되어 있다. 머릿속에 깊이 각인되어 거의 저절로 일어나는 행위들이 이에 속한다. 가령 어느 순간 부부 중 한 사람이 좋지 않은 행동을 하면, 다른 한 사람도 참지 않고 더 안 좋은 행동이나 말을 해서, 결국 끔찍한 상황으로 치닫는 식이다. 테렌스 리얼은 이런 상황을 '피해자에서 가해자가 되는 것'이라고 표현한다.[8] 이런 상황은 아이들이 노는 모습에서 종종 볼 수 있다. 어린 동생이 형의 장난감을 뺏어 가면 형들은 보통 주먹을 날린다. 결혼생활에서도 작은 다툼이 복수를 부르는 싸움으로 변하는 모습을 자주 볼 수 있다. 이런 복수 이야기는 영화 소재로도 잘 활용된다. 영화 속 멋진 연인들의 싸움에는 항상 복수가 등장한다. 〈에비에이터The Aviator〉의 레오나르도 디카프리오와 케이트 블란쳇, 〈레볼루셔너리 로드Revolutionary Road〉의 레오나르도 디카프리오와 케이트 윈슬렛, 〈더 울프 오브 월 스트리트The Wolf of Wall Street〉의 레오나르도 디카프리오와 마고 로비가 그랬다. 그러고 보니 레오나르도는 복수를 참 많이도 했다.

방어적인 태도와 그에 대한 반격은 정말로 위험한 순간이라면 적당한 행동이 될 수 있다. 이런 반사작용 덕분에 인간은 포식자의 위협이나 위험한 순간으로부터 살아남을 수 있다. 하지만 나와 한 팀인 사람에게 사용하기에는 좋은 방법이 아니다. 더욱이 부부 두 사람 모두 그 방법을 사용하면 최악의 사태가 벌어진다. 79쌍의 젊은 부부를 대상으로 한 종적 연구 결과, 부부가 서로에게 파괴적인 행위를 하는 '부정적인 상호작용'은 7년 이내에 이혼하는 결과와 관련이 있었다.[9]

부부간의 싸움에서 가장 집요하게 사용되는 반칙 중 하나는 냉소적인 태도다. 이 냉소적인 태도는 앞 장에서 말한 '상대를 무시하는 태도'를 동반하는 경우가 많다. 냉소적인 태도에는 여러 형태가 있다. 짜증 섞인 목소리로 같은 말을 반복하는 것, 상대의 고민거리를 대수롭지 않게 여기는 것, 너무 과장된 말로 엉뚱한 이야기를 하는 것이 이에 속한다. 꼭 말로 표현하지 않을 수도 있다. 한심스럽다는 표정으로 눈을 내리깔거나, 고개를 돌리고, 팔짱을 끼고, 휴대전화를 내려놓지 않는 모습으로도 냉소적인 태도가 표현된다. 이 모든 것이 상대를 무시하는 행동이다.

내가 말하는 동안 상대가 이런 행동을 보이면, 그 사람은 내가 하는 말을 중요하고 새롭고 도움이 될 만한 정보로 생각하지 않는다는 인상을 받는다. 심지어 사람들은 자신이 그런 행동을 하고 있다는 사실을 깨닫지 못할 때도 많다. "이런 미묘하고 작은 행동들은 너무 순식간에 지나가기 때문에 조심하지 않으면 위협적인 반응을 불러일으킬 수 있어요. 그렇게 되면 상황은 더욱 악화되죠." 스탠 탯킨은 이렇게 말한다. "나중에는 아예 빠져나오기 힘든 문제가 됩니다."

냉소적인 태도의 가장 강력한 형태는 1장에서 살펴보았듯이 두 사람이 이미 상대에 대해 자신이 믿고 싶은 대로 믿어버리는 관계, 그들이 나누는 모든 상호작용을 자신이 옳다는 증거로 인식하는 관계에서 찾아볼 수 있다. 테렌스 리얼은 그의 책에서 이렇게 표현했다. "부부싸움이 해결되지 않고 반복되는 이유는 두 사람 중 누구도 상대를 진정으로 이해하려 하지 않고, 최악의 모습으로만 상상하려 하기 때문이다."[10] 이런 태도로는 어떤 문제도 해결하지 못하고 상대를 서로 밀어낼 뿐이며 불만만 더 쌓이게 한다.

싸움을 피하는 건 어떨까?

항상 그런 것은 아니지만, 부부싸움에 대처하는 방법은 성별에 따라 종종 달라진다. 대개 아내는 문제를 오픈하고 싶어 하는 '비난자'가 되기 쉽고, 남편은 '도피자'가 되기 쉽다.[11] 예를 들면 이런 식이다. 여기서는 편의상 문제를 제기하는 쪽을 '원고'라고 하겠다. 보통 아내, 즉 '원고' 측이 문제를 제기하며 '피고'에게 다가간다. 하지만 '피고' 측은 논쟁을 거부한다. 아무런 변론도 제기하지 않고 가만히 앉아만 있다. 혹은 논쟁이 시작

097

CHAPTER 2. 잘 싸우는 것이 중요하다

되자마자 자리를 뜬다. '피고' 측은 아마도 항변해봐야 이길 가능성이 없다고 생각할 것이다. 어쩌면 전에도 같은 이유로 여러 번 기소당했기 때문에 이제는 빠져나갈 구멍이 보이지 않을 것이다. 그 일을 입에 올려서 또 한 번 비난받아야 하는 상황이 견디기 힘든 것일 수도 있다. 혹은 죄책감 때문에 자진해서 독방에 들어가는 것일지도 모른다.

수 존슨은 도피자 유형의 싸움 방식 역시 불안감이 원인이라고 지적한다. "도피자 유형에 속하는 사람들은 자신이 실패자라는 말을 듣는 것이 두렵고 창피하다고 말합니다. 아내를 절대 만족시키지 못할 것 같아서 쓸모없는 사람이 된 것 같다면서요." 하지만 항상 자리를 피하거나 침묵으로 일관하고 대화를 거부하는 행동 역시 복수만큼 위험한 일이 될 수 있다. 배우자의 요구사항과 걱정, 혹은 변화하기를 바라는 마음을 완전히 무시하는 행동은 배우자에게 '당신을 사랑하지 않는다'라고 정확히 표현하는 것과 같기 때문이다.

내가 처음 뉴욕시에 왔을 때는 택시를 타면 택시 기사와 이야기를 나눌 수 있었다. 요즘은 운전석과 뒷좌석 사이에 방탄유리막이 세워져 있어서 대화가 거의 불가능하다. 예전에도 칸막이가 있는 택시가 있긴 했지만, 보통은 그 칸막이를 위아래로 움직일 수 있어서 어쨌든 운전기사와 이야기를 할 수 있었다. 예전에 택시를 탔을 때 기억에 남는 한 택시 기사가 있는

데, 그 기사는 맨해튼에서 내가 원하는 목적지까지 가는 최적의 길을 두고 나와 의견이 달랐다. 기사는 내가 요구한 방향을 완전히 무시하고 그가 가고 싶은 대로만 운전했다. 아마 그는 '내가 저 여자보다 이 방면에서 전문가니까 내가 옳다'라고 생각했을지 모른다. 하지만 나는 돈을 내는 손님으로서 가고 싶은 방향을 내가 선택할 수 있어야 한다고 생각했다. 결국 그 기사도 여자의 의견은 무시하고 보는 많은 남자 중 하나라는 생각이 들었다. 무시당했다는 생각에 기분이 나빠진 나는, 목적지에 도착하면 돈을 내기 전에 나의 정당한 분노를 알려주어야겠다고 생각했다. 나는 차에서 내리기 전 3초쯤 설교를 늘어놓고 대충 이런 말까지 했다. "당신 같은 사람들 때문에 택시 기사들이 욕을 먹는 거라고요." 아주 효과적이었다고 생각한다. 나는 팁도 주고 내렸다. 내가 더 나은 사람이라는 것을 보여주고 싶었던 것 같다. 참 한심했다.

내가 만난 그 택시 운전사처럼 다시는 볼 일이 없는 사람이라면 대화를 거절하는 방법이 내 쪽의 손실을 최소화하고 내 할 일을 할 수 있는 좋은 방법이 될 수 있다. 하지만 부부 사이라면 그렇게 두 사람 사이에 장벽을 세우는 방법은 신중하게 사용되어야 한다. 한 사람이 마음의 문을 꽁꽁 닫은 채 살아가는 결과를 맞을 수도 있다. 여러 연구 결과에 따르면, 젊은 부부가 문제를 해결하지 않아서 관계가 서먹해지는 시간이 많을 경우, 7년 이내에 이혼에 이를 수 있다.[12] 특히 아내 쪽에서 문제를 해결하려고 건설적인 방법을 사용해도 남편이 도피 전략을 사용하면 이혼 가능성이 더 커진다는 암울한 연구 결과도 있다.[13]

그런데 예외는 있다. 결혼 초기에는 도피 방식이 위험할 수 있지만, 함께한 시간이 어느 정도 되는 부부에게는 괜찮은 방법이 될 수 있다.[14] 아마도 결혼생활을 오래 한 부부들은 좀 더 효과적인 방식으로 차선책을 사용하는 법을 익혔기 때문일 것이다. 비유하자면 길을 잘못 들어섰을 때, 잘못된 방향으로 계속 길을 가는 대신 도로 옆에 차를 세우고 잠시 시간을 갖는 것과 같다. 심리치료사들은 일방적으로 논쟁을 끝내는 것이 아니라는 것을 확실히 표현하기만 한다면 휴식 시간을 갖는 것도 괜찮은 방법이라고 말한다. 그 문제를 논의하기에 적절한 상황이 아니라고 생각될 때, 혹은 마음을 가라앉히고 나서 좀 더 이성적인 상태에서 이야기하는 것이 좋겠다고 생각될 때는 시간을 가지는 방법도 좋다. 게다가 그 사이 상대방이 말한 것을 생각해볼 수도 있다.

여기서 중요한 것은 잠시 시간을 가졌다가 다시 그 문제로 돌아와야 한다는 것이다. 어떤 치료사들은 타임아웃용 신호를 보내는 방법을 추천한다. 나는 어느 부부가 서로에게 휴식 시간이 필요하다고 말하고 싶을 때 재밌게 생긴 모자를 쓴다는 글을 본 적이 있다. 이때는 한 사람이 무작정 기다리지 않도록 가능하면 시간을 정해두는 것이 좋다. 특히 힘든 싸움이 될 것 같으면 푹 자고 적어도 하루쯤 지나고 난 뒤가 좋다.

싸우기 좋은 타이밍?

'화난 상태로 잠자리에 들지 마라!' 나는 부부에게 하는 오랜 이 조언을 늘 이해할 수 없었다. 도대체 왜 안 되는가? 왜 힘들고 피곤한 상태에서 복잡하고 까다롭고 어려운 문제를 해결해야 하는가? 아이들을 키워본 사람은 누구나 알 것이다. 아이들이 언제 가장 떼를 심하게 쓰는지. 2017년에 이루어진 한 연구 결과도 나의 이런 의문을 지지한다.[15] 신혼부부 다수에게 결혼 생활이 어떤지 질문했을 때, 수면 시간이 부족한 부부가 결혼 생활을 훨씬 부정적으로 평가했다. 화가 났다면 부디 잠을 청해보자. 일단 쉴 시간이라도 가져보자. 두 사람이 몇 개월 만에 처음으로 잠옷을 입고 침대 양쪽 끝에 떨어져 잔다 해도, 혹은 아침에 상대에게 퍼부을 말을 밤새 계획한다 해도 말이다. 어쨌든 아침 해를 보며 나누는 대화가 더 이성적이고 호의적일 것이다.

나는 나와 결혼한 남자가 언제 가장 합리적인 사람이 되는지 깨닫는 데 부끄럽게도 오랜 시간이 걸렸다. 첫째, 잘 잔 뒤에, 둘째, 잘 먹은 뒤에다. 남편의 신진대사는 머슬카(고출력 자동차)의 엔진 성능과 비슷하다. 힘차게 달리고, 규칙적으로 몰아주어야 하며, 예상치 못한 곳에서 기름이 떨어질 수 있다. 그래서 나는 가끔 황당한 이유로 남편과 싸울 때, 밥을 먹었는지 슬쩍 물어본다. 밥을 먹지 않은 상태라면 일단 싸움을 미룬다. 남편은 치즈를 아주 좋아한다. 남편과 나는 무엇보다 냉장고에 치즈가 떨어지지 않도록 주의한다. 어떤 남자들은 직장에서 힘든 하루를 보내고 집으로 오면 곧장 술을 찾는데, 남편은 유제품을 더 좋아한다. 당연한 말인 것 같지만, 많은 사람이 이 부분을 쉽게 간과한다. 나는 언젠가 마크 저커버그Mark Zuckerberg를 만나 셰릴 샌드버그Sheryl Sandberg가 세계 최대 SNS 기업인 페이스북을 경영한 방식에 어떤 특별한 점이 있는지 물었다. 저커버그는 샌드버그가 온 후로 직원들이 배가 덜 고파졌다고 말했다. 그녀는 회의 시작 전 사람들이 배를 든든히 채웠는지 먼저 확인한다고 했다. "배고픈 상태로 문제를 해결하려고 하지 마라." 세계에서 가장 돈을 잘 버는 여성 중 한 명의 말을 믿어보자.

부부가 서로에게 칼을 뽑기에 좋지 않은 또 다른 상황은 운전 중일 때이다. 사실 십 대 아이들과 민감한 문제로 이야기를 나눌 때 적당한 곳 중 하나로 한동안 추천되던 곳이 차 안이었다. 서로의 얼굴을 쳐다보지 않아도 되기 때문이다. 하지만 이와 비슷한 이유로 운전 중일 때는 배우자와 문제를 해결하기에 좋지 않다. 무엇보다 두 사람 중 한 사람은 운전 중일 테고, 운전하는 사람은 뇌의 상당 부분을 이미 사용하고 있기 때문이다. 감정적인 문제로 논쟁을 벌이는 일 또한 정신적 에너지를 많이 사용한다. 따라서 인지기능을 담당하는 기관이 제 기능을 발휘하기 힘들다. 그런데 치료사들의 말에 따르면 더 큰 문제가 있다. "가장 큰 문제는 시각적인 면에서 거의 장애인이 된다는 겁니다. 운전 중일 때는 세상이라는 고화질 영상을 눈앞에 있는 작은 구멍으로만 본다고 할 수 있죠." 스탠 탯킨은 이렇게 말한다. 운전 중인 사람은 대화하는 상대방의 얼굴을 볼 수 없다. 자신이 하는 말이 어떤 영향을 미칠지 인식할 수 없고, 옆 사람이 어떤 기분인지 알 수 없으며, 단지 듣기만 할 수 있다. 게다가 우리 몸의 해부학적 문제도 있다. 탯킨은 그것을 이렇게 설명한다. "우리 뇌에 있는 편도체는 두려움을 인지하는 기능을 하는데, 말하는 사람의 얼굴 옆면을 볼 때 훨씬 더 빠르게 움직입니다. 따라서 내 앞에 있는 사람보다 옆에 있는 사람에게서 위협을 느끼기 쉽죠."

비슷한 이유로 문자나 전화로 싸우는 것 역시 바보 같은 짓이다. 우선 전화로 싸우다 보면 주변 상황을 의식하지 못하게 될 가능성이 크다. 그래서 사람들로 가득한 상점 한복판에서 갑자기 소리를 지르는 사람이 될 수 있다. 문자도 마찬가지다. 문자는 그 문자를 보내는 사람의 의도와 어조, 태도, 혹은 이모 티콘의 뜻을 오해할 소지가 크다. 배우자에 대한 고정관념 때 문에 그 사람이 말하려는 의도나 의미를 좋지 않은 쪽으로 해 석하기 쉽다.

배우자와의 싸움은 얼굴을 보고 하는 편이 좋다. 그리고 마 주 보는 것이 좋다. 사랑하는 사람과 싸우는 방식이 전쟁에서 적들과 싸우는 방식과 같을 수는 없다. 적들과는 화면에 나타 난 버튼 하나로 저 멀리 벙커에서 드론을 띄우고 공습을 퍼부 으며 싸울 수 있다. 그런 방법으로 전쟁은 이길 수 있을지 몰라 도, 화해는 논할 수 없다.

또 한 가지, 데이트할 때는 싸우지 말자. 배우자와 오붓한 저녁 시간을 보내기로 했다면, 처음 만났을 때 내 앞에서 항상 빛났던 좋은 모습을 떠올릴 시간을 갖고 싶다면, 자질구레한 일들은 잠시 잊는 것이 좋다. 데이트하면서 언쟁을 벌이는 것 은 놀이공원에서 세금 문제를 고민하는 것과 같다. 배우자와 함께하는 시간은 좋은 시간이 더 많아야 한다. 의무를 생각하 느라 즐거운 시간을 망쳐서는 안 된다.

아이들 앞에서 부부싸움을 해도 괜찮은지는 학자와 치료사 간의 의견이 다르다. 원칙적으로는 부모가 싸우는 모습을 보여 도 괜찮다. 규칙에 따른 공정한 싸움, '사람'이 아닌 '문제'에 초점을 맞춘 싸움, 마음에 상처를 주지 않는 싸움이라면, 그렇다. 오히려 아이들은 사랑하는 사람끼리 생각의 차이를 어떻게 조율하는지 보고 자라는 편이 좋다. 가령 한 연구 결과를 보면, 이혼 가정에서 자란 아이들은 나중에 이혼할 확률이 더 높은데, 그 이유 중 하나가 자라는 과정에서 싸움이 유익한 결과를 내는 방법을 본 적이 없어서인 것으로 밝혀졌다.[16] 본능적인 방법 말고는 갈등을 해결하는 법을 배운 적이 없는 것이다. 하지만 싸움의 강도가 너무 커질 것 같으면 다른 장소를 택해야 한다. 또한, 아이들이 어른들 문제, 가령 돈 문제나 섹스 문제로 싸우는 모습을 볼 필요는 없다. 만약 아이들 앞에서 아이들 문제로 논쟁을 벌일 경우엔 정당성보다 일관성이 중요하다.

다투고 난 후에는 섹스로 화해하는 방법이 있다. 아주 좋은 방법이고, 나도 추천하는 방법이다. 하지만 그 전에 먼저 거쳐야 할 단계가 있다. 바로 사과다! 치료사들이 '회복' 단계라고 부르는 화해 과정은 결혼생활을 유지하는 데 없어서는 안 될 기술이다. "상처를 빠르게 치유하는 사람들, 곤란한 문제를 신속하게 관리하는 사람들, 그런 사람들이 확실히 결혼생활도 잘 해냅니다." 탯킨은 이렇게 말한다. "부부가 한 팀이 되어 빨리 문제를 해결하고 치유하지 못하면 문제가 발생합니다. 부정적인 심리 상태에 오래 머무를수록, 부정적인 경험을 더 오래 기억할수록, 그것이 장기기억으로 넘어갈 가능성이 크기 때문이죠."

미안하다고 말해야 할 때

사과에는 재밌는 점이 있다. 어릴 때부터 배웠지만, 어른이 된 지금도 익숙하게 잘 해내지 못하는 것이 무얼까? 우리는 똑바로 걷는 법, 말하는 법, 물건을 쥐는 법, 유머 감각을 사용하는 법을 터득했고, 스마트폰의 특정 기능이 작동하지 않을 때 써먹을 수 있는 임시 해결법도 익혔다. 대부분 '아'와 '어'의 차이를 구별해서 쓸 줄도 안다. 하지만 우리는 여전히 미안하다고 말하는 데는 아주 서투르다. 특히 그 말이 정말 필요한 사람에게는 제대로 전달하지 못한다.

사과에 관해 알아야 할 첫 번째 사항은 사과해서 나쁠 건 없다는 것, 보통은 도움이 된다는 것이다. 그러니 사과가 필요한 상황이라면 아끼지 말고 하자. 조금만 연습하면 쉽게 말할 수 있다. 마음에 담아두지만 말고 자주 사과하자. 배우자가 내게 불만이 있을 때, 그 불만을 없애는 가장 쉬운 방법은 내가 그 문제로 배우자에게 사과할 수 있는지 생각해보는 것이다. 내가 책임져야 할 어떤 행동을 했는가? 다음에는 그 행동을 하지 않도록 노력할 수 있는가? 그렇다면 입씨름을 끝내고 빨리 사과하라.

어느 미국 연구진은 사과를 빨리 하는 것이 나중에 하는 것보다 효과적인지 수학적으로 측정하는 연구를 시도했다. 연구 결과는 다음과 같다. "강화 과정과 약화 과정의 합으로 로그함수를 해석한 결과, 용서에 영향을 주는 행동은, 문제가 발생한 후 비교적 빠른 시간 안에, 즉 강화 과정이 아직 별로 진행되지 않은 시점에 개입될 때 가장 효과적이다. 기억과 망각이 학습 초기 과정에 가장 크게 영향을 받는 것도 같은 이치다."[17] 쉽게 말하면 '그렇다'는 것이다. 사과를 빨리하면, 기분 나쁜 감정이 단기기억에서 장기기억으로 넘어가지 않는다. 불만을 품었던 사람이 두고두고 속을 끓이지 않는다는 뜻이다.

사과에 관해 두 번째로 기억해야 할 것은 왜 사과하는지를 잊지 않는 것이다. 사과의 목적은 죄책감을 덜기 위함이 아니다. 또한, 상대방을 기분 좋게, 혹은 나쁘게, 혹은 입을 다물게 하기 위함도 아니다. 배우자와 나를 연결하던 다리, 나로 인해 끊겨버린 그 다리를 다시 놓는 과정이고, 다시 대화를 시작하기 위한, 얼어붙은 관계를 회복하기 위한 과정이다. 사과의 목적은 순수해야 한다. 따라서 내가 잘못한 부분을 정확히 사과하는 것이 좋다. '그런데 말이야', '아니, 사실은' 같은 말은 덧붙이지 말자. 사과는 깔끔하게 하자. 변명은 금물이다. "당신 고양이를 죽여서 미안해. 근데 그 고양이가 잔디 깎는 기계 앞에 누워 있어서 그랬어." "전화를 못 받아서 미안해. 보니까 자기가 나한테 이미 일곱 번이나 전화했더라고." 이런 말은 사과가아니다. 이런 사과는 안 하느니만 못하다. 변명은 내 행동에 대한 미안한 마음과 책임감, 앞으로는 달라지겠다는 내 의지를전달하지 못한다. 왜 그렇게 행동했는지 이유를 설명할 수는있지만, 그런 말은 관계가 회복된 후에 해도 늦지 않다.

가령 우리 집에서 가장 오래된 입씨름 문제에 내가 이런 말을 하는 것은 아무 의미가 없다. "버터를 꺼내놓지 않아서 미안해. 근데 말이야, 버터는 자기만 먹잖아. 그리고 몸에도 안 좋잖아." 이런 말은 아무런 도움이 되지 않는다. 정말이다. 내가이미 해봐서 잘 안다.

변명을 늘어놓는 사과보다 더 나쁜 사과는 단서를 붙이는것이다. 그런 사과는 상대방에 대한 모욕일 뿐이니 절대 해서는 안 된다. "기분 나빴다면, 미안해." "내가 말을 잘못했다면,미안해." "내 사과로 기분이 안 풀린다면, 미안해. 사과할게."사실 그런 말은 이런 의미와 같다. '혹시라도 당신 말이 옳다면, 내가 사소한 잘못을 했네. 몰랐어. 그래. 어쨌든 미안하다.'내가 왜 화가 났는지 힘들여 설명해준 사람으로서는 이런 말을 듣고 기분이 나아질 리 없다. 사과에 필요한 중요한 요소,즉 반성하는 태도가 없기 때문이다. 사과하는 말에 단서를 붙이면, 사실은 잘못을 인정하고 싶지 않다는 뜻이 된다. "버터를 식탁 위에 올려두기를 원했다면, 미안해." 이런 말로 남편이 버터를 그만 먹지는 않을 것이다.

물론 단서를 붙여서 사과해도 괜찮을 때가 있다. 가령 내가 잘못된 행동을 했는지 정말 모를 때, 그럴 만한 행동을 했는지 알고 싶을 때이다. "여기가 너무 북적거려서 제가 발을 밟았는지도 모르겠군요. 그랬다면 미안합니다." "제가 그 회의를 더 어렵게 만들었다면 죄송합니다." 하지만 상대가 기분 나쁜 이유를 말했다면, 단서를 붙여 사과할 상황은 이미 지나갔다.

상대방이 내 말에 귀를 기울이지 않거나 내가 느끼는 분노와 고통을 정확히 알지 못한다고 생각되면, 상대의 사과는 효과가 없다. 해리엇 러너는 화를 내는 사람이 그러는 이유를 자세히 알려고 노력해야 한다고 말한다. "우리는 남들에게 이해받고 싶은 만큼 남들을 이해하려고 애써야 한다."[18] 상대가 하는 말에 진심으로 귀를 기울이면, 내가 정확히 무엇을 잘못했는지 알 수 있고, 무엇 때문에 사과하는지 더 정확히 표현할 수 있다. 내가 상대의 말을 귀 기울여 듣고 있다고 느끼게 하려면, 사과의 초점을 상대가 받은 상처에 맞춰야 한다. 상대에게도 일부 잘못이 있다거나 용서받고 싶다는 등 내가 원하는 것에 초점을 맞춰서는 안 된다.

잘잘못을 따지기 정말 어려울 때, 혹은 문제를 해결하기 위한 과정이 너무 오래 걸릴 때, 혹은 집에 손님이 오기로 되어

CHAPTER 2. 잘 싸우는 것이 중요하다

있어서 싸움을 중단해야 할 때는 "이 문제에서 어느 어느 부분은 내가 사과할게" 같은 식으로 말하고, 이후에 다시 그 문제에 대해 고민해본다. 하지만 대부분의 경우, 사과의 말은 유명 디자이너의 옷처럼 특별해야 한다. 찍어낸 듯한 정형화되고 상투적인 표현은 좋지 않다. 내가 무엇을 잘못했는지, 혹은 어떤 실수를 했는지 정확히 표현하고, 미안한 마음을 진심으로 표현했다면 앞으로 어떻게 달라질지 말해주는 것도 중요하다. "식탁에 버터를 올려두는 것을 또 깜빡했네. 자꾸 깜빡해서 미안해. 다음에는 잊지 않도록 노력할게." 솔직히 이 말은 이 글을 쓰는 지금까지 나도 시도해본 적이 없다.

상대방에게 나의 잘못을 잘 사과하고 싶다면, 시간과 장소를 신중하게 선택하는 것도 좋다. 사과를 미리 계획한다고 해서 가식적인 건 아니다. 《손자병법》에도 먼저 상대방의 마음을 잡아야 한다고 쓰여 있다. 배우자가 내 말을 끝까지 들어줄 마음의 여유가 있으려면 언제가 좋을지 고민해보는 것도 나쁘지 않다. 다만 사과를 미루거나 꽁무니를 뺄 기회로 삼아서는 안 된다.

그렇다면 사과한 뒤에는 어떻게 해야 할까? 상처받은 배우자를 위해 내가 할 수 있는 일은 무엇일까? 가장 좋은 건 같은 실수를 반복하지 않고 신뢰를 쌓아 다시 좋은 관계를 만드는 것이다. 연구 결과에 따르면, 사람들은 자신이 신뢰하는 사람을 더 쉽게 용서한다.[19] 신뢰가 깨졌다면 잘못된 상황을 바로 잡기 위해 노력하는 모습을 먼저 보여주고 신뢰를 회복해야 한다. 작가이자 임상 심리학자인 제니스 A. 스프링Janis A. Spring 은 이런 심리를 '경계심의 전이'라고 말한다.[20] 즉 배우자에게 끔찍한 일을 저질렀을 때, 가령 사람들 앞에서 배우자에게 망신을 주었거나, 배우자와 상의도 없이 큰돈을 써버렸을 때, 혹은 외도했을 때, 다시는 그런 일이 일어나지 않도록 정신을 바짝 차려야 한다. 사람들 앞에서 배우자를 치켜세우는 방법도 있고, 돈 문제, 이성 문제, 혹은 동성 문제를 정말로 투명하게 처리하는 모습을 보여줄 수도 있다. 어쨌든 내 몸처럼 상대의 아픈 곳을 깊게 들여다보고 따뜻한 마음으로 그 상처를 돌보아야 한다.

마지막으로 교황과 결혼한 경우가 아니라면 곧바로 용서받기를 기대해서는 안 된다. 용서를 강요할 수는 없다. 잘못을 저지른 사람은 상대의 마음이 돌아오기를 기다리는 수밖에 없다. 용서할지 말지는 상대가 정할 문제다.

미안하다는 말을 들을 때

나는 경쟁이 심하고 공격적인 분위기의 집안에서 자랐다. 단,

중요하지 않은 문제에서만 그렇다. 우리 가족은 급여 협상이나 승진 문제, 혹은 정식 운동 경기에서는 순한 양이다. 하지만 보드게임과 비치발리볼에서만큼은 피도 눈물도 없다. 정말 심각하다. 누구도 봐주는 법이 없다. 남녀노소, 새 식구 헌 식구 따지지 않는다. 상대를 기죽이기 위한 도발적인 대화도 오간다. 다음 이야기를 읽는 동안 이런 맥락적 상황이 있다는 것을 꼭 기억해주기 바란다. 나는 오랜만에 만난 내 친오빠 셋과 카드 게임을 하고 있었다. 그때 우리는 모두 젊은 시절에 급하게 쌓아 올린 삶의 기반이 무너지는 힘든 시기를 맞고 있었다. 건강도, 가족도, 직장 문제에서도 그랬다. 큰오빠는 이미 이혼한 상태였고, 셋째 오빠는 이혼 절차를 밟는 중이었다. 아마도 그 때문이었는지 셋째 오빠는 매번 너무 느리게 카드를 냈다. '게임은 무조건 빠르게'라는 우리 가족만의 신조를 어기면서 말이다. 어느 순간 나는 이렇게 소리쳤다. "맙소사. 빨리빨리 좀 할 수 없어?" 그리고 이렇게 말해버렸다. "이렇게 느려 터져서야, 원! 나라도 이혼하겠네."

말할 필요도 없이 내 농담은 농담으로 통하지 않았다. 언제 해도 통하지 않을 농담이었다. 어쨌든 절대 해서는 안 될 말이었다. 셋째 오빠는 자리에서 일어나더니 그대로 나가버렸다. 남은 두 오빠는 놀란 눈으로 나를 쳐다보았다. 이번에는 내가 잘못했다는 표정으로, 불쌍한 새끼 고양이를 발로 걸어찬 사람처럼 나를 바라보았다. 그리고 아무 말도 하지 않았다. 나는 사과도 부족하게 생각될 만큼 미안했다. 사과하려고 노력했고, 그날 이후로도 몇 번 더 사과했다. 셋째 오빠는 교회에서 일한다. 그래서 용서에 관해서 이론적으로 꽤 전문가다. 실전에서도 그리 나쁘지 않았다. 오빠는 그날 모임에 끝까지 함께했다. 하지만 별일 아니라는 듯 괜찮다고 하지도 않았다. 내가 한 말이 이해할 수 있다는, 혹은 재미있다는, 혹은 괜찮다는 식으로 반응하지도 않았다. 하지만 나와 의절할 정도로 행동하지는 않았다.

용서는 사실 아주 간단하다. 상대가 마땅히 받아야 할 것을 주지 않으면 된다. 벌을 받아야 할 사람에게 벌을 주지 않고 기소를 포기하는 것처럼, 빚을 갚아야 하는 사람에게 빚을 탕감해주는 일처럼, 쓰레기를 치워야 할 사람이 따로 있는데 내가 쓰레기를 치우는 일처럼 말이다. 하지만 과정이 간단하다고 해서 꼭 '쉬운' 일이 되는 것은 아니다. 어떤 의미에서는 출산 과정도 아주 간단하게 설명할 수 있다. 보통 때는 작은 호스 크기만 한 신체 일부로 또 다른 인간을 밀어내기만 하면 되지 않는가?

아이를 낳는 일과 마찬가지로 누군가를 용서한다는 것은 생각만으로도 끔찍한 일이 될 수 있다. 신경 쓰지 않는다고 내뱉었던 말과는 다르게 나를 아프게 한 상처를 직면하고, 그 일을 잊기로 선택하는 일은 정말 고통스럽다. 뭔가 잘못된 것 같고, 두렵기도 하다. 그렇다. 우리는 아이들을 항상 용서한다. 상사를 용서하고, 동료도 용서한다. 나이가 들면 대개 부모님도 용서할 수 있다. 하지만 배우자를 용서하는 일은 쉽지 않다. 비유하자면 음식 중에서도 가장 삼키기 힘든 음식 중 하나다. 내가 선택한 사람이 내게 부당한 행동을 했다는 것을 받아들이기 힘들기 때문이다.

　용서를 해야 할지 말아야 할지 고민된다면 다음 사실을 알아두는 것이 좋다. 용서는 기본적으로 감정의 문제가 아니다. 용서하고 싶지 않아도 괜찮다. 용서는 의지의 문제다. 대학생 300명 이상을 대상으로 2014년 이루어진 한 연구 결과를 보면, 부당한 일을 겪은 사람은 그 부당한 일을 저지른 사람이 같은 잘못을 또 할 가능성이 적다고 느끼면 더 빨리 용서한다.[21] 사과하고 용서를 구하는 노력이 의미가 있는 것도 그래서이다. 즉, 사과는 나쁜 의도가 없었고, 한 번의 실수였다는 것을 보여주려는 행위이다. 또 다른 연구 결과를 보면, 잘못을 행한 사람과의 관계가 중요하고, 그 사람이 믿음에 대한 가능성을 보여줄 때도 용서가 빨라졌다.[22] 이 말은 곧 용서가 선택의 문제임을 시사한다. 용서하기로 선택한 사람은 용서하려는 의지를 발휘한다. 용서는 선택할 수 있다. 자연스럽게 나오지 않아도 괜찮다.

결혼학 개론

같은 의미에서 용서는 수동적 행위가 아닌, 적극적으로 내가 대가를 치르고 선택한 행동이라 할 수 있다. 용서해준 사람은 같은 일을 또 겪을 수 있지만, 그 위험을 감수한다. 그러다 보니 나쁜 일을 한 사람에게 또 나쁜 일을 하도록 부추기는 것처럼 느껴질 수 있다. 그 사람이 잘못에 대한 불이익을 겪지 않았기 때문이다. 특히 배우자는 본질상 다시 상대의 감정을 상하게 할 기회가 많다. 따라서 용서하기가 더 힘들 수 있다. 하지만 한편으로 보면 부부는 서로에게 가장 의미 있는 친구이기도 하므로 용서할 가치가 있다.

한편 용서라는 행위는 종교계와 학계가 동시에 지지하는, 보기 드문 실천 과제 중 하나다. 일부 연구진과 인류학자는 인간이 죄를 면해주는 행위에 능숙하다고 주장한다. 그것이 생존에 더 유리했기 때문이라는 것이다. 즉 계속해서 자식을 낳고 길러 유전자를 잇기 위해, 진화 과정에서 가까운 관계의 사람들을 잘 용서하는 사람이 자연 선택되었다는 것이다.[23] 종교에서는 좀 더 이상적인 말로 용서하는 행위를 권한다. "사랑은 잘못을 기록해두지 않는다."[24] 용서를 잘 실천할 수 있다면 어떤 이유라도 좋다. 어쨌든 용서 없이는 오랜 관계를 유지하기 힘들다. 하지만 물리적 위험이 따른 경우에는 예외다. 그때는 언제든 전문가를 찾아야 한다. 가정폭력 상담소나 경찰, 혹은 상담 전문가를 즉시 찾아가야 한다. 한 번 그런 일이 있었다고 해서 관계를 끝내야 하는 것은 아니지만, 절대로 그냥 넘어가거나 참아서는 안 된다.

우리는 용서가 자신에게 주는 선물이라는 의미의 말을 많이 한다. '네게 나쁜 짓을 한 사람이 네 머리를 차지하도록 내버려 두지 마라!', '누군가를 미워하는 것은 내가 독약을 먹고, 그 사람이 죽기를 기대하는 것과 같다' 등등. 사실 잘못을 저지른 배우자를 용서하지 않고 마음에 담아두는 것, 특히 외도와 같이 심각한 문제를 저지른 배우자를 용서하지 못하고 괴로워하는 것은 잘못을 저지른 그 사람에게 많은 부분 내 마음을 내어주는 것과 같다. 하지만 기꺼이 분노를 잠재우는 일 또한 절대 쉽지 않은 일이다.

잘못된 일이 일어난 후 3개월 사이가 대부분 감정적으로 가장 힘들다. 대학생 372명을 대상으로 한 연구 결과에 따르면, 기분 나쁜 일을 당한 직후에 느낀 분노의 감정은 3개월이 지났을 때 7분의 1 수준으로 떨어졌다.[25] 그런데 같은 연구 결과를 보면, 그 시점 이후로는 오히려 용서하는 비율이 크게 낮아졌다. 일부 과학자들은 용서와 망각이 유사한 인지 과정을 거친다는 가설을 내세웠다. 그렇다고 용서와 망각이 같다는 의미는 아니다.[26] 단지 배우자가 행한 과실로 내가 더는 고통을 느끼지 않는다는 것을 의미한다. 상처의 흔적은 남아 있지만, 상처로 인한 고통은 크지 않은 것이다.

용서가 특히 힘들게 느껴질 때는 하루에 20분만이라도 내가 겪은 경험과 사람들이 상처를 회복하는 과정에서 얻은 교훈에 관해 글을 써보는 것도 도움이 된다.[27] 너무 낙관적인 말로 들릴 수 있지만, 이런 방식으로 인지 기술을 사용하는 것은 나에게 상처를 준 사람에게 복수하고 싶은 마음을 이겨내고, 배우자와의 관계를 회복하고, 다시 호의적인 분위기를 만드는 데 도움이 된다. 그렇다고 배우자가 왜 그런 행동을 했는지 꼭 이해할 필요는 없다. 받아들여야 한다는 의미도 아니다. 단지 우리에게는 관대함을 보여줄 능력이 있다는 의미다.

우리는 정말로 내가 옳다고 확신하는 순간조차 관대함을 가질 필요가 있다. 오랜 기자 생활을 했던 나 같은 사람은 '팩트 체크'를 아주 중요하게 생각한다. 두 번이고 세 번이고 사실을 확인한다. 햇병아리 기자 시절부터 그렇게 배웠다. '엄마가 사랑한다고 한 말도 사실인지 확인하라!' 우리 같은 사람과는 논쟁을 벌이는 것이 별로 재미가 없을 것이다. 우리에게는 '정확함'이 가장 중요하다. 나는 남편이 내게 어떤 이야기를 할 때, 구체적인 사항에 관해서 출처를 확인하느라 자주 중간에 끼어든다. 남편도 나의 이런 점을 좋아한다. 하지만 때로는 옳고 그름이 중요하지 않을 때도 있다(내가 이런 말을 하다니 나도 믿기지 않는다). 모든 사람이 내 생각에 동의할 때까지 어떤 문제를 물고 늘어진다면, 사람들을 지치게 하고 짜증나게 만들어서 오히려 역효과를 낼 수 있다. 내가 랜스 암스트롱을 다시 좋아할 일은 없다. 한번은 모임에 갔다가 그가 있어서 자리를 떠난 적도 있다. 하지만 남편은 언제나 그를 응원할 것이다. 잠깐이나마 그를 보겠다고 길에서 한 시간 이상 기다린 적도 있다. 나와 남편은 그 문제에 관해서 절대 의견이 일치하지 않을 것이다. 어떤 점에서는 그 상태도 나쁘지 않다. 그림을 설치하는 문제를 두고 내 생각, 내 방법만 고집하는 것은 바보 같다.

얼마 전 우리 부부는 아카데미 수상작인 〈이카로스Icarus〉 시사회에 초대를 받았다. 러시아 스포츠계의 약물 복용을 폭로한 다큐멘터리 영화였다. 영화 관람 후 약물 복용 문제에 관해 토론회가 열렸다. 토론회의 참석자로 누가 나왔을까? 바로 약물 복용의 전문가, 랜스 암스트롱이 나왔다. 남편과 나는 가정 불화의 위험을 감수하고 시사회에 참석했다. 결과는 나쁘지 않았다. 나는 암스트롱이 꽤 괜찮은 의견을 냈다고 남편에게 말했다. 남편은 "어, 그랬나?" 하더니 이렇게 말했다.

"그런데 그렇게 건강해 보이진 않더군."

FINANCES

영원한 숙제, 돈

3

CHAPTER

MARRIAGEOLOGY

♡

나의 어머니는 부모님으로부터 상당한 재산을 물려받았다. 2차 세계 대전이 선포되던 날, 어머니네 가족은 런던의 고급 주택가 벨그라비아에서 시골 마을의 큰 저택으로 이사했다. 집 주소는 단 세 단어, 주 이름, 마을 이름, 저택 이름으로 된 '글로스터셔주 티버톤 마을 메러디스 저택'이다. 나는 오빠들과 그 집에 딱 한 번 가본 적이 있는데, 내가 입구에서 집이 너무 예쁘다고 말하자, 어머니가 옆에 오더니 "그건 정원사 오두막이야" 하고 무표정하게 말했다.

울타리가 쳐진 진입로를 따라 한참 들어가니 커다란 저택이 나왔다. 저택 소유주가 나와서 집을 구경시켜주었다. 오렌지

밭과 정원, 큼지막한 음악실은 예전 그대로라고 했다. 1층에는 초인종이 여러 개 있었는데, 초인종마다 해당하는 방 번호가 적혀 있어서 하인들은 어느 방의 주인이 벨을 울리는지 알 수 있었다. 어머니는 높은 창문을 가리키며 어렸을 때 거기서 형제들과 물풍선을 던지며 놀았다고 했다. 동네 아이들도 자주 놀러와 자전거를 타고 놀았는데, 아주 예전에는 그 저택이 정신병원으로 사용되었다고 했다. 집주인이 바뀌고 저택 안에 사는 사람이 달라져도 동네 사람들은 거의 알지 못했을 것 같았다. 하지만 실제로는 알코올 중독자를 위한 재활 시설로 쓰였다는 것을 그날 알게 되었다. 그래도 모르기는 마찬가지였을 것이다. 그만큼 저택 크기가 어마어마했다. 집을 둘러보고 난 뒤 나와 오빠들은 어머니에게 한 가지 궁금증만 들었다. "대체 그 많던 돈은 다 어디로 갔어요?"

반면 나의 아버지는 호주에 있는 작은 시골 마을에서 자랐다. 아버지는 1930년대 대공황 시기에 태어났다. 아버지의 아버지, 즉 나의 할아버지는 은행 지점장으로 일했다. 아버지 가족은 은행에 딸린 부속 건물에 살았는데, 농부들이 은행 시간을 잘 맞추지 못해서라고 했다. 농부들은 농작물을 심고, 양을 먹이고, 인부에게 월급을 주고, 아이들을 먹여 살리느라 은행에서 돈을 빌리는 경우가 많았다. 아버지는 어린 시절 내내 할아버지가 그런 농부들을 상대하는 모습을 보며 자랐다.

아버지의 어머니는 일찍 돌아가셨다. 그 후로 할아버지가 재혼해서 새어머니를 맞았다. 어느 날 할아버지는 아버지에게 학교를 졸업하는 대신 지인 회계사 밑에서 사환으로 일해야 한다고 말했다. 당시 아버지는 할아버지의 결정을 이해하지 못했다. 할아버지는 그로부터 1년 뒤에 돌아가셨다. 할아버지는 시한부 선고를 받아 자신이 곧 죽게 되리라는 것을 알고 있었다. 아버지는 그때부터 생계를 책임졌다. 아버지의 말로는 숙식비와 교통비를 내고 나면, 2주에 한 번은 밀크셰이크 한 잔을 사 먹을 수 있었다. 아버지는 회사에서 주는 2펜스를 벌려고 하숙집 근처에서 편지도 배달했다.

평생 불운할 것 같았던 아버지에게도 행운이 찾아왔다. 징집 대상이 되어 군대에 불려간 것이다. 아버지는 해병대에 입대하여 조난한 조종사나 수상비행기를 구해내는 훈련을 받았다. 숙식이 공짜로 해결되었고, 옷과 교통비도 받았다. 아버지는 복무를 마친 후로도 애국심 강한 혹은 얼빠진 어느 직원이 급여 문제를 잘못 처리하는 바람에 6개월 더 월급을 받았다. 아버지는 그동안 모은 돈으로 처음 유럽 여행을 떠났다. 그리고 집으로 돌아오는 오론테스 호에서 어머니를 만났다. 어머니는 세계 여행을 막 시작하던 참이었다. 어머니의 일기에는 '냅킨으로 이를 쑤시는 촌스러운 호주 남자를 만났다'라고 쓰여 있다. 아버지가 돈 때문에 어머니를 만난 것은 아니지만, 아마도 경제적인 면에서는 가장 훌륭한 선택이었을 것이다.

당연히 아버지는 지나칠 정도로 검소했다. 알뜰한 정도가 아니라 아예 수도사에 가까웠다. 여든다섯의 나이에도 스물한 살 생일 때 선물 받은 셔츠 하나만 입었다. 원래는 테리직으로 된 옷이었는데, 60년 넘는 세월 동안 대충 비슷한 색깔의 낡은 수건으로 군데군데 기워놓은 옷이 되었다. 사람들이 보통 의자나 책을 가장 아끼는 물건으로 생각한다면, 아버지에게는 노끈이 그런 물건이었다.

돈 많은 집 아가씨가 구두쇠 총각에게 시집을 갔으니 결혼 생활이 순탄할 리 없었다. 어머니는 빠른 차를 좋아한다. 아버지는 싼 차를 좋아한다. 어머니는 고급 레스토랑과 극장에 가는 것을 좋아하지만, 아버지는 시간이 있으면 껍데기에 붙은 사과나 양배추 심지를 갉아 먹는 걸 더 좋아한다. 어머니는 돈이 언제든 있을 거라고 믿었고, 아버지는 언제든 떨어질 거라고 믿었다. 두 사람 다 옳다고 할 수는 없었다. 아버지와 어머니는 돈 문제로 자주 싸웠다. 그래도 그럭저럭 균형을 맞추며 살았고, 계좌는 따로 관리했다. 아버지는 부수입을 모두 어머니에게 주었고, 누가 어디에 돈을 쓸지 상의했다. 크리스마스와 생일 때는 서로가 좋아할 만한 선물을 샀다. 미술을 그다지 좋아하지 않는 아버지가 어느 해인가 그림을 사고, 풀 더미를 좋아하지 않는 어머니가 제초기를 샀던 것도 그래서였다.

나는 부모님이 어떤 이유에서 서로에게 매력을 느꼈는지 이해할 수 없었다. 그러다가 약간은 뜻밖에도 와튼 스쿨 오브 이코노믹스Wharton School of Economics의 스콧 I. 릭Scott I. Rick 연구원의 연구 결과를 접하고서야 비로소 이해하게 되었다. 그는 돈을 헤프게 쓰는 사람이 자신의 성향에 반하는 사람에게 끌릴 수 있다고 주장하며 증거를 제시했다.[1] 즉 우리 부모님처럼 한쪽은 돈을 잘 쓰고 한쪽은 그렇지 않은 사람이 만나서 결혼하는 것은 꽤 일반적인 현상이라는 것이다. "자신의 소비성향에 불만족스러운 반응을 보이는 사람일수록 반대되는 정서적 반응을 보이는 상대에게 매력을 느낄 가능성이 크다." 스콧 릭 연구원은 2009년 한 학술지에서 이렇게 밝혔다. 다시 말해 우리 부모님은 경제적 배경이 달랐음에도 결혼에 이른 것이 아니라 경제적 배경이 달랐기 때문에 결혼했을 가능성이 크다. (하지만 스콧 릭의 주장에는 두 가지 문제점이 있다. 우선 우리 부모님이 그 주장에 동의하지 않는다. 어머니는 아버지가 어머니를 결혼상대로 점찍은 이유가 어머니의 돈과 다리에 반했기 때문이라고 종종 말한다. 단지 다리보다는 돈이 좀 더 오래 버텼을 뿐이라고 말이다. 다른 하나는 스콧 릭이 조사한 부부 중에 결혼생활이 오래가지 못한 경우가 많았다는 것이다. 하지만 우리 부모님은 60년 동안 함께 사셨다.)

돈 문제가 부부 갈등에 더 큰 문제가 되는 이유

모든 사람은 끝낼 수 없는 중요한 관계를 안고 결혼생활에 뛰어든다. 바로 돈과의 관계다. 돈과 인간의 관계는 많은 역사가 얽힌 복잡하고 깊은 관계다. 하지만 그런 사실이 종종 무시되기도 한다. '보물이 있는 곳에 마음이 있으리라'라는 성경 구절도 있듯, 돈은 단지 통용되는 화폐가 아니다. 돈은 감정과 결부되어 있다. "돈은 인간관계의 힘과 균형도 반영한다. 따라서 돈과 관련된 인간의 감정은 다양하게 나타난다." 위스콘신 대학교의 부부연구소 소장이자 부부 갈등에 관해 다수의 책을 낸 로렌 팹Lauren Papp은 이렇게 말한다. "돈에 관한 경험은 어릴 때부터 시작된다. 돈은 우리에게 무엇을 의미하는가? 누군가가 어떤 물건을 산다면, 그것은 어떤 의미인가? 사랑의 행위인가? 사과의 의미인가? 혹은 내가 기대하는 무엇인가?" 배우자와 돈 그리고 내가 얽힌 이 삼각관계는 매우 다루기 힘든 일이 될 수 있다. 죽은 다이애나 왕세자빈이 영국의 왕이 될 자신의 남편이 바람을 피웠을 때 한 말처럼 '결혼이 복잡해질 수 있다.'

　돈 문제에 얽힌 싸움은 단지 돈이 많고 적음의 문제, 혹은 분배의 문제가 아니다. 인간의 두려움, 희망, 욕망에 관한 본질을 흔드는 문제다. 혼자가 되는 것에 대한 두려움, 궁핍해지는 것에 대한 두려움은 서로 밀접한 관련이 있다. 결혼과 돈 둘 다

안정감이나 피난처라는 의미와 관련되어 있기 때문이다. 경제적 압박에 시달리는 사람이 그렇지 않은 사람보다 더 많이 이혼하는 것은 결코 우연이 아니다. 경제적으로 안정되기 전까지 사람들이 종종 결혼을 미루는 것도 마찬가지다. 중등교육 이하 학력을 가진 사람들의 결혼율이 크게 떨어지는 이유, 대졸 학력자들이 경제적 발판을 마련하기 전까지 결혼을 미루는 것도 같은 이유에서다.

연구 결과에 따르면, 돈은 첫 부부싸움의 주제로 가장 자주 보고되는 문제이고, 논쟁을 가장 뜨겁게 만드는 주제다(그다음은 아이 문제인데, 재혼 가정은 그 순서가 바뀐다).[2, 3] 돈 문제로 자주 싸우는 집이 아니더라도, 돈은 여전히 싸움이 길어지는, 혹은 반복되는 원인이 된다.[4] 돈 문제와 관련된 싸움은 다른 문제들과 달리 시간이 갈수록 더 심각해진다. 로렌 팹은 부부 100쌍을 대상으로 부부싸움이 있을 때마다 싸움의 이유와 방식, 강도 등을 기록하여 2주 동안 일기를 쓰게 했다. 그 결과, 조사에 참여한 부부는 다른 다툼보다 돈 문제로 다퉜을 때 더 우울하다고 밝혔고, 특히 남편들은 다툼이 있는 동안 분노를 더 많이 느꼈다고 보고했다.[5] 또한 돈 문제는 대부분 부부가 '외부적인 문제'라고 말한다. 즉 부부의 내적 문제가 아니라 외부 압력에 따른 문제라는 것이다. 동거해서 사는 커플들이 동거만 하고 결혼하지 않는 가장 큰 이유도 돈 문제와 관련된다.[6]

CHAPTER 3. 영원한 숙제, 돈

돈 문제로 다툼이 가장 격해지는 이유는 여러 설명이 가능하다. 우선 자주 등장하는 주제이기 때문이다. 피할 수가 없다. 청구서는 매달 나온다. 그때그때 처리하지 않으면 그 결과는 즉시 나타나고, 무시할 수도 없다. 따라서 부부는 누가 무슨 돈을 어디에 쓸지, 특정 지출이 꼭 필요한지, 매달 통장 잔고가 비는 원인이 무엇인지 말해야 하는 상황에 자주 놓인다. 좋게 보면 그런 문제에 관해 냉정한 태도로 대화할 기회가 많다는 뜻이지만, 나쁘게 보면 서로 비난하거나 긴장감이 높아지는 대화의 기회도 많다는 뜻이다.

둘째, 돈 문제는 예기치 않게 발생해서 모두의 스트레스 지수를 쉽게 높일 수 있다. 갑자기 차가 고장 날 수도, 배우자가 실직할 수도, 아이가 아파서 급하게 치료비가 필요할 수도 있다. 냉장고가 고장 나서 따뜻한 맥주밖에 마실 수 없는 문제가 생길 수도 있다. 돈 문제와 관련된 위기는 꼬리에 꼬리를 물고 이어지기도 한다. 돈이 없어서 자동차 미등을 고치지 못했더니 경찰에 걸려 벌금을 물게 되고, 그 벌금을 못 내니 다시 과태료를 내야 하는 식이다. 혹은 돈이 없어서 신용카드 대금을 갚지 못해 연체 이자를 더 내야 하는 식이다.

셋째, 돈과 관련된 싸움은 미뤄두는 경향이 있다. 그래서 같은 문제로 같은 싸움을 몇 번이고 반복해야 하는 문제가 생긴다. 한 사람이 돈을 너무 많이 써서, 혹은 어딘가에 돈을 쓰고 말하지 못해서, 혹은 청구서 대금을 제때 내지 못해서, 혹은 여름휴가 때마다 멋진 곳으로 여행을 가지 못해서 번번이 싸우는 것이다. 아다 칼훈Ada Calhoun이 《결혼 축배는 다시 들지 않을래Wedding Toasts I'll Never Give》에서 말했듯이 모든 결혼에는 내가 저지른 실수만 감당하면 되던 시절을 그리워하는 순간이 온다. 칼훈의 남편은 가끔 환불이 안 되는 비행기 표의 비행기를 놓친다. 우리 남편은 가끔 카드 대금 납부를 놓친다. 계좌에 돈이 있는데도 말이다. 올해에만 이미 몇 번쯤 싸운 문제로 또 싸우는 일만큼 화나는 일도 없다.

또, 돈 문제에 관한 이야기는 여러 가지 이유로 최적의 상황에서 이루어지지 않을 때가 많다. 밖이 어두운데 집에 전기가 안 들어올 때, 밀려드는 청구서를 감당하지 못해서 이미 투잡을 뛰고 있는데도 세금을 못 내 차가 견인될 때, 우리는 평정심을 잃지 않고 차분하게 대화하기 힘들다. 이런 이야기는 타이밍이 좋아도 좋게 대화하기 힘든데, 타이밍이 정말 좋지 않은 순간에 대화해야 할 경우가 더 많은 것이다.

특히 부부 사이에서 돈 문제로 인한 싸움은 다른 싸움과 종류를 달리한다. 가장 강렬한 감정이라 할 수 있는 '두려움'이 촉발되기 때문이다. 성관계가 뜸해지면 우울해질 수는 있지만, 공황 상태에 빠질 정도는 아니다. 아이들 교육 문제로, 혹은 누가 아이를 돌볼 것인가의 문제로 배우자와 의견이 맞지

CHAPTER 3. 영원한 숙제, 돈

않으면 불만을 느낄 수는 있지만, 세상이 끝날 것 같은 공포를 느끼지는 않는다. 하지만 돈과 관련된 문제는 생존의 문제다. 부부는 돈 문제에 관한 많은 정보와 권한을 서로에게 믿고 맡긴다. 그래서 컴퓨터나 스마트폰으로 숫자 버튼 몇 개만 누르면, 혹은 서명을 위조하면, 내 전 재산이 다른 사람의 손에 넘어갈 수도 있다. 치료사들은 부부간에 돈 문제에 솔직하지 않은 것을 배우자 몰래 바람피우는 행위에 빗대어 '금전적 부정 financial infidelity'이라고 말한다. 배우자가 돈을 제대로 관리하지 못하고 있다고 판단되면, 우리 머릿속에서 일종의 경계경보가 발동한다.

돈 문제로 인한 부부 사이의 다툼은 공포심을 불러일으켜 종종 우리를 비이성적인 상태로 몰고 간다. 해진 신발에 가방 하나만 끌고 빈털터리로 거리를 헤매는 모습이 머릿속을 맴돈다. 살던 집을 떠나고, 살던 방식을 버려야 하는 건 무서운 일이다. 친구들이 떠나고 빚쟁이들만 연락해온다면 두렵지 않을 수 없다. 외벌이인 배우자나 부부의 공동 재산에 접근 권한이 있는 배우자는 부부의 삶 전체를 잘못된 길로 이끌 수 있다. 걱정의 정도가 다른 문제보다 클 수밖에 없다.

돈과 관련된 실수를 저질렀을 때

이쯤에서 내가 7만 달러를 날려버린 이야기를 할까 한다. 재밌는 이야기다. 나는 내가 받기로 되어 있던 스톡옵션을 깜빡하고 기한 내에 청구하지 않았다. 인터넷에서 '거래 실행' 버튼을 누르지 않았다는 사실을 한 달쯤 지나서야 떠올렸다. 청구 기한이 끝나버렸고, 한순간에 7만 달러가 뿅 하고 날아가버렸다. 그때의 기분을 정확히 설명하기는 쉽지 않다. 바닥에 누워 있는데 누가 옆에 둔 사다리를 타고 올라가 내 배 위로 볼링공을 떨어뜨리는 기분이라고나 할까? 약간의 충격과 당혹감, 괴로움, 토할 것 같은 기분이 한꺼번에 몰려왔다. 현실이 아니길, 제발 꿈이기를 바랐다. 한동안은 숨쉬기도 힘들었다. 비슷한 기분을 가장 마지막으로 느꼈던 때는 어렸을 때 젤리를 만들려고 시도했을 때다. 그때는 이번과는 다르게 너무 '빨리' 젤리 틀을 뒤집어버렸다. 완전히 굳지 않은 젤리는 덩어리째 젤리 틀에서 빠져나와 싱크대 배수구 아래로 쏙 들어갔다. 나는 우두커니 그 과정을 지켜보았다. 싱크대 밑에 조금 남아 있던 젤리를 부질없이 긁어모으려고 했던 것 같기도 하다. 이번 일이 일어났을 때는 복지 부서에 전화해서 돈을 돌려받을 방법이 전혀 없는지 부질없이 매달렸다. 그때도 그랬고, 이번에도 내 힘으로 만든 무언가가 나의 부주의로 완전히 사라져버렸다.

누구도 탓할 수 없었다. 모두 내 잘못이었다.

　사람들은 이런 일을 겪게 되면 딜레마에 빠진다. 남편에게 (혹은 아내에게) 말할까? 말하지 말까? 엄밀히 말하면 그 돈은 남편 돈이기도 했다. 부부가 결혼생활을 하는 동안 형성한 재산은 공동 재산이니 뭐니 하는 말이 있지 않은가. 적은 돈도 아니었다. 한 친구가 말했듯이 나 같은 글쟁이들은 겉으로 근사해 보일지 몰라도 대부분 근근이 먹고산다. 적당히 버는 것 같은데도 월말이면 남는 돈이 없다. 하지만 또 엄밀히 따지면 그 돈은 원래부터 받기로 한 것이 아니라 뜻밖에 생긴 소득이므로 처음부터 없었던 돈이나 마찬가지다. 나는 세금을 공제한 4만 얼마의 돈을 남편에게서 빼앗은 것이 아니라 단지 주지 못했을 뿐이다. 게다가 스톡옵션은 우리 집에서 중요한 화젯거리가 아니다. 그러니 내가 말만 하지 않으면 남편은 절대 알지 못했을 것이다. 알지 못하는 일로 무슨 문제가 생기겠는가?

　하지만 그때 그 문제가 조금 더 복잡했던 건 순전히 나의 멍청함으로 돈을 날린 일이 그때가 처음이 아니었기 때문이다. 남편과 내가 처음 뉴욕에 왔을 때, 우리는 친구 둘만 있었을 뿐 직장도 없이 몇 달 뒤 결혼을 앞두고 있었다. 그때 차이나타운 길거리에서 일종의 야바위 게임으로 내가 60달러를 날린 일이 있다. 당시 우리가 가진 현금성 재산의 거의 5분의 1에 달하는 액수였던 것 같다. 남편은 별다른 말을 하지 않았지만, 우리 사이에 암묵적 합의가 이뤄졌다. 내가 좀 모자란 여자란 사실에 대해.

남편은 나와 달리 돈 걱정이 많은 환경에서 자랐다. 남편은 지금도 발가락에 문제가 있다. 어렸을 때 돈으로 고생하는 부모님에게 새 신발이 필요하다고 말을 하지 못해서 늘 작은 신발을 신고 다녀서다. 또 어릴 때 상한 우유를 하도 많이 마셔서 한 번 개봉한 우유를 마실 때는 지금도 누군가가 맛을 봐주어야 한다. 연구 결과에 따르면, 어린 시절에 경제적 어려움을 겪은 사람은 성인이 되어서도 심리적으로나 육체적으로 부정적인 영향을 받고, 돈 문제와 관련해 위기 상황을 겪으면 나쁜 기억이 되살아날 수 있다.[7] 나는 남편을 정서적으로 힘들게 하고 싶지 않았다. 게다가 세계적인 신용정보회사 익스피리언 Experian에 따르면, 이혼 부부의 20퍼센트가 경제적인 문제를 이혼의 주요 원인으로 꼽았다.[8] (이크!)

우리에게는, 지금은 이혼한, 부부 친구가 있었다. 그 부부에게는 한 가지 문제가 있었는데, 남편 되는 사람이 먹을거리를 사러 나갔다가 부츠나 카약을 사 오는 습관이 있었다. 이기적이고 생각 없는 행동이기는 했지만, 그에게는 나름대로 사정이 있었다. 그는 동유럽 난민 출신으로, 그의 아버지가 고향에 있을 때는 이름난 예술가였으나, 새로 정착한 나라에서는 허드렛일을 하며 먹고살아야 해서 늘 형편이 좋지 않았다. 그의 가족은 아무도 영어를 말하지 못했다. 그래서 항상 이방인 같은 느낌을 받으며 살았다. 그는 힘든 어린 시절을 보내느라 만족감을 지연시키는 데 익숙했고, 지금은 그런 충동구매를 통해 일종의 안정감을 느꼈다. 하지만 그의 아내는 근검절약을 신조로 삼았던 환경에서 자랐다. 그녀의 집은 부유하지 않았지만, 다른 집 아이들을 위해 문을 항상 열어놓았다. 그런 환경에서 자란 아내는 남편의 행동을 이해할 수 없었다. 남편은 낭비가 심하고 충동적이며 이기적인 사람이라는 생각이 들었다. 아내는 남편이 자신을 사랑한다면 바뀔 거라고 믿었다. 하지만 남편은 바뀌지 않았다. 아내는 점점 분노하며 불안해했고, 남편도 마찬가지였다. 덫에 빠진 것 같았다. 결국 두 사람은 그 문제를 해결하지 못했다.

하지만 불우한 어린 시절이 지금의 관계를 망치게 놔둘 필요는 없다. 연구 결과를 보면, 돈이 많은 것도, 돈이 많기를 바라는 것도 다른 사람에 대한 감정에는 긍정적이지 않은 효과를 줄 수 있다. 미국과 캐나다의 합동 연구진은 2006년에 시행된 일련의 실험을 통해 다음과 같은 흥미로운 사실을 알아냈다. 돈에 관한 퍼즐을 풀거나 보이는 곳에 게임용 돈을 둘 때 현금을 떠올리는 사람은, 자기 도움이 필요한 상황에서 도움을 제공할 가능성이 적었다.[9] 또한 혼자 해결하기 어려운 일에 도움을 요청하는 시간도 더 오래 걸렸다. 이 실험 결과를 보면,

돈은 사람들이 자신감을 느끼도록 만들었고, 심지어 다른 사람도 그래야 한다고 믿게 만드는 것 같았다. 이런 생각은 바람직한 결혼생활을 위한 좋은 전제조건이 아니다.

더 명백한 연구 결과도 있다. 몇몇 다른 연구 결과를 보면, 물질주의 성향이 강한 사람들은 결혼생활에서 만족감을 더 적게 느꼈다.[10] 2015년, 한 싱가포르 연구진은 사람들을 두 그룹으로 나누어, 한 그룹은 고급 쇼핑몰에서 쇼핑하는 상상을 하게 하고, 다른 그룹은 자연에서 한가롭게 산책하는 모습을 상상하게 한 뒤, 결혼에 대한 태도를 측정했다. 그 결과 쇼핑하는 모습을 상상한 사람은 산책하는 모습을 상상한 사람보다 결혼과 출산 문제에 더 부정적인 태도를 보였다.[11] 다른 방식으로 6~7회 더 실험했을 때도 같은 결과가 나왔다. 연구진은 이 실험 결과를 다음과 같이 설명했다. "물질주의 태도는 협력적인 결과보다 경쟁적인 결과를 촉진한다. 따라서 시간과 에너지가 많이 드는 부 축적 과정에서 물질주의 태도를 지닌 사람은 잠재적 결혼 상대와 친밀한 관계를 형성하지 못할 수 있다."[12]

부자들과 시간을 보내본 사람, 혹은 대인 관계 이론을 배운 사람은 누구나 안다. 결핍감은 상대적인 것이다. 사람들은 경제적으로 큰 문제가 없어도 자신이 바라는 만큼, 혹은 자신의 주변 사람, 동료, 이웃, 룸메이트만큼 부자가 아니면, 상대적 박탈감과 비참함을 느끼기도 한다. 그런 사람들은 종종 자신이 남들보다 못한 이유가 배우자 때문이라는 결론에 이른다.[13] 2017년 미국 여러 주에서 이루어진 한 연구 결과에 따르면, 남편이 아내의 소비 습관을 부정적으로 인식할 때, 사실 여부와 상관없이 실제 경제적 어려움을 겪는 부부만큼 돈 문제로 다툴 확률이 높다.[14]

여성의 경제력 증가는 부부 갈등에 어떤 변화를 가져왔을까?

돈이 결혼에 미치는 영향은 여성의 경제력이 과거 어느 때보다 높아진 지금 더 흥미로운 결과로 나타난다. 우선 부양자가 필요하지 않은 여성의 경우 결혼을 선택하는 비율이 낮아진다는 주장이 있다. 복권에 당첨된 미혼 여성은 향후 3년 안에 결혼할 가능성이 6퍼센트 감소한다.[15] 캘리포니아 대학교 데이비스 캠퍼스의 연구에 따르면, 지난 30년 동안 결혼율이 20퍼센트나 감소한 것은 남녀 임금 격차가 줄어든 것과 관련이 있다.[16] 여성의 소득 증가는 확실히 이혼율과 궤를 같이한다. 통계 자료를 살펴보면, 이제 이혼하는 부부의 3분의 2가 아내 쪽에서 먼저 이혼을 요구한다.

우리 부모 세대 때는 역할 분담이 거의 명확했다. 남편은 밖에서 돈을 벌어오고, 아내는 집안일을 맡았다. 우리 집은 어머니가 벌어오는 돈을 대부분 아버지가 관리했다. 어머니가 돈을 벌어도 어머니가 해야 할 집안일은 줄지 않았다. 대학에 돌아가 일을 시작했을 때도 집안일과 육아는 여전히 대부분 어머니 몫이었다. 아버지는 주로 집 안팎을 손보는 일을 맡았다.

하지만 여성의 경제력 증가는 우리가 돈을 벌고, 쓰고, 생각하는 방식에 많은 변화를 가져왔다. 지난 37년간, 남편보다 아내의 수입이 높은 부부의 비율은 4퍼센트에서 25퍼센트 가까이 증가했다.[17] 많은 사람이 이제는 맞벌이를 필수로 생각한다. 가족학연구소에 따르면, 2015년 처음으로 남편보다 아내가 학력이 높은 부부가 더 많았다. 이런 변화로 인해 부부 사이에 돈에 관한 협상과 인식도 크게 달라졌다. 따라서 우리는 대부분 이런 문제에 관해 부모 세대를 모델로 삼기 어렵고, 그러고 싶은 사람도 많지 않다.

자랄 때 어머니가 아버지에게 돈을 타서 쓰는 모습, 혹은 어머니가 아버지와 이혼한 뒤 경제적으로 힘들어하는 모습을 보고 자란 여성은 경제적 독립을 적극적으로 대비할 가능성이 훨씬 크다. 나는 이 책을 준비하는 동안 200명 이상의 부부를 대상으로 배우자와 돈 문제를 어떻게 관리하는지 인터뷰했다. 사람들의 반응은 다양했지만, 많은 아내가 경제적 독립 문제를 중요하게 생각하는 것만은 분명했다. 영국 출신 여성 매기 앨더슨은 이렇게 말했다. "저는 13살 때, 페미니즘 분야의 베스트셀러였던《여성, 거세당하다Female Eunuch》를 읽었어요. 그 책을 읽고 나니 언젠가 내 옷을 사려면 남자에게 손을 내밀어야 할지 모른다는 생각이 들더군요. 그때 다짐했죠. 나중에 꼭 경제적으로 누구에게도 의지하지 않고 살겠다고요."

한편, 남자들은 여성의 경제력 증가로 결혼 후 부부 합산 소득 면에서 이득을 보게 되었다. 하지만 그에 따른 대가도 치르고 있다. 각종 연구 결과를 보면, 아내보다 수입이 적은 남자는 외도를 더 많이 하고, 발기부전 치료제를 더 많이 사용하는 경향이 있다.[18] 진보적인 나라로 알려진 덴마크에서는 아내의 소득이 더 많은 부부 사이에서 발기부전 치료제 사용이 10퍼센트 증가한 것으로 나타났다.[19] 또한, 남편보다 수입이 많은 여성, 혹은 비슷하게 버는 여성도 항불안제를 복용하는 비율이 높았다. 2018년, 미국 인구조사국의 경제학자들은 아내가 남편보다 수입이 많은 부부는 조사 양식에 각자의 수입을 기록할 때, 소득 차이를 줄이려는 경향을 보인다고 보고했다.[20] 즉 아내들은 수입을 줄이고, 남편들은 늘려서 기록하는 경우가 많았다.

왜 이런 현상이 나타날까? 연구원들은 남자들이 자신이 가족을 먹여 살리는 존재가 아니라는 고민에 빠져 있기 때문이라고 말한다. 수세기 동안 남성 배우자는 밖에서 돈을 벌어오는 역할을 맡았다. 지금의 남편들도 거의 그런 모습을 보고 자

결혼학 개론

랐다. 따라서 자신이 그 역할을 해내지 못하거나 할 수 없을 때, 실패자라는 생각을 갖게 된다. 연구 결과를 보면, 심지어 21세기 남자들도 자신을 '배우자감'으로 드러내는 수단 중 하나로 돈을 쓰는 방법을 사용한다.[21] 남자들이 돈을 쓰는 행위는 동물학에서 말하듯이 수컷 공작이 깃털을 펼치고, 수컷 거북이 목을 길게 빼는 행동과 같은 의미다. 따라서 남자들이 이 분야에서 좌절감을 느낄 때, 침대에서 자신감이 떨어져 비아그라를 찾는 결과로 이어질 수 있다. 혹은 다른 여자와 바람을 피우며 자신에게 여전히 남자다운 능력과 매력이 있다는 것을 확인받으려 한다. 한편 아내 쪽에서는 남편이 기죽지 않도록 조심해야 함과 동시에 돈도 벌어 와야 하는 위치에 있기 때문에 불안감이 증가하는 결과로 이어진다.

비교는 행복을 훔쳐가는 도둑이라고 했다. 또한 결혼생활은 아내와 남편이 함께 꾸려가는 것이다. 부부는 종종 배우자와 비교하여 자신의 현재 상태를 판단한다. 배우자 몰래 그렇게 해왔다면 지극히 정상적인 행동이라는 연구 결과가 있으니까 안심해도 좋다.[22] 특히 수입 면에서 그렇다.[23] 하지만 아내가 더 많이 번다고 해서 모든 남자가 불안감을 느끼지는 않는다. 특히 젊은 세대는 말이다. 스웨덴에서 21년간 조사한 자료를 분석해본 결과, 아내가 승진할 경우 이혼율이 두 배로 증가했는데, 전통적인 성 역할을 따르는 부부일 경우에만 그랬다.[24] 실제로 1970~80년대에는 높은 급여를 받는 여성이 결혼하기 힘들었다. 하지만 90년대에 결혼한 부부는 아내가 높은 급여를 받아도 이혼율에 별 차이가 없었다.[25] 그리고 어떤 남자들은 아내의 성공을 진심으로 기뻐한다. 여자 보는 눈이 탁월했다고, 그런 능력 있는 여자에게 선택받았다고 생각하기도 한다. 이상적으로 보면, 두 사람 중 누가 잘돼든 부부 전체에게는 좋은 일이라고 생각하는 것이다.[26]

사랑과 돈 문제는 복잡하게 얽혀 있는 경우가 많다. 그래서인지 지난 5년 사이, 이 두 가지를 결합해서 조언하는 새로운 유형의 치료사들이 등장하기 시작했다. 이들은 부부의 돈 문제를 관계 문제와 함께 다루어야만 제대로 해결할 수 있다고 믿는다. 가족 치료 전문가이자 재무치료협회의 연례회의를 주관하는 에드워드 코움Edward Coambs은 이렇게 말한다. "사람들은 돈과 관련된 정보를 모두 알고 있어도 여전히 제자리걸음이에요. 돈이 우리 삶에 너무나 중요한 부분을 차지하고 있어서 더 깊은 상징적인 차원에서 수많은 방식으로 영향을 미친다는 사실을 깨닫지 못하기 때문입니다. 이런 이유에서 배우자의 돈을 허락 없이 사용하는 것은 권한 남용, 혹은 '가까운 파트너의 재정적 폭력'으로 여겨지죠." 심지어 어떤 학자들은 치료사들이 다루어야 할 첫 번째 주제가 돈이라고 주장한다. 돈이야말로 우리 내면의 삶을 제대로 보여주는 통로이자 원가족原家族,

결혼학 개론

사생활, 신뢰, 갈등, 힘의 문제 등 부부 관계를 괴롭히는 많은 문제의 근본 원인이기 때문이라는 것이다.[27]

코움은 일반적인 부부들이 재정 관리에 관해 조언을 구하려고 자신을 찾아오는데, 관계 문제와 돈을 둘러싼 그들의 약점을 동시에 해결하지 않으면, 문제의 핵심을 철저히 파고들 수 없다고 말한다. "두 사람이 금전적인 문제에 관해 차분히 대화할 능력이 없다면, 제가 제공하는 정보는 아무런 도움이 되지 않을 것입니다." 코움은 이어서 이렇게 덧붙였다. "돈과 관련된 기억 중 수치심, 분노, 두려움이 마음 깊숙이 자리하고 있다면, 대화 중에 쉽게 흥분할 수 있어요. 하지만 사람들은 그 주제와 관련된 대화로 왜 기분이 나빠지는지 이해하지 못하는 경우가 많습니다." 근본적인 원인을 해결하지 않고 돈 문제를 논의하는 것은 무의미한 일이다.

돈 관리는 어떻게 하면 좋을까?

그렇다면 부부 사이에 돈 관리는 어떤 방법이 가장 좋을까? 나는 영어권 국가에 사는 부부 150쌍을 대상으로 수입과 지출을 어떻게 관리하는지 알아보았다. 사람들의 대답은 크게 세 가지 유형으로 나뉘었다. 첫째, 부부의 수입과 지출을 공동으로 관리하는 방식이다. "저희는 '모든 것을 투명하게 공개한다'가 원칙입니다. 음지보다 양지가 좋잖아요." 한 캐나다인 남편은 이렇게 말했다. 많은 사람이 이 방법으로 가계부를 가장 간단하게 관리할 수 있다고 말한다. 뉴욕 브루클린에서 온 교수이자 두 아이의 엄마는 "그것 말고 다른 방법이 있나요?"라고 물었다. 한 호주 여성은 남편이 돈을 따로 관리하는 것을 싫어해서 그냥 자기가 다 맡는다고 했다. "남편은 은행에 얼마가 있는지도 몰라요." 한 미국인 아내는 공동 계좌로 돈을 관리한다고 말했는데, 그녀의 남편은 아내에게 자신이 손댈 수 없는 다른 계좌가 있다고 슬쩍 비꼬듯 말했다. "아내가 그게 좋답니다." 또 아내보다 수입이 많은 남편은 이렇게 말했다. "왜 그런지는 모르겠지만요."

수입을 공동 계좌로 묶어서 관리할 때 어려운 점은 지출 문제에 이견이 생길 때 어떻게 의사결정을 내릴 것인가 하는 것이다. 뉴저지 출신의 한 부부는 각자 용돈을 정해놓고 정해진 한도 안에서 고민할 필요 없이 자유롭게 사용했다. 매주 가계부를 점검하면서 보통 150~200달러가 넘는 지출에 대해서만 서로에게 알려주고, 그 이하로 사용하는 지출에 대해서는 자유롭게 관리했다.

부부가 수입과 지출을 관리하는 두 번째 방식은, 부부가 계좌를 따로 관리하고 지출도 나눠서 관리하는 것이다. 이 경우

결혼학 개론

가 많지는 않았다. 약간 늦은 나이에 결혼한 한 여성은 이렇게 말했다. "남편이 부담하는 지출, 제가 부담하는 지출이 정해져 있어요." 이 방법은 아이가 없는 부부에게 좀 더 인기가 많은 것 같았다. 아이가 있는 집에서는 양육비가 워낙 많이 들어서 지출을 분리해 관리하기가 힘들기 때문일 것이다. 은행 계좌를 따로 관리하는 것은 부부가 서로에 대한 신뢰가 부족하고 덜 의지하기 때문이라고 말하는 사람도 있지만, 꼭 그렇다고 볼 수는 없다. 오히려 그들은 상대가 지출을 잘 관리하고 있다고 믿기 위해 서로를 더 신뢰하고 의지해야 한다. 두 사람 중 한 사람이 수입이 적으면, 지출을 공평하게 나누는 문제도 쉽지 않다. 아무래도 수입이 많은 쪽에서는 돈을 좀 더 많이 내야 한다. 뉴욕시의 한 변호사는 이렇게 말했다. "저희는 그 문제를 걱정하지 않아요. 아무라도 돈을 내다가, 누구 한 사람이 먼저 돈이 떨어지면, 다른 사람이 수혈해주죠. 우리 집에서 전자는 주로 제가 되고, 후자는 남편이에요."

세 번째 방식은, 급여의 상당 부분을 공동 계좌로 보내 가계비로 쓰고, 일정 비율은 개인 계좌에 넣어 자기가 쓰고 싶은 곳에 알아서 쓰는 것이다. 이 방법은 많은 금융 전문가가 추천하고 위험 회피형에 해당하는 사람들이 사용하기 좋다. 각자 얼마큼 개인 지출로 쓸 것인지 합의하고 그 합의가 지켜지기만 한다면, 돈을 어디에 쓰든 서로 간섭하지 않는다. 나 같은 경우

주로 헌 옷 가게에서 옷을 산다. 그리고 매달 다시 꽤 많은 옷을 기증한다. 남편은 눈이 튀어나올 정도로 비싼 명품 코트를 아무렇지 않게 사 입는다. 그리고 10년 동안 날씨만 추워지면 그 코트를 꺼내 샤프심처럼 샤프하게 보이도록 입고 다닌다. 내가 실수로 그 옷을 구세군에 넘겨주기 전까지는 그랬다(세탁소에 보낼 옷 가방과 헷갈린 탓이다). 어쨌든 우리 가족에게 필요한 요구사항이 충족되는 한, 나머지 돈을 남편이 어디에 쓰든 나는 비난할 권리가 없다.

돈 관리를 약간은 독립적으로 하는 것이 많은 부부에게 사실 좀 더 로맨틱한 방법이긴 하다. 남편과 같이 사업을 운영하는 미국인 건축가 아내는 이렇게 말한다. "부부가 수입을 한 계좌로 관리하면 선물받을 때 기분 좋은 느낌이 좀 줄어들어요. 왠지 나만을 위해 따로 마련한 돈으로 선물을 사야 마음이 더 담긴 것 같아 더 좋게 느껴져요. 또 어느 정도 따로 관리해야 내가 돈을 얼마나 썼는지도 비밀로 할 수 있죠."

특히 자기 사업을 경영하는 사람들은 가계비와 사업비를 명확히 구분하기를 원해서 세 가지 주머니로 돈을 관리하는 방식을 선호한다. 메리의 남편 폴은 미국 서부에 관한 책을 써서 상을 받았다. 책을 완성하기까지 40년이 걸렸다. "처음에는 화가 났어요. 남편은 역사 연구를 '취미생활'로 하는 것 같았고, 그 취미생활에 돈을 너무 많이 쓰는 것 같았거든요. 그래서 그 비용은 자기가 직접 댔으면 좋겠다고 했죠." 메리는 이렇게 말했다. "남편도 그러겠다고 하더군요. 결혼 초에는 살림이 빠듯했거든요. 그때 이후로는 헬스클럽 이용료나 트레이너 수업료, 악기 구입과 같이 자기에게만 해당하는 비용은 자기가 댔어요."

메릴랜드 대학교에서 2017년 실시한 연구 결과에 따르면, 미국 전역에 걸친 표본 응답자를 대상으로 부부가 돈 관리를 어떻게 하는 것이 가장 좋을지 물었을 때, 대부분 세 번째 방법을 가장 공평하다고 꼽았다.[28] 그런데 흥미롭게도 응답자 모두 아내가 돈을 더 많이 벌 경우 아내는 개인적인 돈을 더 많이 관리해도 되지만, 남편의 경우에는 그러면 안 된다고 생각했다. 성 역할에 대한 전통적인 고정관념이 완전히 사라지지 않았음을 여기서도 확인할 수 있다.

치료사들도 세 번째 방식이 건강한 결혼생활의 모습을 투영하기 때문에 가장 좋다고 말한다. "그런 방식으로 부부의 금전 문제를 관리하는 모습은 두 사람의 관계가 본질적으로 건강하다는 것을 보여줍니다." 부부 문제 전문가인 스콧 스탠리는 이렇게 말한다. "결혼생활에는 '우리'도 있지만, '나'와 '너'도 있죠. '우리'가 있기 위해 '나'라는 사람이 사라져야 할 필요는 없습니다."

물론 모든 부부가 혜택을 볼 수 있는 확실한 방법도 있다.

낭비벽이 있는 사람이나 그와 반대 성향인 사람도 이 방법으로는 이익을 볼 수 있다. 매달 일정 금액을 퇴직 연금 같은 저축성 계좌에 보내는 것이다. 어쨌든 그 돈은 중간에 쓸 수 없게 해두어야 한다. 이 방법은 돈 문제로 걱정이 많은 사람이 불안을 잠재울 수 있다는 추가적인 장점도 있다. 가령 우리 아버지는 어머니가 교직에 복귀할 당시 교사용 연금 기금의 조건이 좋다는 사실을 알았다. 그래서 어머니가 번 돈은 거의 은퇴 자금을 위한 연금에 넣었다. 어머니는 월급을 받지 않고 일하는 기분이라며 불만이 많았지만, 아버지는 어머니의 낭비벽에 대한 걱정을 크게 덜 수 있었다. 이제 두 분은 그 연금으로(그리고 아주 조금 물려받은 유산으로) 30년 동안 편안히 노후를 보내고 계신다. 돈 관리를 잘 못하고 충동적이며 낭비벽이 심한 사람들에게는 자동이체로 저축성 계좌로 돈이 빠져나가게 만들어 놓는 것이 좋다.

한편 치료사들은 예산을 세워 계획적으로 가계부를 관리해도 돈과 관련된 부부의 고민이 모두 해결되지 않을 수 있다고 말한다. "예산을 빠듯하게 계획해서 지출하는 것이 필요한 부부도 있어요." 스콧 스탠리는 이렇게 말한다. "물론 다른 수단이 있다면, 꼭 그 방법을 쓸 필요는 없어요. 사실은 성향의 문제죠." 부부연구소의 로렌 팹도 같은 의견을 밝혔다. "사실 결혼생활에서 돈 문제는 단순히 가계부를 계획하는 일보다 훨씬 복잡합니다. 부부 사이에서 돈과 관련된 문제는 어디서든 튀어나올 수 있죠." 예를 들면 돈과 관련된 논쟁은 생일이나 기념일이 되면 가족 문제로 불거질 수 있다. 이에 관해 팹은 이렇게 말한다. "돈 문제에 관해서는 부부의 생각이 아주 다를 수 있습니다. 왜 우리 부모님 생일에는 선물을 안 사는지, 왜 다른 데는 돈을 그렇게 많이 쓰는지 하고 말입니다. 가계부 계획만으로 모든 문제를 해결하는 부부는 많지 않습니다."

또 다른 문제, 빚

또 한 가지 골치 아픈 문제는 빚, 특히 결혼 전에 생긴 빚이다. 빚은 볼일을 보고 난 후 화장실에 남는 냄새처럼 말하고 싶지 않은 문제지만, 무시하기 어렵다. 우리는 빚으로 곤란한 상황에 빠질 수도 있다. "부채는 자신감을 갉아 먹는 침묵의 살인자다."《당신 돈의 성격Your Money Personality》을 쓴 저자이자 심리학자인 캐슬린 거니Kathleen Gurney는 이렇게 말한다. 이혼 경험이 있는 남녀 500명을 대상으로 시행한 최근 조사 결과를 보면, 이혼 후에야 전 배우자의 학자금 대출 문제를 알게 된 사람이 더 많았다.[29] 게다가 부채 문제는 최근 몇 년 사이 부부에게 더 큰 고민거리가 되고 있다. 1997년 1조 3,400억 달러 규모에 달했던 미국의 가계 부채는 10년 만에 2조 6,100억 달러에서 2017년 말에는 약 3조 8,000억 달러 규모로 껑충 뛰었다. 밀레니엄 세대가 종종 '부채 세대'로 불리듯 가계 부채의 많은 부분은 학자금 대출이 차지한다. 그리고 그중 7,890억 달러는 신용카드 빚이다. 빚은 없애고 싶지만 잘 없어지지 않는 흉터와 같다. 지난 십수년간 갚지 못한 청구서가 차곡차곡 쌓이고 있다면, 그건 당신만의 문제가 아니다. 전적으로 당신의 잘못도 아니다. 지난 13년 동안 가구 평균 소득은 4.4퍼센트 증가한 반면, 생활비는 30퍼센트 가까이 치솟았고, 임금 상승률은 과거만큼 높지 않다.[30]

빚에 관한 이야기도 돈 문제 못지않게 부부 사이에서 가능하면 피하고 싶은 주제다. 빚은 빚을 진 사람의 문제가 아니냐고 생각할지 모르지만, 부부에게는 그렇게 간단한 문제가 아니다. 부부 중 한 사람이 빚을 지고 그 빚을 해결하지 못하면, 당사자가 죽거나 이혼하지 않는 한, 배우자가 대신 빚을 갚아야 한다. "인생을 함께하는 사람에게 어느 날 20만 달러의 신용카드 빚이 있다는 사실을 알게 된다면, 즉시 헤어지지 않는 이상 그 일은 두 사람의 삶에 어떤 식으로든 영향을 주게 되죠." 스탠리는 이렇게 말한다. 만약 배우자가 채무를 이행하지 못해서 채권자가 자산 현금화를 요구해온다면, 내 차나 내 재산이 넘어갈 수도 있다. 이런 일이 생길 조짐이 보인다면, 배우자에게 화가 날 수 있다. 이 경우 빚을 진 사람은 방어적으로 행동하게 되고, 그 모습에 더욱 화가 나 결국 두 사람은 각방을 쓰는 결과로 이어지기도 한다.

연구 결과에 따르면, 신혼부부에게 부채 문제가 생겼을 때, 부부가 함께 보내는 시간이 줄어들고 다툼이 잦아졌다.[31] 이자가 늘면서 갈등도 늘었다. 경제적 부담이 오래 이어질수록 두 사람은 더 부정적인 태도를 보이게 되고, 부부 관계는 점점 나빠진다. 여러 종적 연구 결과를 살펴보면, 돈 문제에 관해 의견이 맞지 않는 부부일수록 다툼이 심하고 부정적인 태도를 보였다.[32]

하지만 빚이 있다고 해서 결혼생활을 끝내야 하는 것은 아니다. 빚을 진 사람으로서는 죄책감과 수치심이 들고, 돈을 대신 갚아야 할 사람으로서는 걱정과 두려운 마음이 든다. 그렇지만 문제를 해결하려면 반드시 모든 것을 투명하게 공개해야 한다. 빚이 있다는 사실을 배우자에게 털어놓고 부부가 함께 문제를 해결하려고 노력하는 행동은 결과적으로 부부 사이를 더 좋아지게 한다. 한 연구 결과에 따르면, 빚을 청산하거나 휴가를 목표로 적금을 붓는 것과 같이 돈과 관련된 목표를 공유하거나 함께 달성하면 둘 사이가 더 가까워지고 돈과 관계된 불안감뿐 아니라 부부 문제와 관련된 불안감도 줄어든다.[33] 마치 두 사람에게 채권자라는 공동의 적이 생긴 것과 같다. 《당신 돈의 성격》을 쓴 저자 캐슬린 거니는 부부가 빚을 갚아 나가는 경험을 통해 서로를 다르게 보기 시작하면 다툼이 줄어든다고 말한다.

돈과 관련된 목표를 설정하는 것 또한 배우자에 대해 많은 것을 알게 되고, 내가 배우자와 어떻게 다른지 알게 된다는 부가적인 이득이 있다. 부부를 대상으로 부와 소비에 관한 태도를 자주 알아보는 〈머니Money〉 매거진은 다음과 같은 일련의 질문에 답하며 부부가 그 문제에 함께 관심을 가져보라고 제안한다.

- 성장 과정에서 돈에 관해 배운 가장 중요한 교훈 세 가지는 무엇입니까?
- 돈에 관한 가장 큰 고민거리 세 가지는 무엇입니까?
- 가장 큰 세 가지 목표는 무엇입니까?
- 유산으로 돈을 남긴다면 어디에 남기고 싶습니까? 우선순위 세 곳을 꼽아보세요.

경제 전문가들은 부부가 같은 답을 내놓을 필요는 없지만, 배우자에게 무엇이 중요한지 이해하는 것이 의견을 절충하고 서로 발전하는 데 도움이 된다고 말한다.

물론 경제적으로 여유가 있다면 결혼생활을 잘 유지하기가 훨씬 쉬울지 모른다. 돈 걱정 없이 아이들을 기르고, 좋은 차를 타고, 좋은 집에서 편안하게 살 수도 있다. 집세나 다른 청구서를 내지 못해 살던 집에서 쫓겨나거나 한겨울에 난방 걱정을 하지 않아도 되고, 학군이 좋지 않은 동네에서 아이를 키우지 않아도 된다.

하지만 결혼생활에서 원하는 것, 필요한 것을 모두 갖지 못해도, 혹은 돈 문제로 같은 말다툼이 반복된다 해도 기억해야 할 점이 있다. 결혼은 말 그대로 우리 삶을 더 풍족하게 한다. 꽤 많은 증거가 이 사실을 뒷받침한다. 비록 경제적으로 여유 있는 계층에서 결혼율이 높고, 집세와 보험료, 각종 세금과 공과금을 더 절약할 수 있고, 은퇴할 때까지 혼인 관계를 유지한 사람이 그렇지 않은 사람보다 대개 더 부유한 것이 사실이지만, 그것이 전부는 아니다. 심리적인 면에서도 결혼은 삶에 더 유익하게 작용한다. 가령 행복하게 결혼생활을 유지하는 남자는 책임감이 더 강하고, 덜 공격적이며, 위법행위를 저지를 가능성이 적고, 정신적으로 더 건강하기 때문에 수입을 더 많이 벌어들일 가능성이 크다. 우리는 지금까지 다수의 연구 결과뿐 아니라 《제인 에어》 같은 훌륭한 고전 소설과 영화에서도 그런 사실을 많이 목격해왔다.

일란성 쌍둥이를 대상으로 한 연구 결과를 보면, 결혼하지 않은 일란성 쌍둥이 형제보다 결혼한 일란성 쌍둥이 형제가 일을 더 열심히 하고, 밤늦게 노는 시간이 더 적었다.[34] 이 주제와 관련된 60여 개의 연구를 검토해본 결과, 기혼남은 비슷한 교육 경험과 직업 경력을 가진 미혼남보다 9~13퍼센트 수입이 더 많았다.[35]

미국 청소년 장기 연구U.S. National Longitudinal Survey of Youth에서 나온 데이터를 살펴보면, 조사 대상자의 삶을 20대와 30대 그리고 40대 초반으로 나누어 추적했을 때, 기혼자가 미혼자보다 77퍼센트 더 부유했다.[36] 노인을 대상으로 2002년에 이루어진 한 연구에서는 한 사람과 계속해서 결혼생활을 유지한 사람이 그렇지 않은 사람보다 경제적인 면에서 상황이 훨씬 나은 것으로 조사되었다. 이혼하고 혼자 사는 사람은 결혼생활을 유지한 사람보다 남녀 모두 평균 73퍼센트 정도 은행 잔고가 더 적었다.[37] 기혼자들의 경우, 주변에서 도움을 더 많이 받는 이유도 있을 것이다. 기혼자들은 가족의 수 면에서도 그렇고, 정부 지원이나 의료 서비스 등 다른 혜택도 더 많이 받는다. 높은 급여를 받을 것 같은 기대감이 큰 남자일수록 결혼할 가능성이 크다는 최근의 한 연구 결과도 있다.[38] 하지만 결혼은 2인 1조의 경기다. 한 사람이 어려움을 겪을 때, 다른 한 사람이 손을 내밀어 함께 어려움을 헤쳐 나갈 수 있다. 그리고 더 현명한 방향으로 조금씩 서로를 이끌어줄 수 있다.

따라서 돈 문제로 이혼하는 것은 욕조 물을 식지 않게 하려고 물을 빼는 행위와 비슷한 결과가 될 수 있다. 결국은 더 추워지는 것이다. 특히 여자들에게는 더 큰 문제가 될 수 있다. 아이들을 키우느라 집안일만 한 여자들이라면 더더욱 그렇다. 이혼 여성은 기혼 여성보다 경제적으로 궁핍한 삶을 살기 쉽다. 65세 이상인 이혼 여성은 같은 나이의 '미망인'보다 경제적으로 힘들게 살 확률이 더 높다.[39] 심지어 재산을 절반으로 나누고 위자료와 양육비를 추가로 받아도, 그동안 바깥일을 해오지 않은 쪽에서는 있는 재산을 쓰며 살고, 사회적 경험과 인맥, 직업 경력이 있는 쪽에서는 계속해서 수입을 벌 수 있다. 그리고 전자는 주로 여성, 후자는 남성인 경우가 많다.

결혼생활에서 부부가 맡은 많은 역할 중 하나는 사업적 파트너 관계를 유지하는 것이다. 일종의 '부부 주식회사'가 생긴다고 보면 된다. 부부는 돈이 관련된 많은 일을 함께한다. 함께 아이를 키우고, 재산을 관리한다. 부부는 같이 요리사도 되었다가, 운전사도 되고, 엔터테인먼트 매니저, 여행사 직원, 교육 상담사도 된다. 우리와 비슷한 집이 있다면, 두 사람 중 한 사람은 고양이 배변 처리와 옷에 묻은 얼룩 제거와 지겹도록 서류에 사인하는 일을 맡아야 한다.

훌륭한 사업 파트너는 모든 일을 투명하게 공개한다. 서로 협력하고, 신뢰하며, 지원을 아끼지 않는다. 결혼생활이 그렇게 되기 위해서는 한 가지 다른 요소가 필요하다. 바로 서로의 약점을 인정하는 것. 그렇지 않고서는 부부 사이에 진정한 친밀감을 나누기 힘들다. 그래서 말인데 나는 7만 달러를 날려버린 일을 곧 남편에게 털어놓았다. 물론 말이 7만 달러지 사실은 거의 4만 달러였다는 점을 강조하는 것도 잊지 않았다. 다행히 남편은 웃어주었다. 정말 괜찮다는 표정으로.

가족이라는 이름

CHAPTER

4

MARRIAGEOLOGY

남편과 내가 동시에 좋아하는 것 중 하나가 자전거 타기다. 그렇다고 같이 즐긴다는 뜻은 아니다. 남편의 자전거는 가볍고 정교한 경주용 빈티지 자전거이고, 내 자전거는 바구니가 달린 투박한 전천후 자전거다. 남편은 자전거로 경주를 즐기고, 나는 자전거를 이동수단으로 사용한다. 우리는 무더위가 한창 기승을 부리던 늦여름 어느 날, 처음으로 자전거 데이트를 시도했다. 남편이 일 때문에 가야 했던, 시내에 있는 공원에 가서 아이들 없이 가볍게 소풍을 즐겨보기로 했다. 계획은 이랬다. 먼저 자전거로 공원까지 이동하고, 공원에서 가볍게 점심을 먹고, 공원에 있는 조각품과 설치 미술품을 둘러본다. 공원은 맨해튼 남쪽 끝에 있는 섬에 있었다. 남편은 특히 일부 미술품의 골격을 자세히 보고 싶어 했다.

　우리는 밥 먹는 단계를 약간 서둘러 끝냈다. 그러고 나서 보니 나는 남편과 내 자전거의 자물쇠 열쇠를 잃어버렸다는 사실을 깨달았다. 그날의 자전거 타기는 그걸로 끝이었다. 우리는 걸었다. 걸으면서 미술품 골격을 살피고, 열쇠가 있는지도 살펴보았다. 그날 그 일은 몹시 버거웠다. 맨해튼에 있는 집으로 돌아가기 위해 페리로 이동하는 내내 자전거 두 대를 같이 끌고 가야 했기 때문이다. 사실 자전거 한 대를 끌고 가는 일도 쉽지 않다. 페달에 다리를 부딪치지 않으려면 위치를 잘 잡아야 하는데 그러기가 쉽지 않다. 그러니 잠금장치로 단단하게 묶인 자전거 두 대를 한꺼번에 끌고 가는 일이 얼마나 악몽 같았을지 상상이 될 것이다. 우리는 그 다루기 힘든 괴상한 기구의 양쪽에서 걸었다. 아기 걸음마냥 총총거리며 걷다가 중간중간 멈춰 자전거 바퀴에 페달이 물리지 않도록 페달을 원위치로 돌려주어야 했다. 우리는, 팔과는 약간 떨어지고, 발쪽으로는 붙인 어정쩡한 위치에서 자전거 두 대를 들고 가야 했고, 상대와 걷는 속도를 맞춰야 했으며, 그 와중에 섬을 오가는 수많은 인파의 통행에 불편을 주지 않도록 요리조리 피해 다녀야 했다. 페리에서 내린 뒤로도 뉴욕 지하철을 타기 위해 수십 계단을 오르내리며 다시 자전거 바퀴와 기어와 튀어나온 페달

사이에서 고투를 벌였다.

우여곡절 끝에 집에 도착한 나는 꿀 같은 휴식을 취하고 난 뒤, 그날 있었던 난리법석이 아이를 키우는 일과 비슷하다는 생각을 했다. 힘들고, 고되고, 일이 잘 풀리지 않을 때도 상대를 비난하지 않으려면 서로 협력하고 헌신해야 하는, 때로는 뼈아픈 고통을 감내해야 하는 그런 일 말이다.

2장에서 다룬 부부싸움은 많은 경우 아이 문제와 관련되어 있다. 아마 가장 치열한 부부싸움의 원인도 아이 문제와 관련되어 있을 것이다. 아이는 정말 경이로운 존재다. 하지만 결혼생활은 그 아이로 인해 대단히 복잡해진다. 아이가 생기기 전의 부부싸움은 아이가 생긴 후와 비교하면 정말 아무것도 아니게 느껴진다. 생각해보면 결혼 전 데이트할 때 정도의 다툼과 크게 다르지 않다. 아이를 키우는 일은 우리가 하는 일 중 가장 힘들고, 기운 빠지며, 돈이 가장 많이 드는 일이다. 게다가 다른 집안일과는 달리 점점 더 힘든 일이 되고 있다.

수세기 동안 사람들은 부모가 되어 아이의 탄생을 지켜본 순간을 인생에서 가장 행복한 순간으로 여겼다. 보편적으로는 거의 그렇다. 하지만 생각해보면 이것은 좀 이해하기 힘들다. 여자는 대부분 그날이 인생에서 가장 큰 육체적 고통을 경험하는 날이고, 남자는 가장 기이한 장면을 목격하는 날이다 (영국의 유명 팝가수 로비 윌리엄스는 딸아이가 태어난 순간을 묘사하며 '가장 좋아하는 술집이 불타 없어지는 모습을 지켜보는 것 같았다'라고 말했다). 하지만 부모들은 그만한 가치가 있는 일이라고 믿는다. 아홉 달을 견디고 하루 남짓한 진통만 이겨내면 새로운 생명이, 또 한 명의 가족이 탄생한다! 두 사람이 그 일을 해낸 것이다! 하지만 아이의 탄생을 기뻐하며 눈물 흘리는 그 순간, 정말 힘든 일을 아직 시작도 하지 않았다는 사실을 사람들은 잘 모른다. 우리는 바다에 빠졌기 때문에 죽는 것이 아니라 빠져나오려고 발버둥 치기 때문에 죽는다.

물론 아이는 우리에게 큰 기쁨을 주는 존재다. 다른 데서는 찾아볼 수 없는 특별한 기쁨이다. 특별히 새로운 이야기는 아니다. 아이를 낳고 기르는 일은 우리 시대 이전에 살았던 모든 사람과 살아 있는 모든 생명체, 지구상에 존재하는 모든 부모와 우리를 이어준다. 그것은 대단히 귀중한 일이며 만족감을 준다. 나는 또 한 번의 삶이 주어진다면, 반드시 아이를 더 많이 낳을 것이다. 아이는 그 자체로 커다란 축복이다. 사랑과 헌신, 희생이 무엇인지, 인생에서 정말로 가치 있는 일이 무엇인지 가르쳐준다. 게다가 아이는 정말이지 깨물어주고 싶을 정도로 귀엽다. 하지만 이 책은 결혼생활에 관한 책이므로 이 이야기를 하지 않을 수 없다. 아이가 선물임은 틀림없다. 단, 어마어마한 조건이 따르는 선물이라는 것. 그중 많은 것이 배우자와의 관계를 힘들게 할 수 있다. 내게는 가정을 지키려면 아이가 있는 것이 좋다는 옛말이 배를 지키겠다고 불을 지르는 행위처럼 느껴진다.

여러 연구에서 지적되어왔듯이 아이가 태어나면 결혼생활은 곧 험난한 상황에 자주 부딪힌다.[1] 연구 결과를 들먹일 필요도 없이, 아이가 생기면 그전보다 자주 싸우게 된다는 것은 누구보다 당사자들이 잘 안다. 의견을 조율하는 법을 충분히 연습하지 못했다면 더욱 그렇다.[2] 이유는 간단하다. 그전까지의 결혼생활이 남편과 아내 두 사람만 오가는 단순한 2차선 도로였다면, 아이가 태어난 후로는 거미줄처럼 복잡한 교차로가 된다. 도로가 그렇게 확장되려면 그만큼 큰 공사가 필요하다. 밖에서 주로 시간을 보내온 남편들은 아이가 태어난 처음 몇 주간 다음과 같은 상황을 목격하게 된다. 얼마 전까지 자신에게 사랑과 애정을 쏟아주었던 아내는 이제 늘 지쳐 있고, 짜증이 나 있으며, 퉁퉁 부은 가슴으로 고통스러워한다. 그리고 아내는 남편이 원래 하던 일을 그대로 하면서 동시에 자신도 보살피고, 아기도 살뜰히 챙겨주기를 바란다. 아내는 방금 확인한 아기를 확인하고 또 확인하느라 거의 뜬눈으로 밤을 지새운다. 이제 그날의 뉴스는 아내에게 대화의 주제가 되지 못한다. 반면 남편의 행동에 대해서는 몇 십 분이고 섭섭함을 토로할 수 있다.

여자들로서는 그 몇 주간의 모습이 다음과 같다. 자기의 몸과 시간을 충분히 통제하며 살았던 사람에서 한순간 완전히 딴사람이 되는 상황을 경험한다. 가슴에서는 쉴 새 없이 젖이 흘러나오고, 순간순간 감정이 변하며, 이유 없이 공포와 걱정에 시달린다. 잠 한번 푹 자보는 것이 소원이 된다. 아기들은 시도 때도 없이 엄마 젖을 찾는다. 아기가 태어나기 전에 갖추었던 여성의 모든 능력은 이제 거의 쓸모가 없다. 엑셀을 아무리 유창하게 다루고, 아무리 멋지게 빵을 굽고, 튀니지의 고대 유물을 주물렀던 사람도 마찬가지다. 마케팅 부서의 잘 나가는 이사? 아기는 엄마의 그런 명함 따위를 신경 쓰지 않는다. 단지 먹고 싸고 자는 데에만 관심이 있다.

요즘 유행하는 애착 육아법, 즉 아이와 신체 접촉을 강조하는 몰입형 아기 주도 양육법을 시도하려는 부모라면, 부부가 적응해야 하는 생활 방식이 더 힘들게 느껴질 수 있다. 아기는 침대와 엄마 배, 가슴을 가리지 않고 어디든 가능한 한 오래 붙어 있으려 한다. 그래서 남편들은 어느 순간 자신이 허수아비나 유령처럼 느껴지기 시작한다. 함께 있지만, 전혀 존재감이 없다.

우리 집 아이들은 네 살 터울로 크리스마스 직전에 태어났다. 아이들은 좀 억울해한다. 하지만 우리 부부로서는 더할 나위 없이 딱 좋다. 첫 한두 해는 엄마 선물인지 아이 선물인지 한 번 준 선물을 다시 포장해서 아이들에게 주었다. 어쨌든 아이들은 다른 것보다 포장지를 더 좋아해서 괜찮았다. 남편은 내 크리스마스 선물로 육아 용품 대신 반지를 준비했다. 반지에는 아이들 이름과 태어난 날짜를 새겼다. 그것은 남편이 나를 단지 아이들의 엄마로서가 아닌 여자로 본다는 의미가 담겨 있었다. 비록 아들 생일을 틀리게 적기는 했지만, 남편의 선택은 훌륭했다. 남편은 연구 자료를 즐겨 읽는 사람이 아니다. 아마 직감적으로 알았거나 우연이었겠지만, 연구 결과에 따르면 아기를 낳은 지 얼마 안 되는 여자는 특히 남편의 행동에 민감하게 반응한다. 따라서 엄마가 아기를 돌보고, 남편이 그 아이의 엄마를 돌보는 관계가 될 수 있다면, 부모가 되어가는 과정이 좀 더 순조롭게 진행될 수 있다.[3] 어떤 의미에서는 그동안 여자들이 결혼생활에 정서적 활력을 불어넣는 역할을 맡았으므로 이제는 남자들이 나서야 할 시기인 것이다.

출산은 시작일 뿐

물론 갓 태어난 아기에 적응하는 과정은 앞으로 닥칠 상황에 비하면 준비운동에 불과하다. 이제 15년 가까이 해야 할 그 모든 일을 어떻게 감당해야 할까? 부모의 역할은 어떻게 나누어야 할까? 현대 사회에서 남자가 육아에 참여하는 비율은 계속 증가하는 추세다. 우리 아버지 세대와 비교하면 세 배 이상에 이른다.[4] 하지만 여전히 양육과 집안일의 1차 책임은 여성에게 있다. 좋다. 현실적으로 생각해보자. 물론 여기에는 생물학적으로 협상의 여지가 없는 일도 있다. 엄마와 아기의 몸은 탯줄로 연결된다. 엄마 뱃속의 아기는 엄마가 먹은 음식을 통해 생명을 유지하고 성장한다. 아기가 자라는 만큼 엄마의 몸도 적응해야 한다. 어쨌든 출산 문제만큼은 남녀평등을 논할 수 없다. 출산 과정의 약 90퍼센트는 여자 몫이다(과학적인 수치는 아니고, 내 생각에 그렇다. 단, 오차 범위는 10퍼센트 안팎이다). 이후에도 아기에게 필요한 영양분은 엄마의 몸에서 만들어진다. 엄마만 있으면 아기는 모든 욕구를 충족할 수 있다. 이 시기만큼은 자연에서 정한 성별의 차이를 인정할 수밖에 없다.

인간의 정서 발달 과정을 설명하는 애착 이론에 따르면, 아기는 주 양육자와 애착 관계를 형성함으로써 자존감과 정서적 안정을 찾는다. 정서 발달에 가장 민감한 시기인 생후 3년 동안 아기에게 믿을 만한 양육자가 없다면, 즉 아기가 충분히 보호받고 안정감을 느끼지 못한다면, 아기의 정서 발달에 문제가 생긴다. 가령 그 아기가 성인이 되었을 때, 사람들과 적절한 유대 관계를 맺기 어려울 수 있다. 대개 아기가 처음 애착을 느끼는 대상은 엄마다. 아기에게 젖을 주는 사람이 엄마이기 때문이다. 그렇다고 아빠가 손 놓고 있어도 된다는 뜻은 아니다.

아기의 애착 대상 사이에는 위계가 있고, 그 위계는 바뀔 수 있다. 엄마와 아빠가 육아와 관련된 일을 공평하게 나눠서 하면 되는데, 대개는 그렇지 못하다. 미국 노동통계국의 수치를 보면, 확실히 지금도 여자가 일을 더 많이 한다. 특히 단순 반복적인 일에서 그렇다. 노동통계국 발표에 따르면, 여자는 2015년 하루 평균, 식사 준비와 집 청소로 남자보다 두 배 더 많은 시간을 보냈고, 세탁 일로는 세 배 더 많은 시간을 보냈다. 남자는 다섯 명 중 한 명보다 약간 높은 비율로 매일 집안일을 하지만, 여자는 두 명 중 한 명이 매일 집안일을 한다.[5] 여자는 출산 이후 절반 이상이 직장에 복귀하는데,[6] 특히 여자가 이렇게 일터로 돌아가면, 이 차이는 더 심각해진다. 심지어 맞벌이 가정에서도 여자가 남자보다 집안일과 육아를 두 배 이상 많이 한다.[7]

아이가 생긴 후로 부부가 더 많이 싸우는 이유 중 하나는 육아가 얼마나 힘든 일인지 아이를 낳기 전까지 잘 몰라서다. 아이를 키우는 일은 대단히 보람 있는 일로 여겨진다. 어느 정도 희생은 따르지만, 기대 이상의 보상을 받는 일로 여겨진다. 아이와 연을 날리거나 아이에게 심오한 진리를 전해주며 우리는 말로 표현할 수 없는 기쁨을 느낀다. 우리는 아이가 태어나기 전에 마음속으로 이런 시나리오를 떠올린다. 우리만의 비밀 장소에서 아이와 낚시를 하고, 호수에서 물수제비를 뜨고, 바닷가에서 신나게 뛰어노는 모습, 그런 모습을 상상한다. 아이에게 멋진 음악을 들려주고, 곰돌이 푸를 읽어주고, 시간 가는 줄 모르고 같이 만들기에 빠져 있는 모습도 상상한다. 물론 그런 일은 실제로도 일어난다. 나는 딸아이가 처음으로 빨간색 물감과 흰색 물감을 섞고 난 뒤 경이로운 눈빛으로 나를 쳐다보던 순간을 절대 잊지 못한다. 달에 처음 발을 내디딘 닐 암스트롱조차 분홍색을 만들 수 있다는 것을 처음 알게 된 세 살배기 여자아이만큼은 흥분하지 않았을 거라고 확신한다.

하지만 그런 순간은 아이를 키우는 데 드는 전체 시간 중에서 2.7퍼센트밖에 되지 않는다(이 수치도 내가 느낀 추정치다). 나머지 97.3퍼센트의 시간은 끝없이 반복되는 단조로운 일과로 채워진다. 집안에서 왔다 갔다 하기, 집안 정리하기, 개연성도 재미도 없는 책 읽어주기, 장난감 자동차 밀어주기, 주스 만들기, 서류 작성하기, 블록 쌓기, 빨대 컵 씻기, 인형 옷 입히고 벗기기, 끝도 없는 상황극 하기, 욕조 물 채우기, 욕조 물 비우기, 욕조에서 배변 뒤처리하기, 밍밍한 음식 만들기, 음식 두 종류가 서로 닿았다는 이유로 입을 꾹 다물고 있는 아이 앞에서 숟가락 들고 있기, 아이가 2분간 가지고 논 장난감 치우기, 피곤해 죽겠는데 잠투정하는 아이 안고 흔들어주기, 걸으면서 아이 안고 흔들어주기, 걸으면서 아이 안고 흔들어주다가 뾰족한 장난감을 밟았는데 계속 흔들어주기 등등. 만약 아이들

머리에서 나오는 이를 잡느라 보낸 시간만 모았어도 이 책은 벌써 오래전에 완성되었을 것이다.

전문직에 종사하며 복잡한 업무를 처리해왔던 사람은 이런 생활이 이제 내 삶의 전부가 되는 건가 하는 의문이 들 수 있다. 아이가 있다고 해서 부부가 더 행복해지지는 않는다. 연구 결과는 확실히 그렇게 말한다. 심지어 한 전문가는 "종단 분석과 횡단 분석을 통틀어 가장 깊이 있는 연구 결과를 보면, 사람들은 아이가 없을 때 더 잘 지낸다"라고 했다.[8] 게다가 부모가 되고 나면 아빠보다는 엄마가 결혼생활에서 불만족을 더 많이 느낀다.[9] 한 가지 이유는 아빠가 주로 아이와 함께 무언가를 하는 사람이라면, 엄마는 아이 옆에 있어 주는 역할을 맡기 때문이다.[10] 즉 엄마는 항시 아기 옆에 대기하고 있어야 한다. 또한 일하는 엄마가 아니더라도 여자는 늘 다른 일을 하면서 아이도 돌본다. 반면 아빠들은 일이 끝나고 집에 돌아오면 소파에 누워 아이들처럼 낄낄거리며 시간을 보낼 수 있다. 남들의 시선을 의식하는 점에서도 아빠와 엄마는 차이가 있다. 나는 언젠가 한 여성 사업가가 워싱턴에서 뉴욕으로 가는 고속열차 안에서 동료와 하던 프레젠테이션 준비를 잠시 중단하고, 처음으로 아기용 변기에 변을 본 아이에게 스카이프로 정확히 10분간 상세히 소감을 들려주는 모습을 본 적이 있다. 아빠에게는 아마도 그런 전화가 걸려오지 않을 것이다.

나는 아이를 낳고 직장에 복귀했을 때, 예고 없이 내 사무실 방문을 여는 사람이 없도록 '유축기 사용 중'이라는 팻말을 문 앞에 붙여두었다. 그리고 책상에 앉아 회사에서 제공한 유축기로 젖을 짰다. 짜낸 젖은 작은 용기에 담아 회사 냉장고에 넣어두었다(그 젖 때문에 약간 거북하다는 동료도 있었지만, 옆 사무실을 쓰던 한 젊은 남자 작가는 유축기 진동 소리가 듣기 좋다는 말도 했다). 회사는 내가 아이 문제로 급한 일이 생기면 시간을 뺄 수 있게 허락해주었고, 스케줄 조정이 안 되는 경우 아이를 맡길 수 있는 긴급 돌봄 센터를 운영했다. 한번은 상사가 내게 고함칠 일이 있어 나를 호출한 적이 있었다. 그때 아이의 학교에서도 전화가 왔다. 아이가 아파서 보건실에 있으니 데리러 와야 한다고 했다. 나는 상사에게 다시 전화를 걸어 그 말을 전했다. 상사는 학교에 먼저 가보라고 했다. 그 뒤로 그는 나를 다시 부르지 않았다. 많은 직장이 육아를 병행하기에 그렇게 좋은 환경을 제공하지는 않는다. 하지만 2000년대로 넘어오면서 미국 내의 화이트칼라 기업들은 조금씩 변화를 시도하고 있다.

우리 집은 상황이 또 조금 다르다. 남편은 자기의 아버지에 비하면 확실히 300퍼센트 더 많이 실질적인 도움을 주는 사람이다. 우리 아버지와 비교해도 그렇다. 그래도 충분하다고 하기에는 턱없이 모자란다. 어느 시점엔가 나는 남편에게 이렇게 말했다. 우리는 거의 똑같이 바깥일을 하고, 거의 똑같이 집에서 머무른다. 남편이 요리하면 내가 설거지를 하고, 남편이 커피를 내릴 때 나는 침대를 정리한다. 남편이 집안을 정리하면, 나는 청구서를 정리한다. 그런데 왜 부모로서는 그만큼 역할을 다하지 않느냐? 왜 아이를 돌보는 일은 '아내의 일을 도와주는 것'으로 생각하는지, 무거운 소파를 들려면 양쪽에서 똑같이 힘을 주고 들어야 하는데 왜 똑같이 부모 역할에 관여하지 않느냐고 말이다. 한 가지 조언을 하자면 이런 종류의 이야기를 할 때는 먼저 2장에서 언급한 내용을 잘 읽어두기를 바란다. 그러면 나보다는 이야기가 더 잘 풀릴 것이다. 한 심리치료사는(남자였다) 남편에게 이런 이야기를 할 때 '다정하면서도 냉정한' 목소리로 말하라고 조언했다.[11]

성별에 따른 규범은 변할 생각이 없어 보인다. 연구 결과를 보면 엄마를 주 양육자로 보는 전통적 시각이 지금도 지배적이다.[12] 기업의 보육 정책도 엄마를 대상으로 대부분 만들어진다. 아빠는 위기 상황에서만 나서는 최후의 보루일 뿐, 마케팅 담당자들이 말하는 일명 '아이들을 직접 상대하는' 사람이 아니다. 즉, 아빠는 엄마만큼 그들에게 노출되어 있지 않다.

그렇다고 남자들이 느긋하게 시간을 보낸다는 의미는 아니다. 남자들은 수입을 벌어들이는 역할에 집중해야 한다는 기대를 받는다. 미국인은 대부분 엄마가 시간제로만 일하는 것이 좋다고 생각한다. 정규직으로 일하는 것을 지지하는 의견은 16퍼센트밖에 되지 않는다.[13] 하지만 많은 부부에게 현실은 그렇게 단순하지 않다. 미국 농무부에 따르면, 2015년에 출생한 아이를 기준으로 보았을 때, 중산층 부모는 아이가 18세가 되기 전까지 주거, 식비, 교통비, 의료비, 의복비, 교육비, 이외에 '기타 비용'을 합해 평균 23만 3,610달러를 쓴다(약 2억 5천만 원_편집자).[14] 이는 아이 한 명에 해당하는 것이며, 대학 학비는 포함되지 않은 수치다.

부모가 모두 바깥일을 하면 보통 아이를 보육 시설에 맡긴다. 나는 보육 시설을 아주 좋아한다. 보육 시설에 쓰는 돈만큼은 아깝지 않다. 맞벌이 부부의 아이들을 조사한 많은 연구를 살펴보면, 특히 생후 1년이 지난 후로는 좋은 보육 시설에 다닌 아이나 엄마와 함께 집에서 지낸 아이 간에 큰 차이가 없다는 것이 일반적인 결론이다.[15] 부모 한 사람이 바깥일을 하지 않거나 시간제로만 일한다 해도 보육 시설을 이용하는 것은 도움이 된다. 외부의 도움을 받는다는 것이 꼭 비싼 돈을 들이거나 대단한 시설을 찾아야 한다는 말은 아니다. 부모가 저녁을 준비하는 동안 아이들과 놀아줄 아르바이트생을 이용해도 좋고, 일주일에 한 번 청소 도움을 받아도 된다. 또 지역 복지관에서 다른 아이들과 어울려 노는 것도 좋다. 흥미로운 사실은 아이를 돌보는 일에 돈을 쓰는 것이 육아에 금전적인 가치를 부여한다는 점이다. 남자들은 특히 어떤 일이 돈으로 가치를 매길 수 있는 일이라는 것을 알 때, 그 일의 가치를 더 인정한다. 양육비로 쓰는 돈은 부부 중 한 사람이 일하지 않고 집에 있으면 쓰지 않아도 될 돈이 아니라, 행복한 결혼생활과 경력 발전을 위한 투자라고 생각해야 한다. 하버드 경영대학원의 연구 결과에 따르면, 비용을 들여서 시간을 버는 사람들, 가령 집안일이나 육아 같은 일에 비용을 들여서 외부의 도움을 받는 사람들이 결과적으로 훨씬 행복했다.[16] 돈이 모든 문제를 해결하지는 않지만, 적어도 적정량의 수면은 취하게 해줄 것이다.

나는 만약 아이를 낳은 시점으로 돌아갈 수 있다면, 내가 먼저 직장으로 복귀하고 남편이 한 달여간 집에서 아이를 돌보며 시간을 보내도록 남편을 설득하겠다. 11개국을 조사한 영국의 연구 결과를 보면, 가사 노동을 공평하게 나누는 가장 확실한 방법은 아이가 아주 어릴 때 남자들에게 아이와 상당한 시간을 보내게 하는 것, 즉 육아 휴직을 하게 하는 것이다.[17] 남자들이 아이와 집에서 보내는 일과를 경험하고 나면, 직장으로 복귀한 후에도 집안일에 대한 의무를 더 잘 이행할 가능성이 크다. "아이가 아주 어릴 때 아버지 혼자 아이를 몇 주에서 몇 달간 돌보면, 장기적인 면에서 아버지와 아이의 관계가 더 친밀해진다." 연구 보고서는 이렇게 기록되어 있다. "그런 경험을 통해 남자는 단지 집에서 조력자 역할을 제공하는 데 그쳤던 사람에서 부모로서 할 수 있는 능력을 즐기며 집안일에 책임감을 느끼고 집안을 돌보는 사람으로 변화한다." 스칸디나비아 국가의 아빠들이 특별한 이유를 아는가? 이들 국가에서는 아이가 태어나면 남자도 육아 휴직을 쓸 수 있는데, 기본적으로 2년 이내에 사용하지 않으면 없어지기 때문에 거의 다 쓰는 편이다. 게다가 여성이 사용하는 출산 휴가로는 대체할 수 없고 아빠만 사용할 수 있다. 첫 석 달간은 충분한 보수를 받기 때문에 현실적으로도 큰 문제가 없으며, 그 외에 돌아오는 혜택도 많다.

하지만 미국 가정에서 보면, 이런 국가적 정책은 먼 나라 이야기다. 미국 정부는 직원들에게 출산을 장려하는 유급 휴가를 주라고 요구하지 않는다. 실리콘 밸리 기업이나 미디어, 은행 등 일부 지식 산업 분야에서 괜찮은 정책들이 시행되고 있지만, 아빠들을 위한 유급 육아 휴직은 일반적으로 제공되지 않는다. 미국 인사관리 협회의 조사 결과를 보면, 남자에게 육아 휴직을 제공하는 회사는 29퍼센트 수준에 그쳤는데,[18] 그마저도 거의 사용되지 않았다. 영국에서는 2015년부터 남성도 육아 휴직을 쓸 수 있게 되었다. 하지만 2퍼센트만 그 혜택을 이용했다. 일본에서는 남성도 통상임금의 거의 60퍼센트까지 받으면서 최대 1년간 육아 휴직을 쓸 수 있다. 하지만 이를 이용하는 수준은 2퍼센트도 되지 않는다.

결혼학 개론

내 방식만 옳은 것은 아니다

가사 노동이 공평하게 이루어지지 않는 문제가 전적으로 육아 휴직 정책이나 사회 문화 탓만은 아니다. 우리 집에서 일어나는 문제의 원인은 우리 자신에게도 있다. 즉 부부가 일을 처리해온 방식에도 영향을 받는다. 확실히 아이를 키우고 돌보는 일은 아이 유전자의 나머지 절반에 기여한 사람보다 내게 더 중요한 일이었다. 내게 더 큰 기쁨과 전율을 주었고, 그래서 잘해야 하는, 적어도 망치지는 않아야 하는 일이었다. 나뿐만이 아니다. 연구 결과를 보면 엄마들은 아빠들보다 육아에 대한 기준이 높다.[19] 솔직히 말하면, 아이가 부모의 보살핌을 필요로 할 때, 내가 그 역할을 한다는 사실에서 얻는 만족감도 있다. 부모가 되고 보면 작고 어린 생명체에게서 받는 사랑은 거의 니코틴과 같다. 점점 중독되어 더 많이 원하게 된다. 배우자의 몫을 뺏어오는 한이 있더라도 말이다.

아이를 키울 때 내 방식만 옳다고 생각해선 안 된다. 남편이 업무 전화를 받느라 아이가 잠결에 어딘가에 부딪혀 넘어진 것이 무슨 대수였을까? 아이들이 맥도날드 햄버거를 좀 먹으면 또 어떤가? 그것도 오후 4시에. 그래서 저녁 먹을 시간에 저녁을 먹지 않고, 자기 전에 배가 고프다고 짜증을 부리면 또 어떤가? 길게 보면 정말 아무 일도 아니다. 하지만 그때는 그런 일들에 너무 열이 받았다.

아이들은 생각보다 강하다. 남편이 아이를 정말 위험에 빠뜨리지만 않는다면, 잔소리하거나 비난하지 말고 남편이 남편 식대로 하게 놔두자. 시행착오를 하면서 분명 더 많이 배우게 될 것이다. 한번은 남편이 아이에게 옷을 제대로 입히지 않고 외출한 적이 있다. 나는 아무 말도 하지 않았다. 어느 순간 아이가 벌벌 떨자 남편은 자신이 입고 있던 스웨터를 벗어주었고, 그날 내내 본인은 추위에 떨었다(쌤통이었다). 또 한번은 남편이 괜찮을 거라 우겨서 자는 두 아이를(세 살, 일곱 살 때였다) 남겨두고 같은 아파트에 사는 친구 집에 다녀온 적이 있다. 우리는 계획했던 시간보다 아주 약간 더 오래 있다가 집으로 돌아왔다. 도착해서 보니 둘째 딸아이가 오빠의 허리에 필사적으로 매달려 있고, 첫째는 전화를 하고 있었다. 911에 말이다. 그러고는 부모님이 어디 있는지 모르겠다고 말했다. 구급대원이 출동했을 때, 나는 남편이 이야기하도록 한발 물러서 있었다.

배우자의 양육 방식을 비난해서도 안 된다. 사실 누구도 그다지 완벽한 부모가 아니다. 부모가 두 사람인 것은 그런 점에서 좋다. 둘 다 완벽하지 않지만, 서로 부족한 부분을 보완해줄 수 있다. 남편이 아이를 볼 때도 아이가 침대에서 떨어졌고, 내가 볼 때도 유모차에서 떨어졌다. 누가 누구를 더 못난 부모라고 할 수 있겠는가?

결혼학 개론

물론 여자들이 더 잘하는 분야가 있다. 일반적으로 여자들은 아이를 보살피고 말을 들어주는 일을 잘한다. 아빠들은 아이에게 모험심을 길러주고 자신감을 갖게 해주는 일을 잘한다.[20] 그렇다고 동성 부모 밑에서 자라는 아이가 손해를 본다는 뜻은 아니다. 남녀 차이보다는 부부간의 상호작용과 파트너십이 더 중요하다. 어쨌든 집안에서 이루어지는 일은 두 사람이 각자 잘하는 분야를 맡아서 나누면 된다.

아이가 커갈수록 내가 다루기 힘든 문제에 대신 나서줄 수 있는, 일종의 협상가이자 바람잡이, 때로는 스턴트 역을 해줄 수 있는 사람이 있으면 좋다. 우리 집 딸은 십 대가 된 후로 내가 자기의 사회활동에 관심을 보이는 것을 부담스러워하며 조금씩 철옹성을 쌓았다. 그런데 웬만하면 남편에게는 입구가 어디쯤인지는 알려주었다. 부모는 열 손가락 깨물어 안 아픈 손가락이 없다고 말하고, 나도 그렇게 생각한다. 하지만 아이는 다른 형제에 비해, 혹은 다른 시기에 비해 한 번씩 애를 태우는 시기가 있기 마련이다. 그럴 때, 부모 중 한 사람이 가운데서 다리 역할을 잘해주면 아이에게도, 부모에게도 좋다.

사회학자와 부모 교육 전문가들은 가장 좋은 양육법으로 '권위 있는 양육 태도'를 추천한다. 즉, 아이의 인생에 지나치게 관여하지도, 너무 무관심하지도 않아야 한다는 것이다. 너무 권위적이지도, 혹은 너무 허용적이지도 않아야 한다. 권위 있는 부모는 정확히 민주주의적이라고 할 수는 없지만, 독재자도 아니다. 그런 부모는 아이가 감당할 수 있는 만큼만 자유를 준다. 아이를 지지하고 격려하지만, 지나치게 관심을 쏟지도 않는다. 가령, 소설《앵무새 죽이기》의 애티커스 핀치, 애니메이션 〈심슨네 가족들〉의 마지 심슨, 미국 드라마 〈프라이데이 나잇 라이츠Friday Night Lights〉의 타미 테일러,《해리 포터》시리즈의 몰리 위즐리가 그런 인물이다. 말할 것도 없이 이런 유형의 부모가 되는 것은 힘든 일이다. 늘 안테나를 세워두면서도 적당한 거리를 유지해야 하고, 궂은일이 생길 때는 함께 고민하고, 함께 헤쳐 나가야 한다. 지나치게 적극적인 양육 태도가 고단한 일이라면, 권위 있는 양육 태도는 가장 해내기 어려운 방식이다. 꿈틀거리는 지렁이를 바늘로 꿰는 일처럼, 혹은 눈을 가리고 요가를 하는 것처럼 힘든 일이다.

아이를 키우는 일은 점점 더 힘들어지고 있다

우리 어머니는 우리가 알아서 컸다고 말하는 것을 좋아한다. 나는 오빠만 셋이다. 우리는 어릴 때 연못, 뒷마당, 놀이터, 차 안 할 것 없이 서로를 위험에 빠뜨리며 놀았다. 운동은 다들 못했고, 음악은 더 심했다. 숙제는 가장 마지막에 했다. 그것도 어머니가 TV 보자고 우리를 부르지 않을 때가 그렇다. 아이들이 공부를 잘하는지 누가 물으면, 부모님은 'FAQ'라고 했다. FAQ_{Fair Average Quality}는 '평균 등급'이라는 뜻으로 농산물 거래에 사용되던 오래된 표현이다. FAQ 등급이면 동네 슈퍼로는 적당할지 몰라도, 고급 레스토랑으로는 충분하지 않다. 이제 부모님은 우리를 두고 그렇게 말하지 않는다. 우리에 대한 평가가 달라졌기도 하고, FAQ가 이제 다른 의미로 쓰여서다.

우리 어머니가 썼던 자유 방임형 양육은 이제 인기가 없다. 자유 방임형은 좋은 점도 있고 나쁜 점도 있는데, 어쨌든 요즘 부모들은 훨씬 엄격하다. 부모가 되는 일은 이제 우연보다는 철저한 계획에 따라 이루어진다. 그래서인지 요즘 아이들은 양육된다기보다 거의 전시되는 수준이다. 이제 부모들은 아이들을 한 치의 오차도 없이 갈고 닦아야 하는 원석처럼 대한다.

하지만 부모들만 탓할 수는 없다. 그때와는 상황이 너무 달라졌다. 아이가 사회적으로 성공하고 경제적 안정을 이루기 위해 대학 교육이 너무나 중요해졌고, 그에 따라 입시 준비도 아주 이른 나이에 시작한다. 만약 아이가 초등학교 3학년이 될 때까지 엄청난 사교육 이야기를 들어본 적이 없다면, 그 부모는 홈스쿨링을 하고 있거나 그런 쪽으로 아예 관심이 없는 것이다.

대학뿐만이 아니다. 아이를 키우는 일이 많은 사람에게 공포에 시달리는 일이 되어버렸다. 아이를 방치하거나 학대하는 보모, 학교 불량배들, 아이들에게 마약을 팔려고 하는 못된 사람들, 여자아이들의 사진을 이상한 사이트에 올리는 변태들, 오프라인에서는 멀쩡하다가도 SNS에서만 이상하게 변하는 학생들에 이르기까지 이상한 인간들은 우리 주변 어디에든 있다. 학교, 놀이터, 운동장은 이제 모두 위험 구역이다. 물론 어느 정도는 덜 위험할 수 있지만, 이제는 위험 구역이라는 말이 그런 곳을 규정하는 일차적인 속성이 되어버린 것 같다.

더 큰 문제는 부모들이 끝없이 불안감에 시달린다는 것이다. 아이에게 필요한 모든 단계를 정확히 따라가지 못했다는 불안감, 특정 단계에 필요한 간단한 임무를 잊어버려서 아이가 잘못될지 모른다는 불안감이 사라지지 않는다. 이런 두려움은 아주 일찍부터 시작된다. 아이가 잠투정할 때 울게 내버려두면 아이에게 문제가 생기지 않을까? 딸아이를 부모 방에서 같이 재우면 위험하지 않을까? 고무젖꼭지를 사용해도 괜찮을까? 유기농이 아닌 음식을 먹여도 괜찮을까? 유지방 요구르트는? 전자기기 사용은 얼마나 허용해야 할까? 일류 유치원, 일류 초등학교, 일류 중학교와 대학교, 심지어 일류 치어리더 응원단에 보내지 못하면 어떻게 될까?

이런 문제들은 특히 직장과 육아를 병행하느라 고군분투하는 부모들에게 더 부담감을 안겨준다. 하지만 더 큰 문제는 인터넷이다. 물론 인터넷은 좋은 점도 있다. 인터넷에서는 나와 비슷한 상황에 처한 사람을 쉽게 찾을 수 있다. 혹은 아주 이상한 질문에 대한 답도 쉽게 찾을 수 있다. "아들이 고추를 자꾸 장난감에 밀어 넣으려고 해요. 어쩌면 좋죠?" "제가 화장실에 갈 때마다 따라가겠다고 울고불고 하는 딸아이를 어떻게 해야 할까요?" 그런데 양육 문제만큼은 사람들의 태도가 놀랄 만큼 비판적이다. 게다가 소셜 미디어가 이를 더 확대하는 경향이 있다. 2016년, 세 살짜리 남자아이가 신시내티 동물원에 있는 우리 아래로 떨어지는 일이 있었다. 이때 우리 안에 있던 '하람비'라고 하는 180킬로그램짜리 거구의 수컷 고릴라가 이 남자아이를 발견하고 다른 쪽으로 끌고 가려 했다. 동물원 관리 요원은 그 고릴라를 사살할 수밖에 없었다. 남자아이를 키워본 부모라면 다 알 것이다. 지나치게 활달하고 호기심 많은 어린아이가 있는 집이라면 이런 일은 언제든 일어날 수 있다. 하지만 사건의 후폭풍은 만만치 않았다. 네티즌은 아이를 제대로 돌보지 못한 엄마에게 비난의 화살을 돌렸다. 유명 코미디언이자 배우인 리키 저베이스Ricky Gervais는 트위터에 "어떤 고릴라는 사람보다 부모 역할을 더 잘하는 것 같다"라는 글을 남겼고, 다른 유명인인 D. L. 휴리D. L. Hughley는 "아이를 차에 혼자 놔둔 부모는 감옥에 간다. 그렇다면 아이를 고릴라 우리에 떨어뜨린 부모는? 그 부모도 고릴라 우리에 떨어뜨려야 한다!"라고 했다. 30만 명이 넘는 사람들이 그 아이가 부모의 부주의로 상해나 사망에 이를 수 있다면서 아이의 가정환경을 조사해야 한다는 온라인 청원에 동참했다.

부모들이 이 사건으로 얻은 교훈은 간단하다. 아이를 키우는 부모는 아주 잠깐 한눈을 파는 사소한 실수로도 유명인을 포함한 수십만 명의 사람들 앞에서 공개 망신을 당할 수 있다는 것! 2017년, 미시간 대학교 연구진은 엄마들의 61퍼센트가 육아와 관련된 문제로 비난받은 적이 있다고 보고했다.[21]

부모들은 달라진 상황에 대처하기 위해 더 노력한다. 더 열심히 아이를 키운다. 더 많은 일을 하고, 아이의 삶에 더 많이 관여하고, 부모의 삶과 시간을 더 많이 희생한다. 요즘 부모들이 보는 육아서를 보면, 체벌뿐 아니라 타임아웃도 훈육 방법으로 좋지 않다고 되어 있다. 심지어 최근에 나온 한 책에는 '잘했다'라는 표현도 나쁘다고 쓰여 있다.[22] 아이를 특정 방식으로 키워야 한다는 압박감이 커질수록 부모의 행동 범위는 점점 더 축소된다. (정확히 말해 나는 체벌을 좋아하지 않는다. 연구 결과를 보면 체벌은 장점보다 단점이 많다. 단지 나는 규칙을 어길 때마다 매질하는 것과 심각한 잘못, 특히 위험하고 어처구니없는 잘못을 했을 때, 그것도 다섯 번 이상 경고를 했음에도 결국 그 잘못을 했을 때 부모가 한 번 손대는 것은 다르다고 생각한다. 결국, 부모도 사람이지 않은가.)

그래서 부부에게는 아이를 키우는 시기가 더 힘들게 느껴질 수 있다. 부모로서 느끼는 불안감이 어떨 때 정당하고 어떨 때 전혀 말이 안 되는지, 부부의 의견이 항상 같을 수는 없다. 아이들에게 필요한 우선순위에 대해서도 부부가 똑같이 생각하기 쉽지 않고, 지켜야 할 규칙과 허용 기준도 의견이 다를 때가 많을 것이다. 게다가 아이들과 보내는 시간이 많아진다는 것은 배우자와 보내는 시간을 줄여야 한다는 의미와 같다. 결국, 이성적으로 논의할 시간과 동지 의식을 느낄 기회가 줄어들고, 중요한 결정을 급하게 내려야 할 상황은 많아지게 된다.

가족은 작은 공동체다. 따라서 한 아이에게 문제가 생기면 가족 전체에 영향이 미친다. 아이가 정신장애가 있거나, 범죄를 저지르거나, 사고를 당하면, 혹은 식사 장애 같은 작은 문제라도 있으면, 그 아이에게만 문제가 되는 것이 아니다. 가족 내 모든 관계, 부부 관계와 부모 자녀, 자녀 대 자녀와의 관계 모두에 영향을 미친다. 또한 부모 중 한 사람이 그 자녀의 일로 너무 노심초사한 나머지 다른 가족은 아무런 관심을 받지 못할 수도 있다. 문제를 대처하는 방식을 두고 부모 양쪽의 의견이 다르면 상황은 더 심각해질 수 있다.

하지만 아이들 일을 누가 처리할 것인가 하는 문제는 앞에서 말한 그런 심각한 상황이 아닐 때라도 차멀미처럼 자주 생긴다. 신속하게 관심을 가져야 하는데, 쉽게 해결되지는 않는다. 가령, 아내는 어제 회사의 중요한 프로젝트 마감일이었는데, 아이의 학교 문제 때문에 하루 연기해둔 상황이다. 한편 남편은 긴 교대근무를 마치고 축구팀에 있는 아이의 카풀을 담당해야 하는 차례다. 그런데 축구를 하지 않는 다른 아이의 학교에서 전화가 왔다. 아이가 눈병에 걸린 것 같으니 바로 데려가 달라고 말이다. 그리고 의사의 허락이 있기 전까지 이틀간 학교에 오면 안 된다고 했다. 그러면 누가 그 아이를 병원에 데려가고, 처방전을 받고, 며칠간 아이를 돌보아야 할까? 가까이 있는 사람? 아니면 가족과 관련된 일을 적게 하는 사람? 지난번 그런 상황일 때 가지 않은 부모? 혹은 바깥일을 좀 더 쉽게 연기할 수 있는 사람? 이런 문제는 끝없이 생긴다.

만약 아이들이 적당한 시간에 적당히 해도 되는 행동만 한다면, 모든 문제는 훨씬 간단할 것이다. 하지만 안타깝게도 그런 순종적인 자세는 인간 고유의 특징이 아니다. 특히 아이들은 더 그렇다. 아이들의 재능은 해서는 안 되는 일을 하는 데 더 뛰어나다. 그래서 부모는 당근과 채찍 중 어느 방법을 사용해야 할지 결정해야 하는 상황에 자주 놓인다. 어떤 부모는 어떤 규칙을 어겼을 때 다른 일보다 더 심각하게 받아들인다. 그리고 아이들은 누가 어떤 상황에서 그런지, 그래서 엄마와 아빠 중 누구를 상대해야 하는지 귀신같이 잘 안다. 특히 이런 문제는 닥쳐보지 않으면 어떻게 대처할지 미리 알기 어렵기 때문에 더 힘들다. 결혼 전에는 아무도 이런 이야기를 나누지 않는다. "나중에 우리 아이가 십 대가 되면 11시를 통금시간으로 정하면 좋겠어. 아직 어리니까 용돈은 최소한만 주자. 열여덟 살이 되기 전에는 가슴이 드러나는 옷은 입으면 안 되겠지. 자기 생각은 어때?" 아직 있지도 않은 아이에 대해, 아직 저지르지 않은 일을 두고 어떻게 훈육할지 고민하는 건 너무 모호하고 추상적이다. 게다가 우리는 어디까지가 부모가 결정할 수 있는 문제인지도 확실히 알지 못한다. 우리의 부모 세대로부터 영향을 받기는 했지만, 지금의 아이들에게 적용하기에는 너무 동떨어진 느낌이다.

나는 어머니 앞에서 처음 욕을 썼던 날을 기억한다. 어머니는 아무 말도 하지 않았다. 하지만 나는 죄책감으로 질식하기 직전까지 밤새 뒤척이다 결국 어머니에게 가서 잘못했다고 말했다. 나는 우리 아이들이 그런 죄책감을 느끼게 하는 데 성공하지 못했다. 우리 아이들은, 마치 소년원에 사는 불량배인 양, 그리고 나는 그곳을 지키는 별 볼일 없는 감독관인 양, 거칠게 말했다. 나는 아이들에게 그런 말투를 쓰지 못하게 했고, 남편은 아무 말도 하지 않았다. 아이들은 우리 부부의 그런 의견 차이를 눈치채고 이를 잘 이용했다. 나는 나쁜 말을 사용하지 못하게 하려고 별별 시도를 다 해보았다. 기록하기, 벌금 물리기, 좋게 타이르기, 좋아하는 일 못 하게 하기, 좋아하는 물건이나 전자기기 사용 못 하게 하기, 일주일간 욕 안 하면 보상해주기, 아이가 욕을 자제하면 엄마도 잔소리 줄이기 같은 복잡한 거래 등등. 하지만 결국 나는 모든 방법을 포기하고, 그냥 무시할 수밖에 없었다. 물론 그 방법도 효과는 없었다. 남편의 도움 없이 21세기 뉴욕에서 사는 아이들이 영화와 음악, 친구들의 행동에 영향을 받지 못하게 하는 것은 불가능했다. 남편의 도움이 있었어도 큰 차이는 없었다. 우리는 어느 시점이 되면 어디까지를 최후의 보루로 삼을 것인지, 혹은 어느 선까지 적극적으로 대응할 것인지 배우자와 진지하게 대화를 나눌 필요가 있다. 그래도 막상 전투에 나가면 질지 모르지만, 적어도 두 사람이 함께한다는 점에서는 차이가 있다.

자녀보다 배우자를 먼저 챙겨야 하는 이유

우리는 아이를 먼저 챙기고 싶은 유혹을 느낄 때가 많다. 특히 배우자와 관계가 좋지 않을 때는 더 그렇다. 생물학적으로 거의 그렇게 프로그래밍 되어 있는 건지는 몰라도 그편이 훨씬 쉽게 느껴진다. 아이는 정말 사랑스러운 존재다. 특히 작고 어릴 때, 언제든 안아줄 수 있을 때는 말이다. 하지만 우리는 배우자를 더 사랑해야 한다. 항상 그래야 한다. 사랑의 종류가 다르기는 하지만. 아이를 사랑하는 것은 학교에 가는 일처럼 선택의 여지가 없다. 하지만 배우자를 사랑하는 것은 대학에 가는 것과 같다. 나에게 달린 일이다. 배우자보다 아이를 우선시하는 것은 좋은 생각이 아니다. 무엇보다 아이는 십 대가 되고 나면, 부모와는 둘 중 누구라도 별로 하고 싶은 일이 없다. 그리고 아이는 언젠가 떠난다. 아이는 부모가 자신만 사랑해주기를 원하지 않는다. 아이는 열두세 살만 되어도 부모가 보이는 모든 관심에 혐오감과 불신, 혹은 시큰둥함으로 대한다. 아이를 배우자처럼 믿고 의지하는 것은 마약 중독자에게 내 귀중품을 맡겨두고 의지하는 것과 같다. 아이는 내 배우자가 될 수 없다. 아이에게는 다른 우선순위가 있다. 나를 우선순위에 놓아달라고 요구하는 것도 부당한 일이다.

연구 결과들을 보면 확실히 아이는 부모가 서로 사랑하는 모습을 보고 자랄 때 훨씬 행복해하고 안정감을 느낀다.[23] 아이에게 부모의 모습은 관계를 형성하는 기준이 될 뿐만 아니라, 다른 사람을 대하는 본보기가 된다. '자선은 가정에서 시작된다'라는 말은 그냥 나온 말이 아니다. 아이는 부모의 모습을 보고 다른 사람을 사랑하는 법을 배운다. 베스트셀러 《결혼을 말하다The Meaning of Marriage》를 쓴 팀 켈러Tim Keller는 배우자보다 자녀를 더 중시하는 것이 언제나 가족을 망치는 길이라고 말한다. "배우자보다 아이를 더 사랑하면, 그 가족은 정상적으로 돌아가지 않게 되고, 가족 구성원 모두가 고통을 겪는다."[24] 하지만 아예렛 왈드만Ayelet Waldman은 자신의 에세이[25]에서 아이보다 남편을 더 사랑한다고 말해 대중의 비난을 샀다.

팀 켈러는 결혼생활에 큰 의미를 부여하는 목사라서, 또한 왈드만은 과장법을 좋아하는 작가라서 그렇게 말했다고 할 수 있지만, 사실 그들의 생각을 지지하는 연구 결과는 많다. 아이는 부모의 관계로부터 많은 영향을 받는다. 일기 연구* 결과들을 보면, 부부간의 갈등을 잘 다루지 못했을 때, 부모 자녀 관계, 특히 아버지와의 관계에 영향을 받는다.[26] 다른 연구에서는 부모가 서로에게 적대감을 자주 보이는 집의 아이들이 부모가 싸우는 이유를 자기 탓으로 생각할뿐더러 학업 성취도도 낮은 것으로 나타났다.[27] 2014년 영국 4만 가구를 대상으로 한 설문 조사 결과에 따르면, 청소년기 아이들은 엄마가 아빠와의 관계에 만족할 때 전반적인 만족도가 가장 높았다.[28] 자녀를 위해 할 수 있는 가장 좋은 일 중 하나는 배우자를 아낌없이 사랑하는 것이다.

거시적 관점과 미시적 관점을 각각 활용하는 사회학자와 심리치료사는 갈등이 극심한 가정이 아니라면 이혼 가정의 아이보다 양부모 가정의 아이가 대부분 영역에서 전반적으로 우수

---

* 그날의 일을 일기처럼 기록하여 질적 정보를 수집하는 연구 방법 -역자주

한 상태를 보인다고 말한다(반복해서 말하지만, 결혼생활을 지속할 수 없을 때도 있다. 배우자로 인해 위험을 느끼는 상황이라면, 남편이든, 아내든 아이를 데리고 떠나야 한다).

이 문제가 그만큼 복잡 미묘하고 중요해서 그런지 학자들도 연구 결과를 두고 의견이 분분하다. 물론 이혼 가정의 많은 아이가 아무 문제 없이 잘 자란다. 하지만 통계자료는 그다지 고무적이지 않다. 연구 결과에 의하면, 부모가 이혼한 아이는 장기적으로 행동·심리·건강·학업 면에서 문제를 겪을 위험이 크고, 성인이 되어 경제적 어려움을 겪거나 이혼할 가능성도 크다.[29] 부모의 이혼에 따른 부정적 효과는 아이가 성인이 되어도 지속될 수 있으며, 심지어 아이가 성인이 된 후에 부모가 이혼해도 마찬가지다.[30] 실제로 심리학자 주디스 월러스타인 Judith Wallerstein은 이혼의 충격이 시간이 갈수록 커진다고 주장한다.[31] 이혼에 따른 경제적 충격이 원인일 수 있지만, 수입 관계를 고려한 연구 결과를 보더라도 이혼 가정의 아이는 그렇지 않은 가정의 아이보다 더 많은 어려움을 겪는다.[32] 여기서 중요한 점은 이혼이 무조건 나쁘다는 것이 아니라, 부모의 결혼생활이 순탄할 때 아이가 얻게 되는 이득이 크다는 것이고, 배우자보다 아이를 더 아끼고 소중하게 생각하는 것은 역효과를 낳을 수 있다는 것이다.

어떤 부모는 육아에 너무 열중한 나머지 부부가 한 팀이 되어 뛰는 경기라는 사실을 잊고 팀의 존재 자체에만 관심을 둔다. 사실 일부 학자들은 오늘날 사람들이 결혼하는 유일한 이유가 아이라고 주장한다. 아이를 낳고 기르는 일만큼 장기적으로 많은 노동력과 노력이 드는 일도 없는데, 그 일을 성공적으로 해내는 데 가장 효율적이고 신뢰할 수 있는 수단이 결혼이라는 것이다.[33] 하지만 그런 이유로 결혼생활을 하는 사람들은 언젠가 아이들이 독립하고 나면 방향감각을 잃는다. 이는 레알 마드리드팀 선수들에게 축구는 하지 말고 팀으로 함께 있으라고만 요구하는 것과 같다. 이 경우에는 함께한다는 것이 아무런 의미가 없다. 공동의 목표가 사라지면 함께해야 할 이유도 사라진다.

치료사들은 최근 '빈 둥지 이혼'이나 '황혼 이혼'이 증가하는 추세 뒤에 이런 이유가 있다고 말한다. 코넬 대학교의 노인학자인 칼 필레머Karl Pillemer 교수는 700쌍의 부부를 대상으로 사랑을 지속시키는 것들에 관해 인터뷰한 결과, 중년의 부부에게는 자녀나 일, 다른 활동들이 흐려지는 현상이 부부 관계를 위협하는 큰 요인이라고 밝혔다. "배우자와 단둘이 보낸 시간을 기억하는 사람이 놀라울 정도로 별로 없다. 그 시간은 그들이 지금까지 포기한 시간이었기 때문이다." 칼 필레머는 자신의 연구를 바탕으로 이렇게 말했다. "50세 전후가 되어서야 사람들은 배우자와 단둘이 식당에 가서 대화도 나눌 수 없는 상태임을 깨닫는다."

이런 결과가 닥치지 않게 할 유일한 방법은 부부가 함께 있게 된 이유가 아이 때문이 아니라는 사실을 기억하는 것이다. 아이는 부부가 함께 몰입해서 풀어야 하는 흥미진진한 프로젝트다. 자주 말대답하고 화장실에 아무렇게나 속옷을 벗어두는 3차원 퍼즐 같은 존재다. 이 책을 쓰기 위해 내가 만난 한 여성은 부모로서 필요한 팀워크를 '한 사람은 은행을 털고, 한 사람은 도주 차량을 모는 것'으로 표현했다. 이런 관계가 되려면 때로는 아이들 없이 여행을 떠나는 것도 필요하다. 혹은 가끔 아이보다 남편을, 아내를 먼저 생각하는 것도 좋다.

나는 남편이 건축가다 보니 어디로 여행하든 건축물을 보게 된다. 멋진 성당이나 아름다운 미술관뿐 아니라, 공공주택, 관공서, 혹은 방문객을 싫어하지 않는 개인 주택도 보게 된다. 그리고 보통 그런 멋진 건물들은 중심가를 한참 벗어나야 볼 수 있다(남편의 상관이었던 사람은 프랑스에 있는 한 건물을 보기 위해 가족 여행을 갔는데, 가는 길이 너무 멀어 도착했을 때는 이미 캄캄한 밤이 되어 그냥 그 건물을 느끼기만 했다고 한다). 목적지에 도착하면 사진 촬영 시간이 이어진다. 이때 말하는 사진은 아이들이나 내가 나오는 사진이 아니라, 건물 사진이다. 남편은 창문과 건물 모서리가 만나는 부분이나 계단 모양, 벽에 붙은 난간, 배수로 같은 부분을 찍는다. 남편의 사진첩 어딘가에는 루

브르 박물관의 장애인용 엘리베이터 사진만 수십 장 있다. 하지만 모나리자 사진은 한 장도 없다. 그 시간에 아이들은 차라리 상점들을 둘러보고, 나는 주변 자연경관을 감상한다. 어쨌든 남편이 너무 좋아하는 일이라 우리 가족은 같이 건축 여행을 떠난다. 그리고 어디를 가든 건축물을 둘러본다. 다수결로 정할 때 내가 (거의) 항상 나의 팀원인 남편 편을 들기 때문이다. 게다가 우리 가족은 민주주의 방식이 아니라서 부모가 항상 이긴다.

진부한 말로 들리겠지만, 배우자와 단둘이 보내는 시간을 가볍게 생각하면 안 된다. 부부가 단둘이 시내에서 저녁 시간을 보내도 좋다. 아이들이 없는 곳이라면 어디든 괜찮다. 누구의 방해도 받지 않고 충분한 시간을 보내며 자기가 어떤 사람인지, 서로를 어떻게 바라보는지 일깨워주는 것이 중요하다. 거기까지도 힘들다면 중요한 것들을 놓치고 있지는 않은지 가끔 자신을 되돌아볼 필요가 있다. 칼 필레머 역시 이렇게 강조한다. "부부는 부부만을 위해 정해진 공간을 반드시 만들어야 한다." 꼭 대단한 장소가 아니어도 된다. 필레머가 만나본 어느 부부는 그냥 맥도날드에 갔다. 불륜 문제 전문가인 에스더 페렐Esther Perel은 아침 데이트를 추천한다. 아이를 학교에 보낸 뒤 직장에 하루 휴가를 내는 것이다. 우리는 부모로서 보내는 시간보다 부부로서 보내는 시간이 훨씬 많을 것이다. 그러니 2인

1조로 즐길 수 있는 기술을 되도록 많이 터득해두자. 언젠가는 유용하게 쓰일 것이다.

핵가족으로 살면서 대가족처럼 사는 법

육아와 관련된 거의 모든 문제, 특히 가끔 있는 저녁 데이트나 아침 데이트 때 적당한 비용으로 아이를 봐줄 사람을 찾는 문제는 주변에 손 내밀 가족이 있을 때 훨씬 쉽게 해결된다. 한편으로는 가족이 주변에 있다는 것이 또 다른 문제가 된다.

우리의 사랑하는 가족들은 비행기로 꼬박 하루가 걸리는 곳에 산다. 그래서 남편과 내가 아이들을 놔두고 외출하려면 맨해튼에 사는 누군가에게 비용을 지불해야 한다. 나는 한때 업무상 영화 시사회에 거의 의무적으로 참석해야 했다. 몇 년 동안 남편과 내가 한 유일한 데이트는 이것뿐이었다. 우리의 데이트는 집에서 마카로니 치즈를 먹든지, 영화 파티에 참석해 조지 클루니와 칵테일을 마시고 베이비시터 비용을 할부로 갚든지, 둘 중 하나였다. 그래서 정말 대단한 일이 아니면 돈이 아까웠다. 우리는 주변에 친척이 많으면 좋겠다고 밤마다 이야기했다. 아무 때나 할머니 할아버지 집에 아이들을 맡기고 외출할 수 있는 친구들이 정말 부러웠다.

하지만 알다시피 할머니 할아버지 집은 득이 될 때도, 해가 될 때도 있다. 어니스트 헤밍웨이의 아내인 마사 겔혼Martha Gellhorn은 자기 어머니를 미워하는 남자와 절대 결혼하지 말라고 말했다. 반면 많은 여자는 그 말이 시어머니를 보지 않아도 된다는 뜻이라면 더 좋다고 생각한다. 시댁과 처가를 바라보는 이 양극의 시각 사이에서 중간 지점은 대략 캐나다가 미국을 바라보는 방식일 것이다. 즉 주종관계가 아니라 유용하고 우호적인 동맹 관계로 보는 식이다. 나에게는 인도인 부부 친구가 있다. 둘은 가족 중에서 최초로 중매가 아닌 연애로 결혼한 케이스다. 게다가 두 사람은 아이도 낳지 않기로 했다. 한번은 가족 모임 때 남편의 어머니가 며느리의 마음을 돌려보려고 설교를 늘어놓기 시작했다. 그러자 어디선가 남편이 나타나 어머니를 가로막고 이렇게 말했다. "그 이야기는 저하고 하세요."

부모님보다는 배우자가 먼저다. 하지만 그렇게 행동하기가 쉽지 않을 때가 있다. 특히 나처럼 부모님에 대한 애정이 여전히 깊다면, 그리고 내가 거의 언제나 그래왔듯 어릴 때부터 훌륭한 자식 노릇을 못 해왔다고 막연하게 죄책감을 느끼고 있다면 더 그럴지도 모른다. 우리 부모님은 뉴욕에 오면 꼭 우리 집, 욕실이 하나뿐인 우리 집에서 지내고 싶어 했다. 물론 나는 부모님이 오시는 것이 좋았지만, 어머니는 남편과 내가 사는 방식 때문에 자주 걱정을 늘어놓았다. 그러자 오빠가 나에게 아주 의미 있는 충고를 한마디 건넸다. "넌 엄마의 방문을 거절할 필요가 있어. 넌 지금 엄마 말을 너무 잘 듣고 있다고." 나를 아주 어릴 때부터 보아온 사람, 그리고 이제 내가 성인이 되었다는 사실을 종종 잊는 사람의 생각을 가볍게 넘기는 것이 때로는 그 사람을 더 사랑하는 방법이다.

아이를 위해서라면 친척들과 가깝게 지내는 것이 무조건 좋다. 할머니, 할아버지, 삼촌, 고모, 이모 같은 어른은 아이에게 자신이 어디서 왔는지, 뿌리가 어디인지를 알게 해주는 든든한 존재다. 회복탄력성에 관한 연구 결과를 보면, 다수의 좋은 인간관계는 아이가 역경을 딛고 일어서도록 돕는다. 조부모와 직접 관련된 연구 결과는 찾아보기 어렵지만, 일부 연구에서는 친척 어른과 가깝게 지내는 아이가 우울증에 걸릴 확률이 낮다고 보고된다.[34]

아이와 조부모와의 관계는 기본적으로 다들 좋은 사람이라고 믿고, 조부모의 집을 방문하는 일차 목적이 내가 얼마나 수용적인 사람인지 알려주는 것이라고 마음만 먹으면 좀 더 쉽게 좋아진다(제인 오스틴은 이 문제에 관해 그녀의 작품에서 놀라운 통찰력을 보여준다). 나도 그랬듯이 어쩌면 아이들은 지금까지 우리가 부모, 혹은 남편이나 아내의 부모와 경험해보지 못한 새로운 관계를 열어줄 수도 있다. 어쨌든 새로 태어난 이 작은

CHAPTER 4. 가족이라는 이름

생명체는 우리의 공통 관심사이자 이야기를 나눌 수 있는 대상이 된다. 물론 어른들은 아이를 기르는 문제에 있어서 나와 의견이 다를 것이다. 하지만 의견은 의견일 뿐, 꼭 따라야 하는 것은 아니다. 들어보고 아니다 싶으면 따르지 않으면 그만이다. 시부모, 혹은 장인, 장모는 내 인생의 반려자를 낳고 길러준 사람이다. 그러니 그들을 만날 때마다 조금씩 보답한다고 생각해보자. 단, 할머니 할아버지가 아이에게 너무 나쁜 영향을 주거나, 어른들이 싸우는 모습만 아이에게 보여주게 된다면 방문을 사양해야 한다. 연구 결과를 보면, 조부모가 아이에게 좋은 영향을 얼마나 많이 줄 수 있는지 결정하는 핵심적인 요인은, 다름 아닌 부모와 조부모의 관계이다.[35] 참고로 말해두자면 우리 시부모님은 정말 멋진 분들이다.

제이미 말라노프스키Jamie Malanowski라는 작가는 일곱 살 때 바이러스 감염으로 형을 잃었다. 그 후로 그의 아버지는 아들을 잃은 슬픔에 무뎌지려고 일에 파묻혀 살았다. 그래서 말라노프스키는 거의 아버지도 잃은 것이나 마찬가지로 지냈다. "아버지는 부업을 시작했고, 야근하는 날도 많아졌다." 아버지의 날, 〈타임〉지에 쓴 글에서 그는 이렇게 말했다. "아버지는 옆에 있을 때도 우리 주위를 겉돌기만 할 뿐 중요한 역할은 하지 않았다. 우리에게 맞춰보려고 노력할 때도 있었지만, 어색하기만 했다. 너무 애쓴다는 생각만 들었다. 십 대가 된 후로는 아버지의 그런 모습에 더는 관심을 두지 않았다." 하지만 말라노프스키에게 아이가 생기자 아버지는 완전히 다른 사람이 되었다. 아버지는 일흔이 넘은 몸으로 말라노프스키의 딸들과 진짜로 놀아주었다. 아픈 척 연기하며 손녀들이 자신의 몸에 붕대를 감았다 풀었다 하며 놀게 해주었고, 같이 롤러코스터도 타고, 동물원에도 갔다. "그러는 사이 예상치 못한 일이 일어났다. 아버지와 내가 더 가까워졌다." 말라노프스키는 이렇게 말했다. "아마 한편으로는 내가 더 성숙한 인간이 되었기 때문일 것이다. 그리고 나도 아버지가 되고 보니 내 아버지와 어머니가 나와 내 형제들을 위해 해준 모든 일을 더 감사하게 되었다. 그리고 그들이 잃은 것에 대해서도 더 깊이 생각하게 되었다. 하지만 또 한편으로 보면 아버지도 분명 달라졌다." 말라노프스키의 경험은 극단적이기는 하나 어느 가족에서나 볼 수 있는 일이다. 나의 부모님, 혹은 배우자의 부모님을 다른 면에서 볼 기회를 놓치지 않길 바란다.

어떤 때는 아이를 키우는 일이 배우자와 함께하는 즐거움을 모두 상쇄하는 것처럼 느껴진다. 하지만 이는 사실이 아니다. 오히려 두 사람이 함께해나갈 때 더 신나게 즐길 수 있는 큰 모험이다. 우리에게는 엉망이 되어버린 그 자전거 데이트 말고도 자전거에 관한 더 나쁜 기억이 있다. 최악의 기억은 어떤 멍청이가 우리 아파트 복도에 세워놓은 남편의 경주용 빈티지 자전거를 훔쳐 달아나려고 한 밤에 관한 것이다. 남편은 자전거 도둑을 잡으려고 속옷 바람으로 어그 부츠만 신은 채 새벽 3시에 뉴욕 거리를 질주했다. 자전거를 타고 달아나던 도둑은 어느 순간 시야에서 완전히 사라졌는데 잠시 후 있던 자리로 돌아왔다. 도주로를 파악하는 능력이 부족했던 모양이다. 남편은 다시 그를 쫓아갔다. 이번에는 "도둑이야!"라고 크게 외쳐대며 따라갔다. 그 고함 덕분인지, 혹은 기이한 차림새 덕분인지 동네 사람들이 신고를 해주어 지나가던 경찰이 도둑을 쫓았고, 결국 세 블록 떨어진 곳에서 범인을 잡았다. 다음날 보니 남편의 발가락이 부러져 있었다. 그리고 얼마 후 우리는 자전거를 되찾았다.

이 이야기는 어쩌면 결혼과 육아에 관한 단면을 상징적으로 보여주는 사례가 아닐까 한다. 우리는 어느 순간 그동안 들인 모든 노력이 물거품이 되고, 자신감을 잃은 것 같은 기분이 들 수 있다. 배우자를 사랑하는 마음이 모두 없어진 것처럼 보일 때도 있다. 하지만 조금만 인내하고 버티다 보면, 때로는 고함도 질러보고, 그리고 약간의 도움만 받을 수 있다면, 뼈가 조금 부러질 수는 있겠지만, 결국에는 잃어버렸다고 생각했던 것을 되찾을 수 있다.

FOOLING AROUND

뜨거운 밤을 위하여

CHAPTER

5

MARRIAGEOLOGY

FOOLING AROUND

얼마 전 남편은 밤잠을 잘 이루지 못했다. 원래 남편은 잠만큼은 문제가 없는 사람이다. 비행기 중간 좌석, 울퉁불퉁한 텐트 안, 이야기 도중, 그 어떤 조건에서도 거의 완벽한 렘수면에 들 수 있다. 그래서 무슨 일이 있나 보다 하고 짐작했다. 나는 남편이 직장에서 중요한 일을 앞두고 있다는 것을 알고 있었다. "내가 뭐 도와줄 거 없어?" 나는 잠결에 남편에게 물었다. 예의상 건넨 말이었다. 남편은 섹스를 원했다. 그때가 새벽 3시였다. 나는 완전히 깬 것도 아니고, 그럴 기분도 아니었다. 게다가 나는 남편과 달리 섹스하면 잠이 깨는 타입이다. 하지만 침대에 누워서 배우자의 부탁을 들어줄 기회는 날마다 오지 않는다. 더구나 잠을 못 잔 사람은 잘 잔 사람보다 같이 살기에 덜 재밌다. 그래서 남편 말대로 했다. 남편은 얼마 지나지 않아 곯아떨어졌다(확실히 말하지만, 중간이 아니다. 끝난 후였다!!). 나는 기분 좋게 그 모습을 지켜보았다.

나도 안다. 연애 소설 작가가 탐낼 만한 섹스 장면은 아니다. 포르노 업계 사람들이 이 페이지를 읽으며 책 모서리를 접어두지는 않을 것이다. 이 에피소드는 오랫동안 서로를 사랑해온 사람들이 수선 떨지 않고 편하게 즐기는 여유로운 사랑 행위에 관한 이야기다. 하지만 우리가 아주 좋아하는 섹스 방식은 아니다. 영화나 노래에 등장하는, 사람들이 동경할 만한 그런 종류의 섹스는 아니다. 이 이야기를 꺼낸 이유는 나의 미친 듯한 침대 기술을 자랑하고 싶어서가 아니라, 오랫동안 함께 살아온 부부의 성생활에 관해 이야기하고 싶어서다. 우리는 성욕을 포함한 다양한 이유로 사랑을 나눈다. 하지만 현실은 아름답고도 무섭다. 우리가 그동안 섹스에 관해 믿도록 강요당한 모든 정보와 충돌하기 때문이다.

배우자와 사랑을 나누는 행위는 좀 특별하다. 돈도 들지 않고, 조건 없이, 아무런 죄책감 없이, 누군가를 압박하거나 공기를 오염시키거나 살찔 염려 없이, 한 시간 안에 집에서 간단하게 할 수 있는 일이면서도 온몸이 전율하는 놀라운 경험이 될 수 있다. 그런 일이 존재한다는 사실만으로도 놀랍다. 그래서 나는 그것이 자연의 선물이라 생각한다. 남편과 나누는 섹스만큼 통제할 수 없는 짜릿함이 느껴지는 일은 없다. 하지만 부부 간의 섹스는 그 모든 즐거움과 재미에도 불구하고 불화와 갈등의 원인도 된다. 부부의 침실은 절망, 자기혐오, 고통을 주는 장소로 아주 쉽게 변할 수 있다.

켈리(가명)의 사례를 보자. 미주리주에 사는 50대 워킹맘인 켈리는 20년간 함께한 남편과 2015년 이후로 섹스를 시도하지 않았다. 결혼 13~14년 차부터 남편이 그냥 관심을 보이지 않았다. 남편은 발기에 어려움을 겪었다. 비아그라도 소용없었다. 어느 날 남편이 침대에서 그녀의 손길을 뿌리쳤을 때, 그녀는 마음속에서 무언가 무너져 내리는 느낌을 받았다. "남편과 완전히 멀어진 느낌, 철저히 버려진 느낌을 받았어요." 그녀는 이렇게 말했다. "저는 남편에게 제 기분을 들키고 싶지 않았어요. 화장실로 가서 수건으로 입을 틀어막고 울었죠." 켈리는 아이들이 독립하고 나면 남편과 이혼할 것이라고 했다. 지금은 두 사람에게 따로 애인도 있다. 따라서 남편의 발기부전은 확실히 신체 기능상의 이유가 아니다. "남편과 저는 단지 우리의 섹스 문제 때문에 아이들을 힘들게 하고 싶은 마음은 없어요."

사랑을 나누는 행위만큼 육체와 감정이 복잡하게 얽혀 있는 활동은 없다. 스카이다이빙 같은 활동이 있을 수 있겠지만, 보통 사람이 일반적으로 할 수 있는 활동만 치자면 그렇다. 어쨌든 우리는 끼니마다 진수성찬을 먹지 않는다는 사실을 대수롭지 않게 받아들이면서도, 결혼생활에 있어 배우자와 하는 잠자리는 별다른 노력 없이 항상 완벽하기를 기대한다. 그리고 그렇게 되지 못할 때, 하늘이 내려앉는 기분을 느낀다. 요리 실력이 더 나은 사람을 찾는다는 이유로 배우자와 헤어지는 사람은 거의 없다. 하지만 새로운 잠자리 상대를 찾는다는 이유로는 잘 헤어진다. 사람들은 단지 침실에서의 색다른 경험 때문에 배우자와 헤어지거나 몰래 다른 사람을 만나기도 한다. 그만큼 섹스는 무서운 힘이 있다.

성욕이 위기다?

켈리처럼 대부분은 결혼생활이 정상적인지를 알아보는 척도로 침실에서의 만족도를 꼽는다.[1] 하지만 생각보다 정말 많은 부부가 배우자와 성관계를 자주 하지 않는다. '섹스리스sexless 부부'라는 표현은 성관계가 거의 없는 부부를 칭하는 용어로, 혹자는 1년에 10회 미만, 어떤 이는 1년에 1회 미만으로 규정한다. 설문 조사에 따르면, 전체 부부의 2~10퍼센트가 섹스리스로 추산된다. 물론 이런 사생활 관련 조사에서는 사람들이 솔직하게 응답하지 않을 가능성이 크다. 따라서 실제 비율은 이보다 더 높을 수 있다. 한 보고에 따르면, 미국인 부부의 25 퍼센트는 아직 신혼이라 할 수 있는 결혼 2년 안에 스스로 섹스리스 부부라고 생각했다.[2] 더 중요한 사실은 사람들이 인터넷에 가장 많이 털어놓는 결혼 문제가 성생활 부족에 관한 문제라는 것이다. 2015년 구글 검색어에는 '대화'보다 '섹스'를 원하지 않는 배우자에 대한 검색어가 16배나 더 많다.[3]

얼핏 생각하면 지금처럼 효과적인 피임법과 비아그라 같은 발기부전 치료제가 잘 만들어져있고, 다양한 형태의 성관계가 인정되는 시대에서는 부부간의 성관계도 더 많아졌을 것으로 예상하기 쉽다. 하지만 2017년 한 연구에 따르면, 미국인의 성관계 빈도는 전반적으로 계속 줄어들고 있다.[4] 연구원인 진 트웬지Jean Twenge는 1989년 이후 사람들의 성생활을 조사한 시카고 대학교 여론조사센터의 일반 사회 조사 데이터를 사용하여 2010~2014년 미국인의 평균 성관계 횟수가 1995~1999년과 비교할 때 9배나 적다는 것을 알아냈다. 여론조사센터 책임자인 톰 스미스Tom Smith가 계산한 더 최근의 수치를 살펴보면, 일주일에 최소 1회 이상 성관계를 하는 사람들의 비율은 2000년에는 45퍼센트였으나 2016년에는 36.2퍼센트로 떨어졌다. 부부의 경우, 같은 기간 이 하락세가 훨씬 가파르게 나타나서, 주 1회 이상 성관계를 하는 부부가 2000년에 51.8퍼센트였던 것에서 2016년에는 37.5퍼센트로 급감했다.[5] (이 주제와 관련된 특이 사실 중 하나는, 모든 연구 결과에서 결혼한 부부와 동거 관계에 있는 커플이 혼자 사는 사람보다 평균적으로 성관계 횟수가 많다는 것이다. 그런데 내가 아는 모든 기혼자는 그 사실에 의외라는 반응을 보였고, 독신들은 거의 당연하다는 반응을 보였다.)

왜 이런 현상이 나타날까? 사람들은 바로 옆에 있는 사랑하는 사람과, 이론상으로 보면 언제든 할 수 있고 내 성적 취향을 가장 잘 안다고 할 수 있는 사람과, 왜 섹스를 더 자주 하고 싶어하지 않을까? '구속된 짝짓기mating in captivity'라는 주제로 수년간 연구하고 2007년에 같은 제목으로 책을 낸 심리학자 에스더 페렐은 20개국을 돌며 사람들의 성욕을 주제로 조사한 결과, 사랑해서 결혼한 사람들도 일단 결혼하고 나면 '성욕의 위기crisis of desire'가 온다는 사실을 알아냈다. 왜 그럴까? 소유하고 있는 것과 소유하기를 원하는 것 사이에 서로 상충하는 성질이 있기 때문이다. 우리가 결혼에 가치를 두는 이유는 그 관계 안에서 믿음, 안정감, 친밀감을 얻고, 자기 자신의 모습으로 살면서도 혼자가 아닌 삶을 살 수 있어서다. 하지만 그런 것에서는 섹시함이 느껴지지 않는다. 믿음직스러움에는 에로틱한 느낌이 없다.

페렐 이전에 정신분석가 스티븐 A. 미첼Stephen A. Mitchell이 한 연구가 있다. 미첼은 많은 부부와 연인이 너무도 강력한 안정감 때문에 관계가 무너지는 모습을 관찰했다. 그는 자신이 쓴

《사랑이 지속될 수 있을까?Can Love Last?》에서 이렇게 말한다. "성욕의 원래 형태는 아름답지 않다. 로맨틱한 사랑, 진심으로 존경하고 흠모하는 감정과는 어울리기 어렵다." 가령 빌 게이츠에게는 존경스러운 자질이 많지만, 그런 이유로 〈피플〉지에서 선정하는 '세계에서 가장 섹시한 남자'에 이름이 거론되지는 않는다.

하지만 많은 사람에게 문제가 되는 것은 로맨틱한 감정이 아니라 그것과는 정반대되는 감정이다. 어떻게 하면 배우자에 대한 열정을 잃지 않을 수 있을까? 늘 같은 사람, 늘 좋아할 수만은 없는 사람, 일주일 동안 다리를 면도하지 않고, 목구멍으로 이상한 소리를 내고, 저녁 모임에 가서 사람들 앞에서 나를 망신 준 사람과 어떻게 열정의 불을 계속 타오르게 할 수 있을까? 늘 곁에 있는 사람을 어떻게 계속 간절히 원할 수 있을까?

약간은 불편한 진실이 되겠지만, 우리는 내가 소유하지 않은 것, 즉 새롭고, 잘 알지 못하고, 때로는 금지된 것에 가장 쉽게 욕망을 느낀다. 끊임없이 냉장고 문을 열어대는 십 대를 관찰해본 사람은 누구나 알 것이다. 손에 있는 음식은 아무도 갈망하지 않는다. 그래서 영어로 혼외 섹스 상대를 가리켜 '모르는', '낯선'이라는 의미의 형용사인 'strange'라는 단어를 명사처럼 쓰기도 한다. 어느 유명한 소설책에도 이런 대사가 등장한다. '갑자기 내 나이를 의식하게 되거나 죽을 것 같을 때, 처음

보는 사람과 하룻밤 섹스를 꿈꾼다.'[6] '갈망'이라는 단어 자체
는 무언가를 가질 수 없다는 의미를 내포한다. 심리학자들은
'친밀감과 성적 욕구의 모순'이라는 표현을 쓰기도 한다. 즉 친
밀감을 얻기 위해 성적 욕구가 생기기도 하지만, 친밀감이 너
무 강해지면 성적 욕구가 강화된다기보다는 억제되는 것처럼
보일 수 있다.

이제 우리는 우리의 어머니 아버지 세대, 할머니 할아버지
세대보다 더 오래 살 확률이 높다. 육체적으로도 더 건강할 것
이고, 성관계도 더 오랫동안 할 수 있을 것이다. 따라서 배우자
가 나에게 처음 느꼈던 성적 매력이 있다면 그것을 더 오랫동
안 잘 유지할 필요가 있다. 우리는 이전 세대보다 성생활에 대
한 기대감이 높다. "인류 역사상 우리는 처음으로 14명의 아이
를 낳거나 아내로서 의무를 하려는 것이 아닌 이유로 장기적
관계의 성생활을 경험하고 있다. … 우리는 점점 더 쾌락과 친
밀감을 느낄 수 있는 섹스를 원한다." 에스더 페렐은 이렇게 말
한다.[7] 물론 이런 글들은 다소 여성적인 관점이다. 남자들은
할 수만 있다면 언제나 뜨거운 섹스를 꿈꿔왔다. 하지만 남자
들의 수명은 여자보다 짧았고, 비아그라도 없었다.

모든 활동은 반복되다 보면 뇌가 그 활동에 익숙해지면서
필연적으로 처음 느낀 흥분과 전율이 사라진다. 이러한 뇌의
메커니즘으로 우리는 새로운 정보를 기억하고, 특정 상황에

놓였을 때 예상되는 것들을 학습함으로써 상황 처리 능력을 습득할 수 있다. 그러니 이는 인간의 생리적 특징일 뿐 결점이 아니다. 마델레인 카스테야노스Madeleine Castellanos는 그녀의 저서 《욕망을 욕망하다Wanting to Want》에서 이 메커니즘을 이렇게 설명했다. "연애 시작 단계에는 상대의 세세한 부분까지 주목한 것에 대해 뇌가 보상을 받는다. 또한 새로운 발견 덕분에 성적 욕구가 강화된다. 그런데 뇌는 효율적으로 작동하기 때문에 시간이 갈수록 같은 사람과 상호작용 과정에서 얻는 새로운 정보가 없으면 그 사람에게 주의를 덜 기울인다. 뇌는 잘못이 없다. 뇌의 이런 기능 덕분에 우리가 세상을 살아가는 데 필요한 새로운 정보를 익히고 제대로 활동할 수 있는 것이다."

성욕이 줄어들면 에너지가 관리된다는 이점도 있다. (인간만 그런 것이 아니다. 수컷 구피도 다양한 암컷 구피에게 접근할 수 있는 조건이 되면 가능한 한 짝짓기를 많이 한다. 하지만 그에 따른 대가도 크다. 짝짓기를 너무 많이 하는 구피는 일부일처형 구피만큼 몸집이 자라지 않는다. 아마도 짝짓기를 하느라 바빠서 먹이를 충분히 먹지 못하기 때문일 것이다.[8]) 배우자에 대해 느끼는 성욕이 줄어든다고 해서 그 관계에 문제가 생긴 것은 아니다. 신선함은 오래가지 않는다. 시간이 지나면 배우자의 벗은 몸에도, 혹은 배우자의 불같은 열정에도 엄청난 흥분이 일지 않는다. 하지만 욕구라는 저장고는 처음에 흘러넘치던 단계가 지나고 나면 다시 채워지는 단계로 넘어가게 된다.

비우고 다시 채우기

서로 사랑하지만, 육체적으로 서로를 늘 갈망하지 않는 부부
는 어떻게 해야 할까? 지금까지 '성욕'을 떨어뜨리는 요인에 관
한 연구는 많았지만, 어느 것도 시원한 답을 내놓지는 못했다.
"성욕이 뇌에서 어떤 작용을 거쳐 만들어지는지는 고사하고,
정확히 어떤 감정인지도 명확하지 않습니다." 럿거스 대학교
의 저명한 심리학 교수인 배리 코미사루크Barry Komisaruk는 BBC
에 출연해서 이렇게 말했다. "아직 성욕이라는 감정을 완전히
분해해서 재조립한 사람은 없죠." 성욕이란, 정확히 설명할 수
는 없지만, 주방 선반에 들어 있는 플라스틱 반찬통처럼 늘었
다 줄어들기를 반복한다. 어떤 때는 선반 문을 닫기 힘들 정도
로 통이 넘치고, 또 어떤 때는 그 많던 통이 다 어디로 갔는지
보이지 않는다.

베스트셀러《그 남자의 섹스She Comes First》를 쓴 심리학 박사
이안 커너Ian Kerner는 성욕을 수많은 상황에 영향을 받는 주식
시장에 비유한다. "성욕은 늘 오르락내리락합니다. 매우 역동
적이죠. … 한 가지 문제만 있을 때는 없어요. 언제나 여러 가

지 요인이 복합적으로 작용합니다." 커너 박사는 상담을 받으러 오는 부부마다 그들에게 영향을 미치는 심리적, 생리적, 사회적 문제를 파악해야 한다고 말한다. "성욕의 모습은 다양한 요소에 의해 결정됩니다."

반찬통이 떨어졌을 때, 냉장고 문을 열고 오래된 음식이나 상한 음식이 없는지 살펴보는 방법도 나쁘지 않다. 그렇다면 더 활기찬 성생활을 위해 우리는 인생에서 무엇을 버리면 좋을까? 에밀리 나고스키Emily Nagoski가 저서 《있는 그대로Come as You Are》에서 지적했듯이, 때로는 우리를 흥분시키는 것을 더 자극하기보다 흥분하지 못하게 하는 것을 없애는 방법이 더 쉽다.

그녀의 말에 따르면, 성욕은 가속 장치와 제동 장치라는 이중 체계로 작동한다. 새로 시작된 관계에서 느껴지는 에너지, 사랑하는 사람의 얼굴과 몸, 연인과 한동안 떨어져 있다가 다시 만날 때 느끼는 흥분감, 귓가에 스치는 뜨거운 숨결, 아름다운 석양 등 섹스를 원하게 만드는 모든 것이 가속 장치에 해당한다. 반대로 제동 장치는 섹스를 원하지 않게 만드는 것들이다. 그런 요인은 많다. 심리적, 육체적 요인과 두 사람 사이의 관계와 관련된 요인이 복합적으로 작용할 수 있고, 본인이 의식하지 못하는 상태로 존재할 때도 많다. 장기적인 일부일처의 관계에서는 가속 장치의 힘이 약해지고, 제동 장치는 민감해지기 쉽다.

그렇다면 제동 장치를 덜 민감하게 할 방법은 없을까? 성욕을 줄인다고 알려진 육체적 요인은 여러 가지가 있다. 과음, 흡연, 운동 부족이 성욕을 떨어뜨릴 수 있다는 사실은 연구 결과를 언급하지 않아도 누구나 안다. 비만도 그렇다. 심리적 요인도 여럿 있다. 우울증과 성욕은 거의 상반되는 감정으로 보이지만, 놀랍게도 항우울제 역시 성욕을 떨어뜨리는 요인이 될 수 있다. 스트레스, 분노, 자존감 저하, 대인 관계 문제도 부정적인 요인으로 작용한다. 불안감 역시 마찬가지다. 정서적으로나 육체적으로 불안감을 느끼면 성욕이 감퇴한다. 뉴욕 고층 아파트에 사는 나는 사생활이 완벽하게 보장되지 않는다. 이 문제 역시 성욕을 떨어뜨리는 꽤 중요한 요인이 될 수 있는 것으로 밝혀졌다.

나고스키는 특히 사람들의 오랜 고민거리인 신체 이미지를 중요한 요인으로 꼽는다. "우리의 몸은 우리가 태어나서 죽을 때까지 매일 우리와 함께하는 유일한 것이다." 그녀는 이렇게 말한다. "우리는 우리의 몸을 미워하고, 학대하고, 몸과 전쟁을 벌일 수도 있다. 또 기꺼이 감싸고, 사랑하며, 아껴줄 수도 있다." 사람들은 만 4세만 지나면 자신의 벗은 몸을 본다는, 혹은 다른 사람이 자신의 벗은 몸을 본다는 생각을 즐기지 않는다. 하지만 수년간 신체 이미지를 연구한 채프먼 대학교의 데이비드 프레드릭David Frederick 부교수는 이런 생각이 불필요한 두려움에서 기인한다며 〈로스앤젤레스타임스〉에서 이렇게 말했다. "남녀 모두 배우자의 외모에는 충분히 만족하는 반면, 자신의 외모에 대해서는 비판적이다."[9] 또한 심리치료사들은 음경 크기로 고민하는 사람들이 의외로 많다고 말한다. 물론 기혼 남성도 포함된다. 하지만 크기는 거의 문제되지 않을 가능성이 크다. 가령, 오로지 주인에게 즐거움을 제공할 목적으로만 존재하는 것으로 보이는 유일한 신체 기관인 여성의 클리토리스는 약 8천 개의 신경 말단을 가진 장기로 길이가 0.5~3.5밀리미터에 이른다. 즉, 크기 면에서 7배나 차이가 난다(클리토리스가 어디 있는지 모른다면 당장 책을 내려놓고 검색부터 해보라. 감사 인사는 나중에 받겠다). 하지만 장담하건대 남자의 성기가 아무리 작아도 그보다 7배나 큰 성기는 없을 것이다. 포르노 영화라면 몰라도 남녀의 성기에 표준 크기나 모양은 없다.

나는 늘 내가 결혼상대로 약간 평균 이하가 아닐까 생각했다. 내가 느끼기에 남편은 나의 쾌활하고 엉뚱한 성격, 그리고 돈 때문에 결혼했다. 하지만 냉정한 성격이나 외모, 살림과 관련된 소질은 자기보다 못한 사람과 결혼한 것 같다. 그래서인지 결혼 25년 차에도 나는 섹스에 관해서라면 윔블던의 전설인 존 매켄로John McEnroe에게 복식 경기를 요청받은 사람처럼 늘 약간 긴장감을 느낀다(물론 반쯤은 남편이 내 말에 말도 안 되는 생각이라고 말해주길 바란다). 게다가 나는 나이가 들어도 몸에 대한 자신감이 늘지 않았다. 따라서 나는 배우자가 상대의 외모를 나쁘게 평가할 리 없다는 말이 얼마나 믿기 힘든 일인지 잘 안다. 그런데 희한하게도 남편은 내 첫 번째 장점이 몸매라고 말한다(나는 자기보다 외모가 나은 사람으로 인정받는 사람과 결혼했을 때 느끼는 힘든 점에 관해 에세이를 쓴 적이 있다. 그 뒤 우리 부부는 몇몇 TV 토크쇼로부터 그 부분에 관해 좀 더 자세한 이야기를 듣고 싶다며 방송 출연 제의를 받았다. 하지만 남편은 그 에세이가 전혀 자기 이야기가 아니라는 이유로 출연을 거절했다. 확실히 남편은, 멍청한 남자는 아니다). 뉴욕에서 활동하는 섹스 치료사 겸 교육자인 리어노어 티퍼Leonore Tiefer는 나에게 이렇게 말했다. "성생활의 기본은 나체로도 편안함을 느끼고, 서로를 만지고, 냄새 맡으며, 어색한 공간 안에서 같이 시간을 보낸다는 것을 의미합니다."

치료사들이 관찰한 바로는 분노 역시 부부 관계에 찬물을 끼얹는 요소다. 현대 가정에서는 특히 가사 분담 문제가 종종 분노의 원인이 된다. 믿기 힘들겠지만, 사실 그동안 성욕과 가사 노동의 연관성을 알아보는 연구가 꽤 진행되어왔고, 적지 않은 학문적 논쟁을 일으켰다. 1990년 초반의 데이터를 이용한 한 연구에 따르면, 남편이 생계를 책임지고 아내가 가사와 육아를 담당하는 전통적인 성 역할을 따르는 부부가 부부 관계를 더 자주 했다.[10] 연구진은 다른 성별처럼 행동하는, 즉 자신과 비슷한 상대에게는 성적 매력을 덜 느껴서 성적 자극이 줄어드는 것으로 보인다고 주장했다. 하지만 더 최근에 이루어진 연구들은 정반대의 결과로 이를 반박한다.[11] 즉 남편이 가사 일에 좀 더 평등하게 참여하는 부부가 부부 관계를 더 자주 한다는 것이다. 연구진은 가사를 공평하게 분담함으로써 부부 갈등이 줄어들고 결혼 만족도가 높아져 성적 만족도로 이어지는 결과를 낳는다고 주장했다.

흥미롭게도 한 부부 문제 연구원은 늘 설거지를 담당해야 하는 아내들이 특히 성적 불만이 크다는 사실을 발견했다.[12] 유타 대학교에서 가족 및 소비자 연구학과의 조교수로 일하는 다니엘 칼슨Daniel Carlson은 설거지 자체가 문제라기보다 부당한 대접을 받고 있다는 인식이 문제라고 추측한다. "설거지는 2006년 이후로 여성만의 전유물과 가장 거리가 먼 집안일로 분류되어 왔다. 만약 어떤 여성이 다른 집 남편들이 설거지하는 모습을 보며 자기 집에서는 자신만 그 일을 한다고 생각하게 되면, 이는 자신의 상황을 인식하는 기준에 영향을 미친다." 즉, 칼슨은 두 사람의 관계가 공평한지가 더 문제가 된다고 본다. (한편 같은 연구에서 밝혀진 바로는 성적으로 가장 흥분되는 집안일이 장보기였다. 장보기 활동이 에로틱해서가 아니라 두 사람이 가장 자주 '함께'할 수 있는 일이기 때문이다. 더욱이 쇼핑은 집 밖을 벗어나 두 사람이 덜 친숙한 곳으로 나오게 되는 효과도 있다.)

일부 치료사들은 직장 생활에서 스트레스가 심할 경우, 부부의 성생활에 문제를 일으킬 수 있다고 말한다. 심지어 집에서 이메일을 확인하는 행위도 문제가 된다.[13] 따라서 전자기기를 침대에 가져가는 것은 좋은 생각이 아니다(단, 섹스 토이는 예외). 침대에서 이메일에 답하거나 다음날 업무 약속을 정하는 일들은 에로틱한 분위기를 조성하는 데 도움이 되지 않는다. 페이스북이나 인스타그램을 보는 것도 마찬가지다. 침대에 나란히 누워서 각자 다른 영상을 보는 것은 전희를 일으키는 행위와 거리가 멀다.

전미경제연구소의 2018년 조사 보고서에 따르면, 80개 저소득국가 국민 400만 명을 대상으로 자료를 조사한 결과, TV가 있으면 성관계를 맺는 빈도수가 6퍼센트 감소했다.[14] 재미있는 사실은 부부의 성관계 감소가 광대역 인터넷이 대부분 가정에 보급된 2000년경부터 시작되었다는 것이다. "모든 섹스 치료사가 첫 번째로 추천하는 방법은 침실에서 전자기기를 없애는 것입니다. 침실은 두 사람만을 위한 공간이 되어야 합니다." 캐나다의 성 연구자(이상하게 성 연구자 중에는 캐나다 사람이 많다) 로리 브로토Lori Brotto는 이렇게 말한다. "눈이 다른 곳에 가 있으면 배우자에게 집중할 수 없다. 나에게 올 관심을 전자기기에 빼앗긴다면 상당히 실망스러운 일이다. 당연히 실망감은 성적 흥분을 사라지게 만든다."

성과 관련된 심리적 장애와 육체적 장애는 서로 관련이 있다. 비만인 사람은 신체 이미지가 좋지 않고, 술을 많이 마시는 배우자를 둔 사람은 보통 스트레스 지수가 높다. 스트레스가 많은 사람은 성적으로 흥분하기 힘들다. 대표적인 예로 수면 문제를 들 수 있다. 2017년에 발표된 연구에 따르면, 하루 수면 시간이 7~8시간 미만인 여성은 배우자와 성관계를 가질 확률이 낮고, 성적 만족도도 낮다.[15] 이전 연구에서는 평균 수면 시간이 더 많은 여성이 '생식기 자극을 더 잘 받는다'고 밝혀진 바 있다.[16] 쉽게 말해 깨어 있을 때 침실 생활이 더 즐겁다는 뜻이다.

그렇다면 배우자가 잠을 더 잘 잘 수 있도록 도울 방법이 있을까? 내가 이 장 서두에서 말한 방법을 제외하고 말이다. 우선 좋은 방법은 그날 있었던 일을 서로에게 이야기하고 상대의 말을 관심 있게 들어주는 것이다. 내 말에 귀 기울여주는 사람에게 힘든 점을 털어놓는 것이 왜 수면에 도움이 되는지는 누구나 쉽게 이해할 수 있다. 군인 부부를 대상으로 한 실험에서는 단지 좋은 이야기를 나누기만 해도 수면에 도움이 된다고 밝혀졌다.[17] 단지 듣기만 해서는 안 된다. 상대가 이야기하는 동안 내일 차를 어떻게 수리할지 고민하고, 아이 학교에 간식을 가져갈 차례인지 걱정하고, 키우는 개에게서 왜 냄새가 나는지 의아해하고 있다면 아무 의미가 없다. 중요한 것은 상대방이 하는 말을 정말 잘 들어주는 것이다. 연구 결과를 보면 배우자가 자기 말에 관심을 보인다고 느끼는 사람은 잠을 더 잘 잤다. 특히 여성은 배우자가 자기 말에 귀 기울이고 호응해 줄 때, 상대와 마음이 통한다고 느껴 기분이 좋아질 확률이 높다.[18]

그러고 보니 섹스도 좋은 이야깃거리가 될 수 있다.

어색함을 극복하는 섹스 이야기

우리 부부가 결혼할 때는 호주 법에 따라 혼전 상담을 받을 의무가 있었다. 이때 받은 교육은 그동안 받았던 많은 의무교육과 달리 직설적이고 가식이 없었다. 우리 부부를 상담해준 사람은 목사였는데, 남편과 내 친구의 아버지이기도 했다. 그래서 그가 결혼생활에서 가장 힘든 부분 중 하나가 잠자리에서 자신이 원하는 것을 배우자에게 터놓고 말하는 것이라고 말했을 때, 우리는 눈을 어디에 두어야 할지 몰라 당황스러웠다. 하지만 그의 말은 일리가 있다. 성행위나 신체 부위를 일컫는 표현은 대개 욕설이나 모욕적인 말로 쓰인다. 성행위와 관련된 언어는 그다지 아름답지 않다. 노골적이고 외설적이며 이상한 표현이 많다. 시적으로 아름다운 표현은 드물다. 그래서 책 속에 등장하는 섹스 장면이 이상하게 그려지는 경우가 많다(직업

상의 이유로《그레이의 50가지 그림자》를 '두 번' 읽어본 여자로서 하는 말이다).

　그러나 성 연구자들은 섹스에 관해 이야기를 많이 나누는 사람들이 섹스를 더 자주 하고, 더 잘한다고 말한다. 배스킨과 라빈스가 다양한 아이스크림 맛을 연구했듯이 다양한 각도에서 성 문제를 연구했던 윌리엄 H. 마스터스_{William H. Masters}와 버지니아 E. 존슨_{Virginia E. Johnson}은 1960년대부터 이런 주장을 펼쳤다. 그들은 미주리주 세인트루이스 실험실에서 1만 건 이상의 성적 만남을 관찰하고《인간의 성 반응_{Human Sexual Response}》이라는 선구적인 저서에서 성적으로 자신을 흥분시키는 방법에 관해 상대방에게 정확히 알려주는 것의 장점을 극찬한다. 한편 실험에 참여한 사람들이 파트너와 나누는 대화를 중요하게 생각하지 않거나 상대에게 호기심을 보이지 않는 모습은 안타깝게 여겼다.[19]

　또한 마스터스와 존슨은 그들이 관찰한 동성애 커플이 이성애 커플보다 더 효율적으로 오르가슴에 도달한다는 사실에 주목했다. 어찌 보면 이는 당연한 이야기일 것이다. 사람들은 보통 자기가 사용해본 도구를 더 잘 사용하지 않는가? 따라서 그들이 본 게이들은 대개 남자들이 좋아하는 방식대로 좀 더 공격적으로 행동했고, 레즈비언들은 여자들이 좋아하는 방식대로 좀 더 부드럽고 천천히 행동했다. 메리 로치_{Mary Roach}가 성과학의 역사를 다룬 《봉크Bonk》라는 매력적인 제목의 책에서 이 부분을 잘 설명했듯이 마스터스와 존슨이 발견한 이성애 커플과 동성애 커플 간의 큰 차이점은 동성애 커플이 좋아하는 방식과 좋아하지 않는 방식에 관해 훨씬 솔직하고 편하게 자주 이야기했다는 것이다.[20]

물론 60년대 이후로 상황은 많이 달라졌지만, 알고 보면 사실 큰 차이는 없다. 2012년에 실시한 한 연구에서 미국 중서부 출신의 기혼자 약 300명을 대상으로 부부가 성적으로 얼마나 솔직한 대화를 나누는지 질문하고, 결혼 만족도와 부부 친밀도를 확인했다.[21] 연구 결과, 성적인 표현과 특히 속어를 많이 쓰는 사람이 만족도와 친밀도가 모두 높게 나타났다. 흥미로운 사실은 여성들 사이에서 그 결과가 특히 강하게 나타났다는 것이다. 하지만 이 솔직한 대화로 결혼 만족도가 높아졌는지, 혹은 결혼 만족도가 높아서 솔직한 대화가 가능했는지에 대한 인과관계가 분명하지 않았다. 그래서 2014년에 이미 행복하다고 응답한 293명의 기혼자를 대상으로 또 다른 후속 연구가 이루어졌다. 성 부부 치료 학회지Journal of Sex and Marital Therapy에 실린 이 연구 내용을 보면, 성생활에 관해 더 자세히 질문한 결과, 잠자리에서 자신이 원하는 것을 배우자에게 잘 말하는 사람이 결혼 만족도와 부부 친밀도가 높게 나타났다. 더 흥미로운 사실은 대화의 내용도 상대의 기를 살리고 부부 관계에

구체적으로 도움이 되는 것이 많았다.[22] 솔직한 대화가 성생활에 도움이 된다는 사실을 증명한 연구 결과는 많지만,[23] 여기서 모두 나열할 필요는 없을 것이다. 하지만 때로는 '사용 후 물을 내려주세요' 같은 공공 화장실용 문구처럼 누구나 아는 사실도 명시될 필요가 있다.

남편과 내가 결혼 전에 만난 목사님의 말처럼, 배우자와 섹스 문제를 이야기하는 일은 생각처럼 쉽지 않다. 가령 그런 이야기는 언제 꺼내야 하는가? 우선 아이들이 옆에 있을 때는 아니다. 성관계 도중에도 분위기를 망칠 수 있으니 별로일 수 있다. 쇼핑 중에는 괜찮을까? "우리 액체 비누 살까? 가루비누 살까? 그리고 보니 내가 자기 젖꼭지 빨아줄 때 어땠어? 좋았어? 참, 우리 버터도 사야 되지?"

적당한 둘만의 시간이 생겼다 해도 우리는 점잖을 떠느라 무슨 말을 어떻게 해야 할지 몰라 쩔쩔매기 쉽다. 저명한 임상 심리학자이자 《당신을 위하여: 여성 성생활의 만족감For Yourself: The Fulfillment of Female Sexuality》을 쓴 로니 바바크Lonnie Barbach는 우리가 쓰는 말 중 가장 중요한 말은 "거기서 0.5cm만 오른쪽으로!"라고 말한다. 그래도 이런 말은 섹스가 두 사람 사이에서 익숙한 주제일 때 하기 쉬운 편에 속한다. 하지만 보통은 그런 경우가 많지 않다. 리어노어 티퍼는 "섹스에 관한 대화에서는 정말 많은 거짓말이 오갑니다. 사람들은 자신이 이상한 사람으로 보이지 않을지, 문제가 있는 게 아닌지 걱정하고 부끄러워하죠. '난 너무 뚱뚱해. 내가 뭘 알겠어. 내가 정말 그걸 원하는 걸까?' 우리가 이렇게 생각하는 이유는 우리가 살아가는 시대와 문화에 영향을 받기 때문이죠."라고 말한다.

뉴욕에서 섹스 상담사로 활동하는 이안 커너는 상담을 받기 위해 자신을 찾아온 부부에게 가장 최근에 가진 잠자리를 구체적으로 설명하게 하는 방법을 자주 사용한다. "여기까지 온 부부라면 선택의 여지가 없어요. 우리는 구체적으로 섹스 이야기를 합니다. 저는 그들이 가장 최근에 가진 잠자리에 관해 느린 동작으로 다시 보기를 하는 것처럼 자세히 설명하도록 여러 가지 질문을 하죠. 언제, 어디서 했는지, 어떻게 시작했는지, 원하는 것을 어떻게 표현했는지, 하는 동안 어떻게 행동했는지, 어떻게 흥분했는지 등을 묻습니다." 그는 섹스 이후의 이런 분석이 유용한 이유가 두 가지라고 말한다. 첫째, 잠자리에서 일어난 일을 되새기는 과정에서 두 사람만의 특징을 찾을 수 있고, 둘째, 성적으로 어색한 분위기를 깰 수 있다. "저는 섹시하고 은밀한 표현으로 대화해보라고 말합니다. 섹스 이야기가 중요한 이유도 거기에 있어요. 돈이나 부동산 관련 이야기와는 다르죠. 그런 말을 나누는 자체가 성욕을 자극할 수 있으니까요. 저는 사람들이 섹스의 시와 언어에 편해지기를 바랍니다."

결혼학 개론

'섹스의 시와 언어'에 익숙해지는 또 다른 방법은 배우자의 성적 판타지를 물어보는 것이다. "특별하게 해보고 싶은 경험이 있어? 내가 해줄 수 있는 게 있을까?" 그렇다고 그 판타지를 곧장 실행해야 한다는 의미는 아니다. 단지 그 기회를 이용해서 상대의 머릿속을 살짝 들여다보고 섹스 이야기에 익숙해지라는 것이다. "상대가 공감할 만한 섹시하고 에로틱한 판타지를 서로 편하게 이야기해보세요. 자기만의 성적 개성이 드러나도록 말이죠." 커너는 이렇게 제안한다. "저는 솔직히 이 방법이 오랜 관계에 있는 사람들이 누릴 수 있는 장점이라 생각해요. 기발하고 참신한, 때로는 엉뚱하고 변태적인 관계를 즐기는 거죠."

여기서 중요한 것은 용기다. 배우자에게 나의 숨겨진 내면을 보여주려면 용기가 필요하다. 우리는 모두 사랑받기를 원한다. 하지만 내가 원하는 것이 그다지 훌륭해 보이지 않는다고 느껴질 수 있다. 섹스 치료사 겸 인기 팟캐스트 〈전희 Foreplay〉의 진행자 로리 왓슨Laurie Watson은 이렇게 말한다. "저는 사람들이 그냥 편하게 생각했으면 좋겠어요. '그래, 뭐 어때. 난 이렇게 해보고 싶어. 해줘!' 이렇게 말해보는 거죠. 말해서 손해 볼 건 없잖아요. 하지만 그렇게 말하기 전에 상대가 나를 변태라고 하지 않을지, 욕하지 않을지 걱정부터 앞서죠. 어쨌든 내일 아침이면 다시 그 사람과 얼굴을 마주해야 하는 더 큰 문제가 있으니까요."

누가 무엇을 언제 원하는가?

남자들은 대체로 여자들보다 섹스를 더 많이 원한다. 새로운
사실은 아니다. 일부 연구자들의 경우, 성별 간 차이보다 성별
내 차이가 클 수 있다고 주장하지만, 이 주제에 관한 한 거의
확실히 XX와 XY 염색체가 문제가 된다. 이를 입증하는 자료
는 꽤 풍부하다. 우리가 일반적으로 알고 있는 사실들이 다양
한 연구를 통해 이를 입증해왔다. 가령, 남자들은 섹스를 위해
돈을 지불하지만, 여자들은 거의 그렇지 않다.[24] 남녀 관계가
발전할 때, 여자보다는 남자가 먼저 섹스를 원한다.[25] 남자는
여자보다 섹스에 관해 더 자주 생각한다.[26] 남자는 여자보다
가벼운 일회적 섹스를 편하게 생각하고,[27] 여자 동성애 커플보
다 남자 동성애 커플이 섹스를 더 자주 한다.[28]

　남자에게 섹스가 주로 육체적인 문제라면, 여자에게는 상
대와 관계를 맺는 심리적인 문제다. 진화 생물학자들은 이 문
제를 대체로 이렇게 설명한다. 여자들은 난자의 수가 제한되
어 있어서 한번 수정된 난자가 더 오래 살아남으려면 제삼자
의 보호와 헌신이 필요하므로 관계를 추구한다. 반면 남자들

은 늘 새로운 정자를 만들 수 있다. 따라서 가능한 한 자주 짐을 덜고 싶어 한다. 씨앗을 많이 심을수록 싹 틀 확률이 높아지는 이치다. 한편 신경학자들은 오르가슴이 일어날 때 남자의 뇌에서는 일명 '사랑의 호르몬'이라는 옥시토신이 여자만큼 분비되지 않기 때문에, 섹스가 관계적인 경험보다 육체적인 경험으로 남는다고 지적한다.[29] 남자의 뇌는 흥분에 대한 기대감에 관여하는 화학물질인 도파민의 영향을 더 많이 받는다. 심리치료사들이라면 아마도 로리 왓슨의 설명과 비슷하게 이렇게 말할 것이다. "여자에게 섹스가 친밀한 관계에 동반되는 부가적인 것이라면, 남자에게는 관계를 뜨겁게 만드는 직접적인 요소다. 남자의 마음을 열어주는 것, 친밀감과 애정을 느끼게 만드는 것은 바로 섹스다. 여자는 섹스를 하기 위해 대화와 친밀감이 필요하지만, 남자는 상대에게 마음을 열고 부드러워지기 위해 섹스가 필요하다."

이런 차이가 남녀 간의 갈등을 일으킨다. 특히 여자들은 아이를 낳고 기르는 동안 성욕이 크게 줄고, 폐경 이후부터는 더 줄어든다.[30] 하지만 남자의 성욕은 그대로다. 40대 이후로는 이전만큼 발기가 잘 안 될 수 있지만, 그들에게는 그 문제를 도와줄 약이 있다.

그래서 대체로 남자들은 섹스를 더 원하고, 여자들은 친밀감을 더 원한다. 유사 이래 남녀는 이러한 성적 욕구의 차이를 해결하기 위해 다양한 방식으로 합의를 시도했다. 첩, 정부, 개방 결혼, 다자간 연애, 혹은 섹스 파트너를 칭하는 기타 모든 형태 등등. 하지만 그중 어느 것도 제대로 인기를 얻지는 못했다. 대부분의 관계는 불륜이고, 개방 결혼은 아직 드물다.

물론 성적 욕구의 차이는 성별과 관계없이 나타날 수 있다. "나는 절대 섹스를 갈망하지 않는다." 최근 출간된 여성 관련 에세이집에서 헤이즐 맥클레이Hazel McClay는 이렇게 말했다.[31] "그래서 다시는 못 한다고 해도 딱히 아쉽지 않을 것 같다. 하지만 브라우니를 다시는 못 먹는다면 무척 실망스러울 것이다." 한편 르네라는 여성은(아이가 있어서 중간 이름으로만 소개해 달라고 부탁했다) 맥클레이와 정반대다. 그녀는 남편과 섹스를 더 자주 하기 위해 옷도 다르게 입어보고, 말도 다르게 하고, 스트레스를 덜 받고 싶어서 영업 일도 그만두고, 특이한 속옷도 입어보고, 상담도 받고, 남편을 상담사에게 데려가는 등 온갖 방법을 시도했다. "남편은 섹스가 중요하다고 생각하지 않았어요. 섹스가 중요하다고 생각하는 쪽은 여자들이라고 믿었죠." 결국 두 사람은 이혼했다.

욕구의 불균형 문제를 잘 다루려면 '자연적 욕구'와 '반응적 욕구'의 차이를 이해해야 한다.[32] 나는 그 차이를 설명하기 위해 우리 아버지가 좋아했던 유머를 잘 사용한다. 이야기는 이렇게 시작한다. 한 교회에서 금욕 기간을 갖기로 했다. 모든 신도는 한 달간 성행위를 할 수 없었다. 어느 날 신도들이 모여 이야기를 하는데, 막 결혼한 새신랑이 규율을 어겼다고 목사에게 털어놓았다.

"아내가 페인트 통을 들려고 허리를 숙였는데 거기서 그만……."

"음. 이제 우리 교회에서는 신도님을 환영해드릴 수가 없군요."

그러자 새신랑이 이렇게 말했다.

"네. 철물점에서도 그렇게 말했어요."

철물점에서 새신랑이 느낀 충동, 수많은 페인트 통 사이에서 느닷없이 나타난 감정, 그런 것이 바로 자연적 욕구다. 영화나 소설, 노래 가사에서 우리가 늘 보고 듣는 것이 바로 이것이다. 그런 장면에는 정해진 순서가 있다. 욕구를 느끼고, 흥분하고, 절정에 이르는 단계. 하지만 다른 방식도 있다. 어떤 욕구는 그림을 그리기 시작하고 나서야 생긴다. 벽에 직접 그려보기 전까지는 그 색이 마음에 들지 확신이 서지 않는다. 하지만 다 그려놓고 나면 얼마나 멋진지 깨닫는다. 즉 파티가 시작해야 시작되는 감정, 이것이 바로 반응적 욕구다. 캐나다 연구원인 로즈메리 바손Rosemary Basson은 여성의 30퍼센트가 자신의 성욕이 비정상적으로 낮다고 생각한다는 것을 알고 이 모델을 체계화했다. "전체 여성의 3분의 1에 해당하는 사람에게 '장애'

가 있다고 할 것이 아니라, 그들이 특정 성적 기준에 도달하지 못했다고 여기게 된 원인을 밝혀야 한다."[33]

성욕이 꼭 직선형으로 나타나야 하는 건 아니다. 바손은 오히려 성욕이 나타나는 과정을 원이 겹치는 모양으로 설명하는 것이 낫다고 말한다. 예를 들어 여성은 많은 이유로 남편과 잠자리를 결심할 수 있다. 사랑해서, 혹은 아이를 낳으려고, 혹은 심심해서, 또는 나처럼 남편이 잘 수 있게 도와주기 위해서 말이다(텍사스주 대학교 학생들은 그들이나 그들의 친구가 섹스를 하게된 이유로 237가지의 다른 이유를 꼽았다[34]). 그리고 여성은 그런 의식적인 결정을 내린 후에 성욕을 느끼기도 한다. 심지어 흥분하고 나서 성욕을 느끼기도 한다. 남녀 모두 그 두 가지 욕구를 경험할 수 있는데, 대개 남자들이 자연적 욕구를 느끼고, 여자들은 반응적 욕구를 느낀다.

성욕을 느끼려면 대개 생식기에서 느껴지는 감정과 뇌에서 느껴지는 감정이 같은 선상에 있어야 한다. 따라서 생식기에서는 자극을 느끼고 있지만, 뇌는 다른 곳에 가 있다면, 섹스는 그다지 기대되는 일이 아닐 수 있다. 오히려 원치 않는 일이 될 수도 있다. 또한 뇌가 기꺼이 준비되어 있다고 해서 생식기가 자동으로 그 기분을 맞춰주는 것도 아니다. 에밀리 나고스키는 "우리의 생식기는 우리의 호불호에 대한 주관적 경험을 반드시 예측해서 행동하는 것은 아니다."라고 말했다.

편의상 자연적 욕구를 느끼는 사람을 '자연 욕구자', 반응적 욕구를 느끼는 사람을 '반응 욕구자'라고 해보자. 가령, 자연 욕구자는 아침에 출근 준비를 하면서 "오늘 밤 우리 같이 잘까?"라고 말할 수 있다. 하지만 반응 욕구자는 차 키와 휴대폰을 찾으며 지각을 걱정하느라 딱히 섹스 생각이 들지 않을 수 있다. 그렇다고 반응 욕구자가 그날 밤 섹스를 하지 않겠다는 의미는 아니다. 자연 욕구자가 매력적으로 느껴지지 않는다는 의미도 아니다. 단지 자연 욕구자가 그 순간 느낀 감정을 반응 욕구자도 똑같이 느끼기를 기대할 수는 없다는 것이다. 로리 왓슨은 이렇게 말한다. "우리는 우리 몸에 관해서라면 나르시시즘에 빠져 있어요. 우리 몸은 오직 진실만을 말한다고 믿죠. 그리고 내가 내 몸에서 느끼는 것을 상대도 똑같이 느낀다고 믿어요." 물론 남녀 모두 성욕을 느낀다. 하지만 그 성욕이 꼭 같은 장소, 같은 시간에 생성되지는 않는다. 반응 욕구자를 배우자로 둔 사람은 사랑받지 못한다는 느낌을 종종 받는다. 그들은 상대도 나를 원해주기를 바란다. 하지만 반응 욕구자는 마음을 정리하고 신체 시스템이 성적인 행위에 집중할 시간이 필요하다. 그렇다고 그들이 서로 사랑하지 않는다는 건 아니다. 단지 그들의 신체 시스템이 다른 시간표대로 움직일 뿐이다.

자연 욕구자와 반응 욕구자는 각자의 위치에서 행복한 성생활에 기여하는 바가 있다. 반응 욕구자는 사실 자신이 지휘권을 가진 사람임을 알 필요가 있다. 자연 욕구자는 항상 달릴 준비가 되어 있는 엔진과 같다. 시동을 거느냐 마느냐는 반응 욕구자가 결정한다. 브레이크와 기어도 반응 욕구자가 조종한다. 이때 언제 시동을 걸고, 브레이크를 넣고, 기어를 조종할지는 꼭 성욕에 따라 결정되는 것이 아니다. 어떤 일을 원하는 것과 일단 시도해보고 부딪혀보는 것이 같을 수는 없다. 반응 욕구자는 원한다면 욕구가 일기를 기다리지 않고 섹스를 시작할 수 있다. 그렇다고 그 섹스가 거짓은 아니다.

한편 자연 욕구자는 섹스 환경을 방해하는 요소가 가능한 한 적게 나타나도록 분위기를 조성하는 쪽에서 도움을 줄 수 있다. 집이 너무 어수선하지 않은가? 아이들은 잘 챙겼는가? 사생활 침해 요소는 없는가? 배우자는 사랑받는다고 느끼는가? 내 욕구 해소를 도와주는 수단처럼 느끼지는 않는가? 자연 욕구자가 해서는 안 되는 일 중 하나는 배우자에게 죄책감을 느끼게 하거나 강요하고 애원해서, 혹은 강제로 성관계를 갖는 것이다. 그런 행동은 성욕을 아예 사라지게 만든다. "성욕은 섹스에 관한 경험이 그것을 더 하고 싶게 할 때 지속해서 일어난다." 마델레인 카스테야노스는 이렇게 설명한다.

오랜 관계에서 행해지는 섹스는 종종 산책에 비유할 수 있다. 이렇게 말하면 전혀 에로틱하게 들리지 않을 수도 있지만, 일단 들어주길 바란다. 섹스는 때때로 어느 멋진 봄날의 산책과 같다. 파릇파릇 새싹이 돋는 봄날, 미국 버몬트나 영국 서섹스, 호주 빅토리아의 언덕에 있다고 가정해보자. 당신은 아마 밖으로 나가고 싶어 견딜 수가 없을 것이다. 야트막한 경사를 따라 걷는 동안 구름 뒤에 숨어 있던 태양이 고개를 내밀고, 때마침 그해 첫 수선화가 고개를 든다. 새들이 지저귀는 소리를 들으며 숲속 작은 공터에 도착하니 눈앞에서 몇 초간 아기 곰 두 마리가 장난치고 노는 모습이 보인다. 혹은 멋진 금조 한 쌍이 기다란 꼬리를 뽐내며 열심히 노래를 부른다. 지금까지 한 번도 본 적 없는 아름다운 모습이다. 너무 아름다워 숨이 막힐 것 같다. 잠시 후 아기 곰이 떠나고 금조도 날아가면 깊은 만족감을 느끼며 언덕을 내려온다.

어떤 산책은 가까운 공원에서 잠시 느긋하게 걷다 오는 시간이 될 수도 있다. 아이들이 공을 차고 놀거나, 강아지가 뛰노는 모습을 보기도 한다. 그런 산책도 좋다. 괜히 나갔다고 후회하는 일은 별로 없을 것이다. 즐겁지 않은 걷기는 억지로 해야 하는 강제 행군뿐이다.

여유 있는 산책을 즐길 시간이 없다면, 일부러라도 시간을 내서 잠시 다녀오는 산책도 좋다. 연구 결과에 따르면 서로 안아주기만 해도 테스토스테론이 분비된다. 실제로 캐나다 온타리오주 퀸스 대학교에서 심리학 및 성 연구학을 전공한 사리 반 앤더스Sari van Anders 박사는 여성들을 대상으로 배우자와의 포옹 전후를 확인한 결과, 섹스 후보다 테스토스테론 분비가 더 증가한다는 사실을 발견했다.[35] "본 연구는 테스토스테론 수치가 높은 건강한 여성이 오르가슴을 더 잘 느낀다는 결과를 처음으로 밝힌 사례일 것이다. 따라서 본 연구 결과에 따르면, 성관계로 테스토스테론 수치가 증가하면 성욕이 증가하거나 오르가슴을 경험할 확률이 높아질 수 있다."[36] 포옹은 섹스와 달리 공공장소에서도 얼마든지 할 수 있다. 그러므로 장소를 가리지 말고, 특히 아이들 앞에서도 자주 포옹하기 바란다. 섹시한 기분을 느끼고 싶다면 계속 배우자를 터치하자. 어떤 핑계도 좋다. 살갗을 맞댈 기회를 가능한 한 자주 만들어라. 마사지도 좋고, 아침에 일어나서 안아주거나 나체로 같이 자는 것도 좋다. 운전할 때 배우자의 무릎에 손을 얹는 것도 방법이다. 상대가 싫어하지 않을 거라는 생각이 든다면 언제든 좋다.

학계뿐 아니라 심리치료 분야에서도 이런 방법을 지지한다. 많은 상담치료사가 꼭 성적인 자극이 아니더라도 애정을 담아 기분 좋게 서로를 터치하는 것을 추천한다. 미국 워싱턴 D.C.에 있는 아메리카 대학교의 심리학 교수 베리 맥카시Barry McCarthy는 〈워싱턴포스트〉지에서 이렇게 말했다. "성욕은 두 사람 사이의 육체적, 심리적 상호작용 과정에서 나온다. … 기대감과 촉감이 조화를 이룰 때 생기는 것이다."[37] 맥카시는 심리학자이자 부부치료사로 일하는 전 가톨릭 사제 마이클 메츠 Michael Metz와 함께 성욕을 지속하는 방법으로 '적당히 괜찮은 섹스법'이라는 재밌는 이름의 섹스 모델을 개발해 큰 관심을 받았다.[38]

이 모델은 매번 3점 슛을 넣겠다는 성과 중심적 사고에서 벗어나 두 사람만의 친밀감을 쌓는 것에 주안점을 둔다. 즉 부부가 한 팀이 되어 성욕을 유지하는 데 필요한 신체적, 심리적 어려움을 계속 극복해가는 방식이다. 현재 내가 가진 것과 현실 사이에서 조화를 이루는 것이 중요하며, 간단히 말해서 가능한 한 많이 안아주고 만져주는 것이 좋다. 맥카시는 생각보다 많은 노력이 들 수도 있지만, 동기부여만 된다면 노력 여하에 따라 많은 부부가 성욕을 되찾을 수 있다고 말한다. 부부는 자녀나 주변 사람, 나이, 혹은 섹스 도중에 내는 이상한 소리에 대한 걱정과 같이 둘 사이의 섹스를 방해하는 어떤 힘도 물리치며 서로에게 훌륭한 성적 동반자가 되어줄 수 있다.

얼마나 자주 해야 할까?

부부 중 한 사람은 섹스가 너무 적다고 생각하고, 한 사람은 너무 많다고 생각하면, 불가피하게 숫자 싸움이 일어난다. 숫자는 확실성에 대한 환상을 만들어낸다. 수학에는 보통 정답이 있기 때문이다. 그래서 우리는 모두 이 질문의 답을 원한다. '섹스는 얼마나 자주 해야 할까?' 그런데 작가 겸 심리치료사로 활동하는 마티 클라인Marty Klein은 이 질문을 좋아하지 않는다. 문제가 아닌 것이 문제가 될 수 있다는 이유에서다. "사람들은 다른 사람들이 섹스를 얼마나 자주 하는지 자주 제게 물어봅니다. 하지만 저는 그 질문에 답하지 않아요." 두 사람이 만족하면, 그걸로 충분하다.

하지만 숫자를 꼭 밝혀야 도움이 된다면, 캐나다의 몇몇 연구원이 용감하게도 한 가지 답을 내놓았다. 일주일에 한 번! 2016년에 이루어진 이 연구에 따르면, 일주일에 한 번 이상 성관계를 하는 부부가, 가령 목요일 밤마다 다른 파트너와 밀회를 즐기는 사람들보다 더 행복하다고 보고되지는 않았다.[39] 하지만 일주일에 한 번 미만으로 성관계를 하는 부부는 만족도가 떨어진다고 보고되었다.

상당히 폭넓게 진행된 이 연구 결과는 각기 다른 세 집단에서 뽑은 미국인 3만 명 이상을 대상으로 40년 넘게 수집된 자료를 분석한 것이다. 하지만 누군가가 이 부분을 읽고 배우자를 흘겨보고 싶은 마음이 든다면, 그전에 행복에 관한 모든 연구는 항상 상관관계의 문제이지 인과관계의 문제가 아니라는 사실을 알아두기 바란다. 일주일에 한 번 섹스를 하는 부부는

결혼학 개론

섹스를 해서 행복해진 것이 아니라 원래 행복해서 그랬을 수도 있다. 어쩌면 옆집 사람도 그렇게 한다고 생각해서 일주일에 한 번 하는 섹스에 만족하는 것일 수도 있다. 아니면 설문 조사원에게 거짓말을 했을 가능성도 얼마든지 있다.

심리치료사들은 섹스하는 날을 따로 지정해두는 것이 너무 작위적이고 재미가 없게 느껴질 수 있다는 점을 인정한다. 하지만 일상이 너무 바쁘거나 아이에게 모든 에너지를 빼앗긴다면 자연스럽게 성욕이 일기를 기다리는 것은 다른 세상의 이야기가 될 수 있다. "우리 인생에서 나에게 정말 중요한 일이면서도 계획하지 않는 일이 또 있나요?" 로리 브로토는 이렇게 질문한다. "없습니다. 섹스하는 날을 미리 계획하고 그런 대화를 나누다 보면, 판타지와 기대감에 대한 가능성이 열려요. 성관계가 즐거운 경험이 되게 하는 방법을 생각해보는 기회도 됩니다." 마음속 달력에 빨간 동그라미가 그려져 있다고 생각하면, 언제 잠자리를 해야 할지 고민하는, 불필요한 스트레스를 줄일 수 있다. 거절에 대한 걱정도 줄일 수 있다. 정해둔 날을 지키기 어려울 때, 두 사람이 적어도 그 문제에 관해 이야기를 나누고 이유를 알아볼 수 있다. 혹은 특별한 신호를 정해두는 방법도 추천한다. 유리병에 작은 돌을 넣어둔다든지, 특정한 커피잔을 사용한다든지 하는 방법으로 두 사람만의 뜨거운 밤을 위한 신호를 정해두는 것도 좋은 방법이 될 수 있다.

여성들을 위한 페이지

여성의 성은 그것을 연구하는 사람, 혹은 그것과 함께 살아야 하는 사람 대부분을 여전히 당혹스럽게 한다. 그중 몇 가지 예를 소개하면, 우선 오르가슴에 도달하기 위해 클리토리스 자극이 필요하다는 여성의 비율은 학자마다 천차만별이다.[40, 41] 질 내부에 있다는 성감대인 G-스팟은 처음 그 존재가 알려진 후로 반세기가 지났지만, 학계에서는 존재 여부에 대한 논란이 여전히 일고 있다. 오르가슴의 효과도 그렇다. 척추가 손상된 여성은 보통 하복부에서 느껴지는 감각이 뇌에 도달하지 않지만, 일부 여성은 질에서 느껴지는 자극에 반응하고 오르가슴도 느낀다.[42] 또한 여성은 오르가슴을 연속해서 느낄 수 있어서 불응기*가 없는 것으로 보인다.

　한 신경 연구팀은 여성이 오르가슴을 느끼는 동안 뇌 이미지를 촬영하여 판단력과 주의력에 관여하는 편도체를 포함해 뇌의 여러 영역이 활성화된다는 사실을 발견했다.[43] 하지만 네덜란드 연구팀은 조금 다른 방법을 사용해서 편도체를 포함한 뇌의 특정 부위에 오히려 혈류량이 줄어드는 모습을 관찰했다.[44] "여성은 오르가슴을 느끼는 순간 아무 감정을 느끼지

---

* 조직이나 세포가 한 번 자극을 받고 흥분한 이후, 연이은 다음 자극에 반응하지 않는 기간
　-역자주

못합니다." 이 연구를 담당했던 헤르트 홀스테허Gert Holstege는 2005년 열린 학회에서 이러한 인상적인 발언을 남겼다. 또한 여성 대부분은 '뇌와 생식기 간의 의견 불일치'를 겪는다. 뇌에서는 흥분을 느끼지 않지만, 생식기에서는 흥분을 느끼는 상태를 말한다. 한 연구에서 여성들에게 침팬지의 짝짓기 영상을 보여주었을 때, 여성의 질 내 혈류량은 증가하였으나 흥분을 느끼지는 않았다.[45] 한편 지금까지 나온 유일한 여성 성욕 치료제인 애디Addyi는 대체로 실패작으로 평가된다.

한마디로 여성의 성은 복잡하기 그지없다. "그래서 남성과 여성 모두에게 극심한 실망감을 안겨주죠." 로리 왓슨은 이렇게 말한다. "남자들은 저에게 와서 이렇게 말합니다. '아내를 흥분시키려고 얼마나 노력했는지 몰라요.' 그러면 저는 이렇게 답합니다. '맞아요. 선생님께서 결혼하신 분은 여자니까요.'" 여성의 성욕이 복잡하다고 해서 남성의 성욕보다 열등하다고 할 수는 없다. 단지 다를 뿐이다. 하나의 자세로 3분 이내에 서로 오르가슴에 도달하는 빠르고 뜨거운 섹스법 같은 모범 답안은 없다. 남들의 기준에 맞추려고 노력하는 것은 성생활에 아무런 도움이 되지 않는다. "여자들은 침대 주위를 서성이며 이렇게 생각하죠. '아, 오늘 밤도 아닌가 봐.'" 왓슨은 이렇게 말한다.

그동안 언론계와 학계, 제약 업계에서는 여성의 성욕을 불타오르게 할 방법을 찾는 데 많은 에너지를 쏟았다. 그중 로리 브로토 박사는 성욕이 낮은 여성들에게 명상을 이용한 몇 가지 연구를 시행하여 여성들이 주변의 방해요인을 차단하고 몸에 집중할 수 있도록 도움을 주었다. 박사는 몸과 머리가 조화를 이루면 몸이 무엇에 반응하는지 더 쉽게 주목할 수 있다고 주장한다. "우리는 여성들이 신체 내부의 감각에 주목하는 능력을 높여주려고 해요." 자극에 대한 피부 민감도나 호흡수를 조절하는 방법 등은 여성들이 더 쉽게 성욕을 느끼도록 도움을 줄 수 있다. "스트레스와 불안 요인을 줄이고 기분전환을 하는 방법은 전반적인 삶의 질을 높이는 데에도 도움이 됩니다."

우리는 성에 관해 여성들에게 혼란스러운 메시지를 보내는 시대에 살고 있다. '여자는 무조건 섹시해야 한다'라는 메시지를 받는가 하면, '너무 적극적인 여성은 무섭다'라는 메시지도 받는다. 동시에 그와는 정반대되는 의미로 '섹스를 하지 않는 여성은 답답하고 막힌 여자다'라는 메시지도 받는다. 《섹스 신화The Sex Myth》의 저자 레이첼 힐스Rachel Hills는 성에 관한 우리의 많은 콤플렉스를 자세히 들여다보면, '섹스는 인간에 관여하는 어떤 활동보다 더 특별하고, 중요하고, 즐거움과 만족감을 주는 행위'라는 의미가 숨어 있다고 말한다. 그녀는 자신의 경험에 비추어 이렇게 지적한다. "내가 매력 없고 부족한 사람이라고 느끼는 이유는 섹스를 하지 않아서가 아니라, 섹스 라이프가 자신을 정의하는 가장 결정적인 자질 중 하나로 여겨지는 문화 속에 살고 있어서다. 문제는 섹스가 아니라 나를 포함한 많은 사람이 그 문화에 큰 의미를 부여한다는 것이다."[46]

남자도 편하지 않기는 마찬가지다. 남자들 사이에서는 섹스 상대가 많을수록 좋다는 인식, 예쁜 여자를 잠자리로 끌어들이는 기술을 훌륭한 능력으로 보는 인식이 강하다. 그와 동시에 모든 성관계는 사전 합의가 이루어져야 한다는 강력한 경고 메시지도 받는다. 성범죄에 대한 높아진 경각심이 결혼 생활의 성관계에 어떤 영향을 미치는지는 확실하지 않다. 이상적인 세계라면 섹스를 단지 서로에게 오르가슴을 안겨주는 행위가 아니라, 의사소통과 친밀감 형성, 표현의 수단으로써 보다 성숙한 의식을 함양하는 기회로 볼 것이다. "성과 관계된 우리의 인체 시스템이 얼마나 아름답게 만들어졌는지 제대로 이해하려면 아직 갈 길이 멉니다." 리어노어 티퍼는 이렇게 말한다.

그렇다면 여기서 우리의 오랜 고민거리인 포르노 문제를 생각해보자. 포르노에 관해서는 두 가지 학설이 있는데, 두 학설 모두 과학에 근거를 두고 있다고 주장한다. 한 가지는 포르노가 해롭지 않다는 학설이다. 일부 캐나다 연구진이 밝혔듯이 두 사람이 함께 포르노를 보면서 아이디어를 얻고, 대화를 나누고, 서로의 흥분을 도와줄 수 있어 오히려 애정 생활에 도움이 된다는 것이다.[47] 또 한 가지 학설은 그 주장의 반대편에 있다. 이 이론을 지지하는 사람들은 포르노물을 보게 되면 몸에서 보내는 성적인 신호가 아니라 화면에서 나오는 성적인 신호에만 뇌가 반응하도록 길들여진다고 주장한다.[48] 그들은 포르노에 심하게 노출된 남자들이 연령과 관계없이 성생활에 어려움을 겪는다는 보고에 주목한다. 그리고 포르노를 보고 섹스를 배우는 것은 서부 영화를 보고 총 다루는 법을 배우는 것과 비슷하다고 말한다.

이런 학설과는 상관없이 포르노 영화는 대부분 특정 종류의 섹스만 묘사한다. 남자의 만족감을 채우는 데 집중하는 섹스, 즉 빠른 삽입과 피스톤 운동이 전부이다. 여자가 좋아하는 방식인 애무로 천천히 절정에 도달하는 섹스 장면은 매우 적다. 포르노에 주로 등장하는 섹스 장면은 성 모델로 삼기에 매우 허술하고, 거의 두 사람 중 한 사람만 자극하기 위해 만들어진 것처럼 보인다(한때 직업상 영화를 많이 본 사람으로서 나는 포르노 영화에 기승전결이 없고, 캐릭터 변화가 없다는 문제점도 발견했다. 물론 이런 지적이 큰 의미는 없겠지만). 내가 만나본 많은 치료사는 광대역 인터넷이 보급된 후로 포르노 영상이 커플들에게 큰 문제가 되고 있다고 입을 모아 말했다. 여성들은 자신이 포르노 여배우에 미치지 못해서 상대가 자신을 원하지 않는다고 걱정할 수 있다. 또한 사랑하는 남자가 성적인 만족감을 얻기 위해 왜 자신이 아닌, TV 화면을 선택하는지 이해하지 못할 수도 있다. 결과적으로 여성은 성적으로 자존감과 자신감을 잃게 되고, 이로 인해 성욕이 더 줄어들 수 있다.

이 모든 변수를 고려한다면, 행복한 성생활을 위해 우리 곁을 오랫동안 지켜온 '자기 결정 이론'에 의지해보는 것도 좋은 방법이다. 이 이론의 원리는 이렇다. 사람은 자신이 하는 일을 선택하고 통제할 때 자신감을 느끼고, 다른 사람들에게 가까이 다가갈 수 있는 활동에 정기적으로 몰두할 때 가장 자신감을 많이 느끼며 건강하다는 것.[49] 우리에게는 자율성과 능력, 관계의 욕구가 있다. 가장 아름다운 성적 상호작용은 내가 하고 싶은 것과 내가 잘하는 것을 허용하고, 내가 다른 사람을 사랑하듯 사랑받는다고 느끼게 해주는 것이다.

한 가지 좋은 소식은 여성의 경우 폐경이 오면 성욕이 크게 준다는 사실에도 불구하고 실제로는 섹스가 더 쉬워질 수 있다는 점이다. 우선 여성들은 자신의 몸이 어떻게 반응하는지에 더 익숙해져서 섹스가 더 긍정적인 경험이 될 수 있다. 게다가 남자들은 테스토스테론의 영향을 덜 받게 되므로 삽입 성교나 오르가슴을 위해 무작정 돌진하지 않고 맥카시의 표현대로 '성욕을 끌어올리는 가교로서 감각적이고 즐겁고 애정이 담긴 애무'[50]를 더 잘 받아들일 수 있다. 오랜 세월 일부일처의 관계로 지내온 부부는 자연스럽게 서로의 매력에, 혹은 배우

CHAPTER 5. 뜨거운 밤을 위하여

자의 눈에 자신이 얼마나 특별하게 비칠지에 대한 고민에 무뎌질 것이다. 하지만 관계를 놀라울 정도로 깊이 있게 만들 기회는 아직 있다. 누군가에게 여전히 큰 즐거움을 선사할 수 있다면 신나는 일이 되지 않을 수 없을 것이다.

또 한 가지 좋은 소식을 전하자면 섹스는 장수와도 관련이 있다. 연구원으로 일하는 배리 코미사루크Barry Komisaruk와 비버리 휘플Beverly Whipple은 규칙적으로 오르가슴을 느끼는 사람들이 스트레스를 덜 받고, 심장병, 유방암, 전립선암, 자궁내막증에 걸릴 확률이 낮다고 말한다.[51] 영국의 전염병 학자인 G. 데이비 스미스G. Davey Smith와 그의 동료들은 일주일에 두 번 이상 오르가슴을 느끼는 남자는 한 달에 한 번 미만으로 오르가슴을 느끼는 남자와 비교할 때 사망률이 절반으로 줄어든다는 사실을 밝혔다.[52] 성 연구 분야의 유명 인사인 알프레드 킨제이Alfred Kinsey는 섹스가 통증을 완화할 수 있다고 믿었다. 메리 로치가 그녀의 책에 썼듯이 섹스는 '생물학적 우선순위의 변화'를 일으켜서 '성을 매개로 육체적 불편함과 고통에 둔감해지는 결과'를 가져오고,[53] 열감과 근육통을 줄어들게 한다. "다시 말해 어떤 이유로 몸이 아프든 간에 뜨거운 섹스를 나누는 동안에는 통증이 우리 몸을 괴롭히지 못한다." 말 그대로 숙제처럼 해치운 늦은 오후의 짧은 성관계가, 남편의 혹은 아내의 목숨을 살릴 수도 있다.

노인학자 칼 필레머Karl Pillemer는 노년기의 미국인 700명 이상을 인터뷰했을 때, 배우자가 매력적이지 않다고 답한 사람은 아무도 없었다고 말한다. 나이가 아주 많은 노인들이었는데도 말이다. 사람들은 보통 한 사람과 수십 년간 섹스할 수는 없다고 생각한다. 나이 든 사람들의 섹스 장면은 왠지 거북하다. 부모님 방에 우연히 들어갔다가 섹스 장면을 목격했을 때처럼 거북한 일은 없다(나도 그 후로 노크하는 법을 배웠다. 지금도 그 장면을 생각하면 얼굴이 화끈거린다). 아내와 여전히 섹스를 즐기는 77세의 한 남성은 이렇게 표현했다. "나이가 들면 그냥저냥 상대방의 결점이 잘 보이지 않는다. 그냥 있는 모습 그대로 보게 된다. 나이가 들었다는 생각은 들지 않는다. 정말 멋진 일이다. 뇌가 그렇게 설계된 건지는 모르겠지만, 어쨌든 그렇다. 그러니 하고 싶은 일이 무슨 일이든 해왔던 대로 그냥 하면 된다."54

FINDING HELP

현명하게 도움받기

CHAPTER

6

MARRIAGEOLOGY

우리 부부 중에서 상담을 받았으면 좋겠다고 제안한 쪽은 남편이다. 남편은 말을 많이 하는 것을 좋아하지 않는다. 그래서 그 말을 들었을 때, 나는 낯선 사람의 발소리를 들은 강아지처럼 귀가 쫑긋해지는 느낌이 들었다. 그동안 상황이 좋지 않았던 것은 나도 알았다. 하지만 '괜찮아지겠지' 하고 막연히 생각하고 있던 차였다. 차라리 그 시간에 데이트를 한 번 더 하면 시간과 비용적인 면에서 더 유익하지 않겠느냐고 했더니, 남편은 힘없이 미소만 보였다. 머릿속 어딘가에서 희미하게 울리던 경보음이 한 단계 커졌다. 그 경보음은 남편이 이미 상담사를 찾아놓았다고 말했을 때 한 단계 더 커졌다. 수 핀쿠

소프Sue Pincusoff는 내가 상상했던 세련되고 지적인 이미지의 상담사는 아니었다. 히피풍의 편한 원피스를 입은 그녀는 남편의 어머니, 짧은 반바지를 한 번 입은 후로는 그가 말을 듣지 않았던 나의 시어머니 패티를 떠올리게 했다.

나는 그제야 알게 되었다. 남편은 내가 그를 사랑하지 않는다고 믿고 있었다. 내가 아이들과 내 일에만 관심이 있을 뿐, 자기를 단지 처리해야 하는 많은 일과 중 하나로 여긴다고 믿었다. 나의 룸메이트 정도로만 느껴질 뿐, 나를 사랑하는지도 확신하지 못했으며, 상담사의 필사적인 노력에도 나와 헤어지기로 결심까지 했다.

이 사실을 알게 된 나는 감당하기 힘든 분노에 휩싸였다. 내가 보기에 그의 삶은 과거에도 미래에도 언제나 그의 첫사랑, 건축이 1순위였다. 나와 아이들은 그의 그런 열정에 부응하느라 우리의 삶을 맞춰왔고, 그가 건축 일에 쏟고 남은 나머지 애정에 그저 만족하며 살았다. 그렇게 종잡을 수 없이 가족을 대했던 사람이 이제 와서 사랑을 받지 못하네 어쩌네 주장하다니, 어떻게 그럴 수 있을까? 나는 심지어 리스트도 준비했다. 그런 리스트를 만들리라고는 상상도 못 했지만, 남편이 그동안 우리를 2순위로 밀쳐두었던 날들, 내가 갓 태어난 아기와 젖몸살에 시달리는 동안 남편은 클럽에 갔던 날이며, 바닥에서 천장까지 이어지는 창문을 설치하고 싶다 해서 아이들과 내가 한겨울 추위에 벌벌 떨던 날들이며, 오븐 하나 없이 지냈던 날 등을 적어 내려갔다. 그랬던 자기가 이제 '우리'를 떠나겠다고?

우리는 전형적인 사례에 속했다. 우리 둘 다 에너지가 많이 드는 직업을 가졌고, 아이들은 너무 어려서 우리의 관심이 많이 필요했으며, 서로를 위한 시간을 거의 내지 못하고 있었고, 침실 생활 역시 그다지 만족스럽지 못했다. 원망, 억울함, 분노, 스트레스, 빚, 우리는 필요한 모든 것을 다 갖추고 있었다. 우리는 법적 테두리 안에서 한 인간이 다른 인간에게 할 수 있는 모든 나쁜 행동을 서로에게 이미 했거나 시도하려고 했다. 불행한 결혼생활을 알리는 이 묵시록의 네 기사 즉, 경멸, 비난, 방어적 태도, 비협조적 태도가 매일 우리 집 거실에서 퍼레이드를 펼쳤다.

우리는 그 총체적 난국을 벗어나기 위해 2주에 한 번씩 2년간 수를 만났다. 쉽지 않은 일이었다. 특히, 나를 가장 잘 아는 사람이 나를 전혀 모르는 사람에게 나와 사는 것이 '바다 한가운데서 길을 잃은 느낌'이라거나 '높은 구두를 신고 10마일을 걷는 기분'과 비슷하다고 평가하는 말을 들을 때는 더욱 그랬다. 때로는 상담실에서 공개된 이야기가 상담 이후 더 심한 논쟁으로 이어졌다. 그래서 다음번엔 각자 다른 날을 골라 따로 상담을 받았다. 그 외에도 많은 일이 있었다. 나는 우리의 일을 그렇게 떠벌리는 것이 상황을 더 나쁘게 만드는 것 같았다. 마치 〈스타워즈〉에 등장하는 괴물, 살락의 입속에 끝없이 던져지는 기분이랄까? 적어도 나는 그렇게 느꼈다. 남편은 〈스타워즈〉에 별로 관심이 없었다. 오히려 〈블레이드 러너〉 같은 영화를 더 좋아한다(수가 이 문제를 다루지는 않았다. 다른 시급한 문제가 더 많아서 그랬겠지만). 우리는 점심시간에 만났다. 그래서 내가 패스트푸드 가게에서 샌드위치를 자주 사 갔다. 상담이 끝나면 근처 공원에서 우울한 기분으로 말없이 샌드위치를 먹었다. 지금도 그때 갔던 샌드위치 가게에 들르면 당시의 우울한 기분이 되살아난다.

결국 우리는 극복할 수 없을 것 같던 문제들을 인식하고, 서로 이해하며, 해결책을 찾아 노력하는 과정에서 농담을 주고받을 정도로 발전했다. 서로의 아픔을 나누고, 상처를 살펴보고, 잘못을 인정하게 될수록, 몸을 가눌 수 없을 정도로 고통스러웠던 상처들이 조금씩 덜 아프게 느껴졌다. 때로는 이성적인 다른 누군가의 존재가 반복되는 문제에 관한 두 사람 간의 대화 방식을 바꿀 수 있다. 어느 지점에 도화선이 있는지, 어디에서 조심해야 하는지와 같은 정보를 얻는 데 도움을 받을 수 있다. 객관적인 위치에 있는 제삼자는 부부 사이의 대화에서 일종의 패턴을 찾을 수 있다. 예를 들어 한 사람이 A라는 문제를 언급하면, B라는 반응이 이어지고, 다시 C라는 복수를 초래

하고, 다시 D라는 문제를 떠올리게 만드는 패턴이 반복된다. 그래서 결국 두 사람 사이에 건널 수 없는 Z라는 큰 장벽이 생기는 악순환이 이어진다. 다니엘 와일Daniel Wile이라는 저명한 심리치료사는 부부가 상담받는 상황을 공항 전망 탑에 있는 것에 비유한다. 즉 모든 것을 내려다볼 수 있는 위치에서 어떤 감정이 오가는지 볼 수 있고, 계획에 없던 감정이 나타나더라도 야광 조끼를 입은 관리 요원에게 알려주면 적절한 조치를 취할 수 있다.

남편과 나는 집으로 돌아갔을 때 활용할 수 있는 여러 대화법을 익혔다. 우리는 꾹 참고 이런 대화를 이어나갔다.

"그러니까 당신 말은 내가 사람들 앞에서 당신을 만지는 게 싫단 말이지?"

그의 말은 너무 작위적이고 답답하게 들렸다. 하지만 한편으로는 문제의 핵심을 볼 수 있게 했다.

"아니, 내가 하고 싶은 말은 다른 사람들과 있을 때처럼 우리 둘만 있을 때도 당신이 그렇게 다정했으면 좋겠다는 거야."

상담사들이 추천하듯이 상대방이 하는 말을 되풀이하는 식의 대화는 상대가 말하는 동안 싸울 태세를 갖추는 것이 아니라 상대의 말에 어느 정도 귀를 기울이게 만드는 효과가 있다.

시간이 흐르고 서로에 대한 불만이 조금씩 사라지자, 왜 우리가 그동안 특정 방식으로 행동할 수밖에 없었는지, 반복적으로 일어나는 싸움의 본질이 무엇인지 이해하게 되었다. 그러면서 이제까지 자리 잡고 있던 분노와 불안감이 걷히고 서로에게 일종의 연민이 들기 시작했다. 우리에게는 이제 '소중한'이라는 단어가 중요한 의미를 지니게 되었다. 나에게 소중한 사람이 소중한 사람이라는 느낌을 받게 하려면 어떻게 해야 할까? 우리의 상담사는 '사랑의 언어'라는 개념을 좋아했다. 사랑의 언어란 개개인이 다른 사람과 사랑을 주고받는 기본적인 수단으로, 사람마다 반드시 같지는 않다. 사랑하는 사람에게 사랑의 언어로 말하지 않으면 상대는 사랑받는다고 생각하지 못할 수 있다. 우리는 선물이나 따뜻한 스킨십, 사랑이 담긴 말, 서로에게 도움이 되는 행동, 혹은 함께 시간을 보내는 것 같은 방법으로 우리의 사랑을 보여줄 수 있다. 마찬가지로 누군가가 나에게 이런 행동을 해줄 때 나도 사랑받는다고 느낀다. 이 개념은 게리 채프먼Gary Chapman 목사가 《다섯 가지 사랑의 언어Five Love Lnguages》라는 책에서 소개한 것이다. 그의 이론을 뒷받침할 만한 검토 연구는 없었지만,[1] 그 책이 결혼생활 안내서로 약 사반세기 동안 베스트셀러였던 점을 고려한다면 저자의 논리에 분명 어떤 특별한 점이 있을 것이다.

결과적으로 남편과 나는 서로를 한 팀으로 보기 시작했다. 상담 때문만은 아니다. 우선 내 일이 달라졌다. 승진인지, 강등인지 아니면 단순 이동인지 모르겠지만, 어쨌든 시간적인 면에서 좀 더 유연해졌다. 아이들은 이제 우리의 도움을 덜 필요로 한다. 남편의 직장 상황도 스트레스가 많은 업무 환경에서 벗어나 좀 더 안정을 찾았다. 무엇보다 우리는 결혼생활을 아무런 힘도 들지 않고 영원히 유지되는 어떤 완벽한 대상으로 생각하지 않게 되었다. 우리는 '우리의' 관계를 '우리를 위한' 관계로 바꾸어나갔다. 결국 우리에게 중요한 것은 '우리'였다.

결혼생활도 컨설턴트가 필요하다

기업들은 문제가 생기거나 상황이 불안정할 때 무엇을 할까? 컨설턴트를 부른다. 그들은 엄청난 비용을 들여 경영 전문가를 부르고, 회계장부와 자산, 부채, 업무 흐름 등 필요한 모든 부분을 꼼꼼히 살펴보며 조언을 받고 목표를 재설계한다. 그들은 딜로이트나 맥킨지 같은 경영 전문 컨설턴트 회사의 방문을 부끄럽게 생각하지 않는다. 그런데 부부는, 일반적으로 위기 상황을 겪을 일이 정말 많은데도 외부의 도움을 받지 않는다. 받는다고 해도 도움을 받기까지 시간이 너무 오래 걸린다. 존 가트맨은 보통 부부들이 평균 6년은 지나야 도움을 찾는다고 추정한다.[2] 상담 치료는 자동차를 정비하는 일과 같다. 혹은 봄맞이 대청소나 주기적으로 컴퓨터에서 불필요한 파일을 삭제하는 일과 같다. 그런데 왜 우리는 우리의 건강과 재산, 아이들을 지켜주는 결혼생활을 돌보려 하지 않는 걸까?

나도 그랬듯이 대부분은 상담을 받고 싶어 하지 않는다. 2015년 호주 정부는 200달러가량이 드는 부부 상담을 원하는 사람들에게 무료로 제공했다. 파탄에 이를 수 있는 가정을 구함으로써 이혼 소송과 아동 복지에 들어가는 수천 달러의 비용을 절감해보자는 의도였다. 이 정책을 주장한 정부 고위 관리는 가정이 행복할 때 사회가 전반적으로 잘 돌아갈 거라는 믿음으로 이 정책을 추진했고, 덕분에 무리 없이 예산을 조달할 수 있었다. 정부는 신청자가 너무 몰릴 것을 우려하여 참가 인원수를 부부 10만 쌍으로 제한했다. 하지만 7개월이 지나도 신청자는 고작 1만 쌍에 불과했고, 그중 많은 부부가 실제로 상담하러 가지도 않았다. 결국 정부는 프로그램을 중단했고, 남은 17만 달러를 다른 사업에 썼다.

미국 내 이혼율이 가장 높은 지역으로 알려진 오클라호마주도 비슷한 이유로 2000~2016년 약 7천만 달러에 달하는 연방 복지기금을 결혼 교육 프로그램에 투자했으나 별다른 호응을 얻지 못했다. 프로그램의 평가 보고서에 따르면, 프로그램이 성공하지 못한 이유 중 하나는 참가자를 찾는 일이 어려웠기 때문이다.[3]

부부가 상담받기를 꺼리는 이유는 간단하다. 우선 상담 치료는 돈이 많이 든다(상담사들은 대부분 12회 이상의 과정을 권장하는데, 시간당 평균 100달러 정도의 비용이 들고, 대개 보험이 적용되지 않는다[4]). 또한 상담받는 상황이 어색하고 불편하게 느껴진다. 그래서 안 그래도 재정적 압박을 받으며, 대화 문제로 힘들어하고, 시간 부족에 시달리는 부부에게 상담은 그림의 떡이다. 한편, 사람들은 자신에게 문제가 있다고 잘 생각하지 않는다. 부부 관계도 그럭저럭 괜찮다고 생각한다. 좀 더 이야기를 나누고, 잠자리도 하고, 같이 시간을 보내면 좋아질 거라 생각한다. 그런데 왜 실제로는 그렇게 되지 않는지 이해하기 힘든 노릇이다.

마지막으로 가장 중요한 이유는 상담의 효과를 잘 믿지 않는다는 것이다. 사람들은 대개 상담을 받게 되면, 기분 나쁜 이야기만 듣고 올 뿐, 달라지는 것은 없다고 생각한다. "매주 한 시간씩 상담을 받아보니 보통은 말하지 않고 그냥 지나갈 일까지 이야기하게 되더군요." 게리(가명)는 심리치료사를 다섯 명이나 만나보았지만, 결국 아내와 이혼했다. "그 시간을 채워야 하니 자꾸 더 부정적인 이야기를 하게 됐어요. 나중에는 거의 말을 하지 않게 됐죠." 게리와 그의 아내는 성격도 다르고 대화하는 방식도 달랐다. 그래서인지 동시에 마음에 드는 카운슬러를 찾기도 어려웠다. 게다가 도움이 필요하다고 생각되는 순간이 서로 달랐다. "두 사람이 어느 날 동시에 '오늘 상담을 받는 게 좋겠어. 그래서 A 문제랑 B 문제, C 문제를 해결하자' 하고 마음이 맞는 경우는 드물죠. 대부분은 그냥 그 상황에서 달아나는 데 급급합니다."

확실한 수치로 말할 수는 없지만, 상담사들은 남자들이 일반적으로 상담 치료를 더 꺼린다고 말한다. 남자들은 부부 사이에 문제가 있다고 보지 않는 경우가 많고, 정신적인 문제로 도움을 찾는 경우가 더 적다.[5] 하지만 꼭 남자 쪽이 아니더라도 상대편이 덜 흥분하기만 하면 둘 사이에 별문제가 없을 거로 생각하는 이도 많다. 그런 사람들은 배우자의 흥분을 가라앉히기 위해, 즉 상담사가 배우자에게 그 문제를 지적해주기를 바라며 상담사를 찾는다.

일부 상담사들은 심리치료의 효과를 인정하지 않는 사람들의 의견에 동의하기도 한다. 한 대규모 연구진은 결혼생활이 행복하지 않다고 말한 645쌍의 부부를 5년 뒤 다시 확인했을 때, 자신들이 헤어지지 않고 결혼생활을 이어간 것에 만족스러워한다는 사실을 발견했다.[6] 하지만 그들 중 55쌍을 심층 인터뷰한 결과, 행복하게 사는 이유가 상담 덕분이라고 말한 사람은 거의 없었다.

상담사들은 부부 상담이 그만큼 힘든 분야란 점을 지적한다. 가족 심리치료 전문가인 오거스터스 네이피어Augustus Napier는 가족 치료의 창시자로 알려진 칼 휘태커Carl Whitaker와 《가족을 위로한다Family Crucible》라는 저서를 공동 집필했는데, 부부 상담은 특히 어려운 분야라서 다른 상담사와 함께 진행하는 공동 치료를 선호한다고 말했다. "부부나 가족이 참여하는 상담은 생각보다 훨씬 힘든 일입니다. 상담이 제대로 이루어지려면 훨씬 많은 도움과 협조, 체계가 필요하죠." 그는 한 인터뷰에서 동료 심리치료사에게 이렇게 말했다. "부부나 가족 상담을 저 혼자 진행하다 보면, 제가 중간에 끼이는 입장이 되기 쉽습니다. 상담 과정에서 제가 설득당하거나 분위기에 압도되기도 하고, 그 가족이나 부부의 이야기에 끌려가기도 하거든요."[7]

상담할 수 있는 분야에 대한 의견도 심리치료사마다 조금씩 다르다. 존 가트맨 같은 저명한 학자를 포함한 일부 치료사는 상담사가 해결할 수 없는 문제도 많다고 생각한다. 가령, 한 사람은 직장을 이유로 다른 곳으로 이사하고 싶지만, 다른 한 사람은 그렇지 않을 수 있다. 그럴 때는 두 사람이 힘든 점을 감수하고 사는 법도 배울 필요가 있다고 말한다. 반면 갈등 해결 전문가이자《둘의 힘Power of Two》의 저자인 수잔 하이틀러Susan Heitler 같은 심리학자는 부부 사이에 생긴 거의 모든 문제에 대해 두 사람이 모두 만족스럽게 생각하는 해결점에 도달할 수 있다고 믿는다.

이런 견해차에도 불구하고 각종 데이터를 살펴보면, 정말 힘든 상황에 놓인 부부의 경우 심리치료 없이는 상황이 나아지지 않는다. 나는 이 책이 더 멋진 결혼생활을 위한 길라잡이가 되기를 바라지만, 어떤 문제는 전문가의 도움이 꼭 필요하다. 결국 한 사람과 오랜 시간을 함께한다는 것은 그다지 자연스러운 일이 아니다. 동물 중에서 일부일처를 따르는 종은 많지 않다(두더지, 늑대, 비버, 들쥐, 긴팔원숭이, 일부 조류를 꼽을 수 있지만, 주로 매력적으로 보이지 않는 동물들이다). 부부간에는 갈등이 생길 수밖에 없고, 너무 복잡한 문제를 당사자끼리 해결하기 어려울 수 있다. 영화 '본' 시리즈의 주인공인 제이슨 본 같은 사람 말고는, 자신에게 수술 칼을 들이댈 수 있는 사람은 별로 없다.

2장에서 언급된 싸움의 기본 기술을 터득한 부부라도 정말 감정적인 순간이 되면 그런 기술을 사용하기 어렵다. 평균 속도로 곡선 구간을 운전하는 것은 어렵지 않지만, 고속으로 운전하는 상황에서는 쉽지 않은 것과 같다. 정말 중요하고 힘든 문제가 생길 때 사람들은 마음이 동요하기 쉽다. 평소 대화 능력이 뛰어난 사람도 평정심을 잃기 쉽다. 수 존슨은 이렇게 말한다. "의사소통 능력은 정말 열심히 노력하면 가르칠 수 있습니다. 습득 능력이 좋은 사람은 배울 수도 있죠. 하지만 그런 능력이 정말 필요한 순간, 다시 말해 상대에 대해 온통 부정적인 감정에 휩싸이는 위기의 순간에서는 정작 그 능력을 발휘

할 수 없어요." 전 세계를 돌며 심리치료사들을 가르쳐온 그녀 역시 대수롭지 않은 일로 남편과 여전히 말다툼을 벌인다. 그녀가 할 수 있는 일은 부부들이 조금 더 빨리 평정심을 회복하는 방법을 알아내는 데 도움을 주는 게 전부라고 말한다. 마찬가지로 일반 심리치료사들은 부부들이 어떤 문제 상황을 겪을 때, 혹은 그런 일이 일어난 직후에 필요한 행동을 연습할 장소를 제공한다. "우리는 사람들에게 기술을 가르치지 않아요. 기술은 너무 인위적이거든요. 우리는 사람들에게 새로운 경험을 제공하죠." 존슨의 치료방식을 따르는 카운슬러들은 부부가 실제상황을 가정한 역할극을 해봄으로써 문제를 일으키는 원인이 어디에 있는지 스스로 파악하도록 한다.

또한 훌륭한 부부 치료사는 중립적인 관찰자로서 둘 중 어느 한 사람이 힘든 가족사나 정신적 충격, 혹은 정신 건강이 원인인 특수한 문제점이 없는지 파고들 수 있다. 더욱이 그들은 개인 치료사와 달리 어느 한 사람의 의견을 대변하는 것이 아니라 두 사람의 입장을 동시에 지지한다. (그렇다고 개인 치료사가 부부 상담에 적합하지 않다는 말은 아니다. 대부분 치료사는 부부 중 어느 한쪽에 정신적으로 심한 문제가 있는 경우 만족스러운 결혼생활이 거의 불가능하다고 믿는다.)

부부 상담은 말 그대로 물리치료에 비유할 수 있다. 즉 다친 부위의 근육을 강화해서 치료를 돕는 것처럼 일부 행동에 변

화를 주어 심리적인 약점이나 상처를 치료하는 것이다. 심리
치료사는 상담하는 동안 의뢰인이 힘들어하는 부분이 무엇인
지 관찰하고, 특정 기술을 가르쳐주며, 그 기술을 상대방 앞에
서 연습해보게 한 후, 집에서도 비슷한 상황이 되었을 때 배운
기술을 써먹어보도록 한다. 하지만 대부분은 부부 상담을 그
런 식으로 접근하지 않는다. 사람들은 대개 급한 상황이 닥쳤
을 때 응급실을 찾듯이 상담사를 찾아가 매달린다. 가령, 배우
자의 외도 사실을 알았을 때처럼 말이다.

문제는 섹스가 아니라 배신감이다(하지만 섹스도 문제가 된다)

배우자의 외도 문제는 이유 없이 나타나지 않는다. 보통은 그
뒤에 큰 문제가 있다. 즉 바람을 피우는 사람이든, 부부 관계든
둘 중 하나에 문제가 있다. 정확한 수치를 파악하기는 힘들지
만, 일부 통계에 따르면 상담사를 찾는 부부의 70퍼센트는 부
부 중 한 사람이 외도를 들킨 경우다.

　루이스(가명)도 그랬다. 여덟 살 딸을 둔 그녀는 결혼 13년
차가 되던 해에 남편과 부부 상담을 받기 시작했다. 그녀는 미
국인, 남편은 영국인이다. 그녀는 영국에 유학하러 갔을 때, 지
금의 남편을 만나 데이트를 즐겼고, 미국으로 돌아온 후로는

친구로 지냈다. 그러던 어느 날 남편이 그녀를 찾아왔고, 그의 미국 비자가 만료된 후 약간은 장난스러운 기분으로 그와 결혼식을 올렸다. "우리는 그 상황이 코미디 같았죠." 그녀는 이렇게 말한다. "무작정 전철을 타고 시청으로 갔어요. 15달러짜리 반지 하나만 사서요." 두 사람은 결혼 후 친구들을 만나고 모임에 참석하며 바쁘게 지냈다. 하지만 정작 부부끼리 대화를 나누는 시간은 많지 않았다. 말다툼하다가 그녀의 목소리가 높아지면 남편은 대화를 중단했다. 그러면 그녀는 이렇게 말했다. "내가 언제 큰소리 냈어? 정말 큰소리 내볼까?" 잠자리는 주기적으로 가졌지만, 약간은 기계적인 섹스였다. 두 사람은 단둘이 보내는 시간이 많지 않았다. 남편은 비디오게임을 좋아해서, 어떤 날은 혼자 열 시간도 넘게 게임을 했다. 아내는 남편에게 사랑받지 못하고 무시당하는 것 같은 기분을 자주 느꼈다. 그녀는 "끝없이 난도질당하는 기분"이었다고 말한다.

　루이스는 직장동료와 불륜에 빠졌다. "사람들이 하는 말과 같더군요." 그녀는 약 10년 전 일을 떠올리며 이렇게 말했다. "감정이 앞서 있었죠. 감정에 중독된 느낌이랄까요." 그녀는 그 동료와 관계를 끊어보려고 노력했지만, 결국은 계속 그에게 돌아갔다. "저는 이렇게 생각했어요. '아니야. 우리 관계는 달라. 우린 특별해.' 하지만 지나고 보니 우리 관계도 별다를 게 없다는 걸 알게 됐죠."

CHAPTER 6. 현명하게 도움받기

루이스는 먼저 개인 치료사를 찾아갔다. 그 상담사는 그녀에게 부부 상담을 제안했다. 마음이 급했던 그녀는 전화번호부를 뒤져서 제일 먼저 눈에 띈 상담사에게 전화를 걸었다. "사전 인터뷰도 없었어요. 시간만 맞으면 된다는 분위기였죠." 당연히 상담은 제대로 진행되지 않았다. 무작위로 선택한 치료사는 종종 당황해하는 모습을 보였다. 루이스의 남편은 그의 직장동료와 맞바람을 피웠다. "결국 우리는 그 문제를 헤쳐 나가지 못했어요." 어느 날 그녀는 남편에게 상황이 나아질 것 같지 않다고 말했다. "미안해. 내가 죄책감에서 벗어날 수가 없어. 내가 당신을 놔줘야 할 것 같아." 두 사람은 이혼을 선택했고, 그 후 새로운 사람을 만나 재혼했다. 이제 두 사람의 딸은 두 나라를 오가고 있다.

아다의 치료 경험은 조금 다르다. 그녀는 남편과 결혼한 지 18년 차가 되던 해인 2003년에 남편이 바람피운다는 사실을 알았다. 그는 남편을 내쫓았다. 그리고 몇 달 지나지 않아 자기도 다른 남자들을 만났다. "저는 우리 결혼이 완전히 끝났다고 생각했어요. 회복될 가능성은 1퍼센트도 없어 보였죠." 하지만 남편은 한 번만 더 기회를 달라고 매달렸다. 아다는 남편과 헤어지고 상담사를 만나기 시작했는데, 어느 날 그 상담사가 남편과 함께 상담을 몇 회 진행해보면 어떻겠냐고 제안했다. "신뢰를 회복하기까지는 정말 오랜 시간이 걸렸어요. 하지만 결

결혼학 개론

국 우리는 돌아오는 길을 찾았죠. 이제 훨씬 더 단단하고 끈끈한 관계가 된 것 같아요." 아다는 모두 상담사 덕분이라고 말한다. "그 상담사가 없었다면 절대 여기까지 오지 못했을 거예요. 제가 본래 좀 고집스럽고 관대하지 못하거든요." 두 사람이 이혼한 적은 없지만, 그 상담사를 초대해 두 번째 결혼식을 올렸고, 최근 32주년 결혼기념일을 맞았다.

배우자를 배신하는 행위는 끔찍하고, 이기적이며, 정말 나쁜 행동이고, 멍청한 짓이다. 들키는 날에는 배우자의 마음을 다치게 하고, 아이가 있는 사람은 아이의 마음도 다치게 한다. 들키지 않는다고 해도 바람은, 바람피우는 상대는 물론이고 내 가족의 시간과 돈을 빼앗는 행위다. 다른 사람과 마음을 나누는 동안 배우자에게 계속 거짓말을 해야 하므로 배우자와 진정한 친밀감을 나눌 기회도 버리게 된다. 게다가 한번 거짓말을 하기 시작하면 먼저 한 거짓말을 덮기 위해 더 많은 거짓말을 해야 한다. 바람피운 경험이 있는 사람은 무엇보다 자신의 모습이 부끄럽게 느껴진다는 사실이 참기 힘들었다고 말한다. 어떤 환경에서 자랐든 보통 배우자를 배신하는 일은 자신의 가치관에 어긋나는 행동일 것이다. 물론 불륜은 결혼생활보다 항상 더 짜릿해 보인다. 신선하고 설렐뿐더러 무거운 책임감도 없다. 원래 금단의 열매가 더 달콤한 법 아니던가? 하지만 불륜으로 이어진 만남은 인생의 동반자로 남기보다 충동적인 짧은 만남으로 끝나는 경우가 많다. 불륜 문제 연구의 선구자로 알려진 셜리 글래스Shirley Glass의 말에 따르면, 불륜은 대부분 결혼으로 이어지지 않는다. 그녀의 경험으로 볼 때, 불륜으로 맺어진 관계는 약 10퍼센트만 이어졌다.

배우자의 외도가 반드시 결혼생활의 끝을 의미하지는 않는다. 바로 그 점에서 카운슬러의 도움을 기대할 수 있다. 웬디와 키이스의 사례가 그렇다. 웬디는 남편의 아이패드에서 이상한 문자를 발견하고 자기 눈을 의심했다. 두 사람은 세 아이를 키우는 동안 가족원의 죽음을 함께 지켜보며 서로를 위로했고, 서로의 직장 생활을 응원했다. 하지만 남편의 행동에는 반론의 여지가 없었다. 동료 여직원과의 관계가 너무 친밀했다. 웬디는 상담사를 찾아갔다. 그녀는 상담사에게 남편에 관한 이야기를 털어놓으며 남편이 왜 직장동료들에게만 그렇게 친절한지 이해할 수 없다고 말했다. 그러자 상담사는 그녀가 차마 인정할 수 없었던 사실을 대신 말해주었다. "남편분이 바람을 피우고 있군요." 카운슬러는 이렇게 말했다. "단지 어떤 유형의 바람인지 모를 뿐입니다."

키이스는 좋게 말하면 정이 많았고, 나쁘게 말하면 지나치게 오지랖이 넓었다. 그는 주변 사람들이 힘들어할 때 발 벗고 나서서 도움을 주고, 편이 되어주고, 하소연을 들어주었다. 하지만 집에서 보내는 시간은 많지 않았다. 어쩌다 집에 있는 날에는 아내가 늘 불만을 제기하는 사람으로만 느껴졌다. 어느 날 그는 자신이 자주 조언해주던 동료 직원 중 한 사람과 불륜에 빠졌다. 하지만 몇 년 뒤부터 마음이 불편했다. 그는 자기 모습이 낯설게 느껴졌다. 아내와 함께 독실한 기독교인으로 살아왔던 자신이 그동안 믿어왔던 모든 원칙을 어떻게 저버릴 수 있었는지 자신도 이해가 되지 않았다.

그래서 어느 날 아내가 다가와 그가 다른 여자를 만나고 있다는 사실을 알고 있고, 그래서 상담사를 만나왔고, 같이 상담을 받았으면 좋겠다고 말해주었을 때, 즉시 안도감이 들었다. 그 후 두 사람은 6개월 동안 일주일에 두 번씩 상담사를 만났다. 키이스는 남녀 관계의 범위를 서서히 이해했다. 일단 잠자리를 가졌다면 남녀 사이에 우정은 없다는 점, 바람피운 상대와는 완전히 관계를 정리해야 한다는 사실도 받아들였다(그와 바람을 피웠던 여자는 그의 일방적인 이별 통보에 크게 격분했다). 두 사람은 서로에 대한 믿음을 다시 한 번 약속했다. 그리고 서로에 대한 사랑을 더 정확히 표현할 방법들을 연구했다. 관계 회복에 관한 책을 읽고, 인터넷에서도 상당한 자료를 찾아보았다. 웬디는 조금씩 상처를 치유해나갔다.

"저는 사람들이 이 사실을 알았으면 좋겠어요. 이런 일을 겪고도 돌아올 수 있다는 것, 부부 관계가 더 단단해질 수 있다는 것을 말이죠. 이 일을 이겨내고 우리는 더 좋은 관계가 됐어요."

키이스는 이렇게 말한다(물론 이보다는 덜 고통스럽게 같은 결과를 얻을 수도 있다).

칼 필레머 교수는 700쌍의 노부부를 조사한 결과, 한때 위기를 겪었지만 그 위기를 극복해낸 부부가 정말 많다는 사실에 놀라워했다. "한 번의 외도가 자동으로 부부 관계의 끝을 의미하지는 않는다. 그 부부에게 반성과 화해, 상담에 대한 의지만 있다면 말이다." 하지만 한계가 있다는 점도 기억해야 한다. 여러 번 반복되는 바람은 대부분 그 결과가 확실했다.

최악의 상처를 이겨내는 법

가장 보수적인 추정치에 따르면, 기혼 남성의 25퍼센트, 기혼 여성의 15퍼센트 이상이 결혼 기간 내에 배우자가 아닌 다른 상대와 성관계를 한다. 실제 비율은 그보다 높겠지만, 불륜에 대한 일반적인 시각이 여전히 부정적이라는 점과 기술 분야의 발전, 특히 애슐리 매디슨Ashley Madion 같은 불륜 알선 사이트의 등장에도 불구하고 수치에 크게 변동이 없다는 점을 고려하면 앞서 말한 비율은 꽤 높은 수치다. 2016년 미국인의 75퍼센트는 '배우자가 아닌 다른 사람'과 성관계를 하는 것이 '항상' 잘못된 일이라고 생각했는데, 이는 1991년에 나온 조사 결과와 거의 비슷한 수준이다. '거의' 잘못된 일이라고 생각하는 비율도 25년 전 조사와 같은 수준인 13퍼센트였다.[8] 이는 금욕주의 성향이 강한 미국인에게만 해당하는 이야기가 아니다. 2002년 세계 여러 나라를 대상으로 배우자의 외도 문제에 관한 인식을 조사했을 때, 문화적 기준, 사회적 상황, 혹은 성 문제를 바라보는 그 사회의 규범적인 시각차와 관계없이 사람들은 모두 배우자가 가정에 충실하기를 원했다.[9](남성 동성애자는 예외일 수 있다. 연구 결과 그들은 성적 의리보다 정서적 의리를 더 중시하는 것으로 나타났다. 하지만 그 연구는 동성 결혼이 법적으로 인정되기 전이었음을 감안할 필요가 있다).

최근 이성 커플 사이에서 여러 사람 간에 비독점적 사랑을 나누는 '개방 결혼'과 '다자간 연애'에 대한 관심이 증가하고 있다. 과거 모르몬교인들이 그들 간의 공동생활 방식을 인정받긴 했지만, 오래전의 일이다. 이는 여전히 비주류에 해당하는 이야기다. 심리치료사들은 개방 결혼이 생각보다 관계를 유지하기가 훨씬 더 어렵다고 말한다. 질투 문제는 어떻게 해결한다 해도 인간관계에 얽힌 경우의 수가 너무 많아지기 때문이다. 즉 두 사람만의 상호작용으로도 이미 복잡하고 오해의 소지가 많은데, 여기에 한 사람이 더해지면 상황이 훨씬 복잡해진다는 것이다. 심리치료사이자 작가인 다프네 드 마르네프 Daphne de Marneffe는 다자간 연애 커플을 상당수 상담해본 결과,

대부분 대화와 시간 관리만으로도 에너지 소모가 많았다고 말한다.[10] (혹시 개방 결혼을 시도해보고 싶다면 아이들이 독립할 때까지는 기다리라고 조언한다.)

그렇다면 불륜으로 인한 상처는 어떻게 극복할 수 있을까? 우선 시간이 필요하다. 불륜의 종류에 따라 다르겠지만, 가령 진짜 심각한 외도였는지, 페이스북으로 약간 지나치게 친밀감을 나눈 사이였는지에 따라 다를 수 있지만, 치료사들은 바람을 피운 배우자에 대해 믿음을 완전히 회복하기까지 약 2년이 걸린다고 말한다. 물론 불륜을 저지른 상대와 연락도 완전히 끊어야 하지만, 그 정도는 시작에 불과하다. 상담사들의 말에 따르면, 불륜으로 가장 문제가 되는 부분은 단지 다른 사람과 섹스를 했다는 것이 아니라 배우자에게 거짓말을 했다는 데 있다. 따라서 불륜을 저지른 사람은 투명함과 솔직함에 있어서 완전히 다른 모습을 보일 필요가 있다. 때로는 리얼리티 쇼에 출연한 사람처럼 한동안 휴대전화나 컴퓨터도 공개해야 하고, 자기가 어디에 있는지 상대가 늘 알 수 있게 해야 한다. 어쨌든 내가 바람을 피웠다면, 내 아내나 남편은 나를 믿을 수 없다고 생각하고 내가 자기를 이제 사랑하지 않는다고 생각하기 때문에 그렇지 않다는 것을 증명하기 위해 아주 많이 노력해야 한다.

배우자가 바람피운 사실을 알게 된 사람들은 배신감과 분노도 느끼지만, 모든 자신감이 한 번에 달아난다고 말한다. 무엇이 문제였을까? 왜 아내는 혹은 남편은 다른 사람을 쳐다볼 수밖에 없었을까? 왜 내 사랑은 충분하지 않았을까? 너무 뚱뚱해서? 못생겨서? 재미가 없어서? 혹은 성공하지 못해서? 연구 결과들을 보면, 배우자의 외도로 인한 트라우마는 자녀 양육 방식과 직업 활동에 영향을 줄 수 있고 우울증도 일으킬 수 있다. 불가능해 보일지 모르지만, 상담사들은 배우자의 배신을 자기 탓으로 생각해서는 안 된다고 말한다. 보통 바람을 피운 사람들은, 배우자에게는 불만이 없고, 자신의 삶과 부부 관계에 불만을 느낀다. 그들은 문제를 해결하려고 노력하지만, 그 문제 해결 방식에 문제가 있음은 보지 않으려 한다. 키이스 역시 아내를 사랑했다. 단지 아내와 함께 살아가는 삶의 방식에 만족을 느끼지 못했을 뿐이다.

앞선 사례에서 말한 아다의 경우, 남편과 다시 합친 이유 중 하나는 그녀가 발 부위에 큰 수술을 받고 혼자서 움직이기 힘든 시기에 남편이 버팀목이 되어주어서였다. 남편은 그녀가 가야 할 곳이 있으면 어디든 데려다주며 그녀를 돌보았다. 그는 아내와 헤어진 후 살던 집에서 지내면서 그녀에게 필요한 도움을 헌신적으로 제공했다. 하지만 합치는 문제는 서두르지 않았다. "남편은 정말 헌신적이었어요." 아다는 이렇게 말한다. 그녀는 남편에게 전화나 이메일을 보여 달라고 요구하지 않았다. 그래도 남편은 그녀가 궁금해할 만한 사항을 먼저 알려주었다. 기본적으로 그는 처음부터 다시 시작한다는 마음으로 아내에 대한 사랑을 보여주려고 노력했다.

사람들이 불륜을 저지르는 이유에 관한 몇 가지 학설이 있다. 애착 이론에서는 잘못된 애착 관계로 설명한다. 즉 바람을 피우는 사람들은 어린 시절 가장 가까운 사람을 신뢰하지 못한 경험 때문에 성인이 되어 누군가에게 의존하려는 마음이 들기 시작할 때 다음 대안을 찾으려 한다는 것이다. 사회 구성주의 이론은 문화적 사회화에 초점을 맞춘다. 즉 남들이 하니까 나도 한다는 것이다. 투자 모델에 따르면 바람을 피우는 사람들은 그들이 추구하는 관계에서 만족감과 믿음, 투자할 동기를 얻지 못하기 때문에 다른 곳으로 눈을 돌린다. 이외에도 외부적 요인과 성격 유형, 부부간의 문제가 합쳐져서 나타난다는 연구 결과도 있다. 뉴욕의 이혼 전문 변호사인 제임스 J. 섹스턴James J. Sexton은 이혼하지 않는 법에 관한 그의 책에서 더 간단명료하게 설명한다. "불륜을 조장하는 기관을 만든다면 페이스북 같은 형태가 될 것이다." 아무튼 그는, 젊음을 갈망하는 사회 분위기와 온라인 세상에서는 누구라도 완벽해 보일 수 있다는 점, 은밀한 대화가 가능하다는 편리성이 합쳐져, 사업적으로 큰 이득을 보았다. 이유가 어찌 되었든, 부부간의 신뢰는 한번 깨지고 나면 전문가의 도움 없이 되돌리기가 매우 어렵다. 상담 치료가 모든 사람에게 효과가 있는 것은 아니지만, 전문가의 도움 없이 정신적 충격을 쉽게 극복하는 사람은 많지 않다(루이스와 바람을 피운 상대는 상담 치료의 도움 없이 아내와 재결합에 성공했으나, 그 방법을 추천하지 않는다고 말했다). 그러니 정치권에서 자주 쓰이는 말처럼 '소중한 위기를 낭비하지 말자.'

우리는 언제든 도움을 받을 수 있다

틀어진 부부 관계를 바로잡는 일에는 정말 많은 노력이 든다. 따라서 더 현명한 방법은 상황이 심각해지기 전에 예방 차원의 도움을 받는 것이다. 현재 나온 자료를 보면, 결혼이 실패로 끝나는 비율은 결혼 후 10년 이내인 경우가 가장 높다.[11] 많은 이유가 있겠지만 그중 종종 간과되는 이유 중 하나는 우리가 구축해온 결혼 문화에 있다. 즉, 결혼 초반에 너무 많은 에너지가 집중된다. 무엇보다 결혼식은 결혼의 정점으로 여겨진다. 사람들은 어느 순간 결혼을 너무 하고 싶어 한다. 그런데 결혼식 자체에 너무 많은 스포트라이트가 집중되어, 결혼식이 끝난 이후 앞으로 두 사람이 겪게 될 불편한 현실은 제대로 보지 못한다. 우리는 결혼식 이후의 삶에 관해 고민하고 에너지를 쏟기보다 결혼식을 준비하는 과정에 훨씬 많은 고민과 에너지를 쏟는다. 이는 큰 판돈이 걸린 포커 게임에 일단 돈을 걸고 나서 게임 룰을 파악하려는 것과 같다.

결혼 초기는 항상 힘든 시기다. 하지만 꽃이 지고 열매가 맺듯 미친 듯 열정적이고 낭만적인 사랑이 시들고 나면 한층 성숙하고 단단해진 사랑이 자란다. 이 시기에 두 사람의 상호작용 패턴도 형성된다. 즉 어떻게 대화를 나누고, 갈등을 해결하고, 서로의 꿈과 도전을 응원할지 알아간다. 한 종적 연구 결과를 보면, 사람들은 결혼하고 첫 18개월 동안 성격이 변하는데, 꼭 좋은 방향으로 변하는 것이 아니라서, 예를 들면 두 사람 다 친절한 모습이 좀 줄어든다.[12] 갑자기 세상 밖으로 나온 쥐들이 우왕좌왕하듯이 자랄 때 형성된 태도와 습관이 이 시기에 그렇게 우왕좌왕 나타난다.

젊은 부부는 그 시점에 부부 상담을 받게 되면 상담을 불신하기 쉽다. "부부 상담 치료에서 얻은 좋은 점은 개인 상담을 받았어도 얻을 수 있었을 겁니다." 결혼 2년 차에 아내와 부부 상담을 받은 맥스는 이렇게 말한다. "저는 그 상담치료사가 번갈아 한 사람씩 비난한다는 생각이 들었어요." 그는 이혼하지 않았지만, 부부 상담이 도움이 되었는지는 확신하지 못했다. "지나고 보니 우리의 목소리를 제대로 낼 수 있는 시간이 되지 못했던 것 같아요."

젊은 부부에게 더 도움이 될 수 있는 대안은 아마도 부부 교육 프로그램일 것이다. 부부 교육은 개인적인 정보를 노출할 필요가 없고, 필요한 활동이 그룹으로 이루어진다는 점, 한 치료사가 부부 두 사람을 안내하는 방식이 아닌 부부가 배운 내용을 각자 서로에게 연습해본다는 점에서 상담 치료와 차이가 있다. 게다가 비용도 더 적게 든다! 남편과 나는 지금까지 부부 교육을 두 번 받았고, 지금 생각해도 어색하게 느껴지지만, 배움의 과정이 언제나 그렇듯이 적어도 다른 방식으로 무언가를 시도해볼 수 있다는 점에서 신선한 경험이었다.

우리는 그중 한 프로그램에서 어떤 문제에 관해 배우자의 생각을 확인해보는 일종의 마음 읽기 훈련을 받았다. 가령 "자기는 이 문제를 이러이러하다고 생각해?"라고 물어보는 식이다. "혹시 내가 아이들 교육하는 방식에 문제가 있다고 생각해?" "우리가 TV를 너무 많이 본다고 생각하는지 궁금해." 물론 이렇게도 물어볼 수 있다. "우리가 버터를 더 적게 먹어야 한다고 생각해?" 이런 말을 듣게 되면 배우자는 그 문제에 관해 자기의 생각이나 관점을 명확하게 표현할 기회가 생긴다. 물론 그런 식의 대화 훈련은 다소 인위적이고 획일화된 면이 있지만, 의사소통 과정에 오해가 생기지 않게 한다는 장점이 있다.

실제로 이런 관계 강화 훈련이 부부간의 의사소통 기술을 높여준다는 연구 결과가 있다. 특히 다소 충동적인 결정으로 결혼한 부부들에게 도움이 될 수 있다.[13] 이런 식의 대화 연습 과정이 부자연스럽게 느껴질 수 있지만, 부자연스러움이 곧 나쁘다는 의미는 아니다. 우리 주변에는 부자연스럽지만 좋은 것이 많다. 기계공학과 칵테일 마르가리타 만들기가 그렇고, 일부일처제도 그렇다. 테렌스 리얼은 그의 책에서 이렇게 말한다. "관계 강화 훈련의 토대는 문제의 핵심이 사람에게 있음을 이해하는 것이다. 즉 좋은 관계는 처음부터 만들어져있는 것이 아니다. 어떻게 만들어가느냐가 중요하다."[14]

이혼하는 방법이 더 쉽게 느껴질 때

모든 부부에게 이혼은 권유하지 말아야 할까? 젊고, 아이도 없고, 재산이 충분하다면 어떨까? 툭툭 털고 새로운 길을 찾아 떠나는 것이 더 낫지 않을까? 쉽게 답하기 어려운 문제다. 심리상담사들은 아무리 힘든 문제를 겪고 있는 부부라도 대부분 도울 수 있다고 말한다. 하지만 부부 당사자나 그들의 가족원 누구라도 물리적 위험에 처해 있다면 그대로 두어서는 안 된다는 점 역시 동의한다. 부부 중 한 사람이 정신 질환을 앓거나 중독 문제가 있으면 그 부부의 미래는 암울하게 느껴진다. 많은 치료사가 마약, 술, 도박, 혼외정사 같은 문제에서 벗어나지 못하는 부부의 경우, 할 수 있는 일이 거의 없다고 말한다. 물론 잘못된 이유로 결혼하는 사람도 분명히 있다. 부모에게서 벗어나기 위해, 결혼할 사람이 없을까 봐, 임신했다는 이유 등. 이런 경우, 치료보다 예방이 낫다는 말은 아무리 강조해도 지나치지 않는다.

2000년에 미국 시민의 약 절반은 이혼 절차가 더 까다로워져야 한다고 생각했다. 하지만 이 수치는 그때 이후로 계속 떨어져서 2016년 기준, 38퍼센트만 이혼법이 더 강화되기를 바란다고 했는데, 이는 이혼법이 더 느슨해지기를 바라는 사람들과 정확히 같은 비율이다.[15] 미국 시민은 시카고 대학교가 1972년부터 주관해온 사회 조사 때만큼 지금도 이혼제도에 찬성하는 입장이다. 이제 미국은 대부분의 서구 민주주의 국가와 마찬가지로 과실 책임을 따지지 않는 무책no-fault 이혼이 법으로 인정된다. 법정 공방이 없더라도 이혼 자체가 이미 충분히 힘든 과정이므로 이런 제도가 있다는 것은 바람직한 일이겠지만, 때로는 사람들이 너무 빨리 새로운 길을 찾아 떠나게 되는 수단이 되기도 한다.

헤드폰의 선이 너무 심하게 엉켰을 때 엉킨 선을 풀어서 사용하기보다 새로 사는 깃이 더 쉬워 보이는 것처럼, 결혼생활을 바로잡기 위해 노력하는 것보다 때로는 이혼이 더 쉬운 방법처럼 보인다. 나에게는 종종 우리 집에 들러 자기 결혼생활에 대해 불평을 늘어놓는 친구가 있다(이 친구도 가족에 관한 글을 쓰는 작가다). 그가 주로 불평하는 대상은 그의 아내다. 그의 말로는 과학을 전공한 자신이 보기에 아내가 '정서적 불균형' 상태라고 한다. 나는 그의 말을 듣고 나서 언제나 같은 충고를 전한다. 이혼하게 되면 지금보다 아이들을 절반밖에 볼 수 없고, 재산도 절반밖에 쓸 수 없지만, 아내는 지금과 거의 비슷한 정도로 보게 될 거라고 말이다. 심각한 문제가 있는데 '아이를 위해서' 참고 살아서도 안 되지만, 이혼 후의 현실에 눈을 감아서도 안 된다.

645쌍의 부부를 대상으로 한 연구에서 결혼생활에 불만을 느낀 부부들을 5년 뒤 다시 확인했을 때, 이혼한 사람들의 삶의 만족도는 이혼하지 않은 사람들보다 더 높지 않았다.[16] 반면 이혼하지 않은 부부들은 5년 전에 있었던 문제가 해결되지 않은 경우에도 이혼하지 않은 사실에 만족해했다. 또 다른 연구 결과를 보면, 오클라호마주에 사는 부부의 34퍼센트는 과거 특정 기간 그들의 결혼생활에 심각한 문제가 있다고 생각하고 이혼을 고려했다.[17] 하지만 그중 92퍼센트가 이혼하지 않고 현재 부부로 남아 있는 것에 만족한다고 밝혔다. 때로는 이혼 절차를 밟고 있는 사람들도 자신의 선택을 확신하지 못한다. 2016년 연구 자료를 보면, 이혼 소송 절차를 밟고 있는 부부를 조사했더니 그중 25퍼센트는 이혼에 확신이 없었고, 8퍼센트는 아예 이혼을 원하지 않았다.[18] (무책 이혼법의 피해자는 이혼을 원하지 않는 사람들일 것이다. 배우자가 이혼을 원하면 그걸로 끝이니 말이다.)

심리학자들은 오래전부터 결혼생활의 만족도가 삶의 만족도처럼 U자형 형태를 그린다고 주장해왔다. 나는 결혼생활을 강바닥에 자주 비유한다. 결혼생활은 내게 가장 멋진 사람과 남은 인생을 함께한다는 높은 기대감으로 출발한다. 그러다 어느 순간 아이가 태어나고, 책임져야 할 일들이 많아지고, 실망할 일도 많아지면, 시간이 한없이 느리게 흐르는 것처럼 느껴지는 시기가 온다. 옮기는 걸음마다 잡초들이 발목을 잡고, 위험한 장애물도 계속해서 만난다. 이때는 만족감이 떨어지는 시기다. 그리고 그 상태는 꽤 한동안 유지된다. 그러다 어느 순간부터 조금씩 서서히 상황이 나아지기 시작한다. 강이 조금씩 얕아지면 깊게만 느껴지던 바닥이 서서히 드러나듯 결혼생활도 다시 즐거운 시간이 찾아온다. 단지 그때까지 열심히 발을 저어 물속으로 가라앉지 않고 버텨야 한다.

645쌍의 부부를 조사한 그 2002년 연구에서 많이 나온 말 중 하나는 '상황이 좋지 않을 때는 그냥 참는 편이 쉽다'였다. "헤어지지 않고 산 많은 부부가 자신들이 더 행복해진 이유는 그사이 문제가 해결되어서가 아니라, 그 기간을 그냥 끈기 있게 버텨서였다."[19] 결혼생활을 계속 유지할 수 있는 비결 중 하나는 이혼이 좋은 선택처럼 보일 때라도 일단 이혼하지 않고 버텨보는 것이다. 힘든데도 웃으면서 견디라는 의미가 아니다. 물론 때에 따라 그럴 수도 있겠지만, 어쨌든 포기하지 말라는 말이다. 우리에게는 문제를 해결할 힘이 있다. 일부 치료사의 말에 따르면 사실상 우리에게 필요한 것은 회전목마형 사고다. 즉 내가 탄 말이 아래로 내려가는 순간이 오지만 잠시 기다리면 말은 다시 올라가게 되어 있다.

이혼에 대한 확신이 서지 않는다면 먼저 상담 치료를 시도해보는 것도 좋다. 상담 치료는 PREP*, PAIRS**, IBCT*** 등 여러 종류가 있으니, 한 가지 방법을 시도해보고 결과가 확실하지 않으면 다른 방법을 시도해도 좋다. 경험이 풍부한 상담치료사의 경우, 부부가 상호작용하는 모습을 직접 관찰하고 중간에 개입하여 다른 방식으로 반응하는 법을 보여주기도 한다. 상담 치료는 비용이 많이 들 수 있으므로 먼저 지인이나 지역 종교단체, 인터넷 등을 통해 추천을 받고 몇 군데 전화를 걸어서 미리 확인해보는 것이 좋다. 특히 배우자가 정신과 질환이나 자가 치료 중일 때 상담은 도움이 된다. 돈, 육아, 성생활 등 특정 문제가 있을 때는 그 분야의 전문가를 찾는 것이 좋다. 보

---

* 부부 갈등 예방 및 관계개선 프로그램Prevention and Relationship Enhancement Program -역자주
** 친밀한 관계 기술의 실제 적용Practical Application of Intimate Relationship Skills -역자주
*** 통합적 행동 부부 치료Integrative Behavioral Couples Therapy -역자주

통 첫 번째 상담은 비용이 무료다. 이후 비용이 들겠지만, 이혼에 따른 법률 비용, 만일의 경우 아이들이 받게 될 상담 치료, 재산 분할 등의 상황을 고려한다면 상담 치료에 드는 비용은 그다지 큰돈이 아닐 수 있다.

나는 남편이 없는 삶을 생각해본 순간 부부 상담을 받기 시작했고, 그 상담을 끝낸 지 거의 10년이 지난 지금 그를 더 사랑하게 되었다. 그 말인즉슨, 나는 남편에게, 남편의 푸른 눈과 남편의 목소리, 약간 기우뚱한 남편의 걸음걸이, 남편의 헝클어진 머리, 수염 밑으로 살짝 드러나는 보조개, 천천히 한 문장씩 뱉어내는 남편의 말투에 더 많은 애정을 느낀다. 또한 남편의 삶을 더 기쁘게 해줄 방법을 남편 몰래 끊임없이 찾고 있는 내 모습과 남편을 더 배려하기 위해 좀 더 세심하게 노력하고 있는 내 모습에서 더 만족감을 느낀다. 남들이 보면 힘들지 않으냐고 할 수 있겠지만, 사실 나는 지금이 더 재밌다. 내게는 더 훌륭한 연주를 위해, 혹은 더 멋진 골프 스윙을 위해 미세한 동작의 차이를 연습하는 것처럼 느껴진다. 배우자를 알아가는 일은 가로세로 낱말퍼즐 실력이 점점 좋아지는 것처럼, 신나고, 재밌고, 묘한 만족감을 준다. 그리고 나 역시 남편에게서 사랑받는다는 느낌을 받는다. 충분하지는 않지만 꽤 그렇다.

지금까지 언급해왔듯이 남편은 긴 안목으로 꾸준히 전진하는 스타일이다. 그는 결실을 보기까지 오랜 시간이 걸리고, 그

CHAPTER 6. 현명하게 도움받기

렇게 해서 만들어진 결과물이 오랫동안 남는 것들을 만들고, 사고, 해보려고 시도한다. 그래서 남편은 천생 건축가다. 나는 새로운 것과 참신한 아이디어에 강하다. 새로운 일을 빨리 배우고, 또 다음 아이디어를 떠올리고, 좀 더 반짝반짝 빛나는 다음 이야깃거리를 찾아 떠난다. 따라서 나에게 결혼은 적당한 수준 이상의 결과에 도달하기 위해 지금까지 노력해온 흔치 않은 일이다. 어떤 프로젝트보다 가장 오래 매달려온 일이고, 아직 끝내지 못한 일이다. 그래서 정말 감사하고 기쁘다.

그렇다고 내가 이기적이거나 멍청하거나 부주의한 행동을 하지 않는다는 말은 아니다. 나도 그에게 상처를 준 적이 있고, 그 사람보다 나를 먼저 챙긴 적도 많다. 사실은 지금도 늘 그렇다. 남편도 다르지 않다. 남편은 나를 때때로 완전히 미치게 만든다. 나는 우리가 더 나은 사람이라서 더 좋은 부부 관계를 유지하고 있다고 말하고 싶은 것이 아니라, 결혼이 우리에게는 좋은 선택이었다는 말을 하고 싶다. 하나의 팀으로서 우리 자신을 소중히 여기는 생각이 우리의 성격과 사고방식, 활동을 변화시켰고, 우리의 삶을 더 풍요롭게 해주었고, 우리 삶에서 일어나는 그 어떤 일보다 더 큰 기쁨을 주었다. 남편에게는 건축 일이 있으니까, 어쨌든 나는 그렇다.

THREE DOZEN QUESTIONS FOR INTIMACY

부록 : 사랑에 빠지는
36가지 질문들

APPENDIX

MARRIAGEOLOGY

♡

1997년, 심리학자인 아서 아론과 일레인 아론 부부를 포함한 그의 연구팀은 친밀감을 유발하는 것이 가능한지 실험을 통해 알아보고자 했다. 그들은 학생들에게 여러 가지 임무를 수행하게 한 뒤 친밀감이 얼마나 더 깊어졌는지 측정했다. 그들이 발견한 가장 유용한 도구 중 하나는 3세트로 이루어진 36가지 질문 모음이었는데, 각 세트는 뒤로 갈수록 자기 자신을 좀 더 드러내야 하는 질문으로 이루어져 있다. 〈성격 및 사회심리학 회보Personality and Social Psychology Bulletin〉[1]에 처음 발표된 이 질문 모음은 나중에 〈뉴욕 타임스〉에서 소개된 후 일명 '사랑에 빠지는 법'으로 유명해졌는데, 배우자나 친구와 친밀감을 높이는 데도 유용하다. 아론 박사의 추천에 따르면, 세트별로 답변 시간이 15분을 넘기지 않아야 하고, 상대의 눈을 4분간 응시하는 것이 좋다.

1세트

1. 세상사람 누구든 선택할 수 있다면, 저녁 식사에 초대하고 싶은 사람은 누구입니까?

2. 유명해지고 싶습니까? 어떤 방법으로 그렇게 되고 싶습니까?

3. 전화를 걸기 전 말할 내용을 연습해본 적이 있습니까? 이유는 무엇입니까?

4. 당신에게 '완벽한' 날은 어떤 날입니까?

5. 혼자 노래해본 적이 언제입니까? 다른 사람에게 노래를 불러준 적은 언제인가요?

6. 90세까지 살 수 있고 마지막 60년은 서른 살의 몸이나 서른 살의 마음으로 살 수 있다면, 당신은 몸과 마음 중 어느 쪽을 택하고 싶은가요?

7. 어떻게 죽을 것 같은지 생각해본 적이 있습니까?

8. 배우자와 공통점 세 가지를 말해봅시다.

9. 살면서 가장 감사하게 생각하는 일은 무엇입니까?

10. 어린 시절의 성장 환경을 바꿀 수 있다면, 무엇을 바꾸고 싶습니까?

11. 4분 동안 자신의 인생 이야기를 배우자에게 최대한 자세히 말해봅시다.

12. 내일 아침 눈뜰 때 새로운 특징이나 능력을 갖출 수 있다면, 무엇이 좋겠습니까?

2세트

13. 내 인생이나 미래를 비롯해 무엇이든 알려주는 마법 구슬이 있다면, 무엇을 알고 싶습니까?

14. 오랫동안 꿈꿔온 일이 있습니까? 왜 아직 이루지 못했습니까?

15. 인생에서 가장 크게 이루어낸 일은 무엇입니까?

16. 우정을 나누는 데 가장 중요하다고 생각하는 것은 무엇입니까?

17. 가장 소중한 기억은 무엇입니까?

18. 가장 나쁜 기억은 무엇입니까?

19. 불치병 선고를 받아 1년 안에 죽을 수밖에 없다면, 지금 살

고 있는 방식 중 바꾸고 싶은 것이 있습니까? 있다면 왜일까요?

20. 진정한 우정은 무엇입니까?

21. 당신의 삶에서 사랑과 애정은 어떤 의미입니까?

22. 돌아가면서 상대의 장점을 한 가지씩 말해봅시다. 다섯 개까지 말해봅니다.

23. 당신의 가족은 화목합니까? 다른 사람들보다 어린 시절을 행복하게 보냈다고 생각합니까?

24. 어머니와의 사이는 어떻습니까?

3세트

25. "우리는 둘 다…"로 시작하는 사실 세 가지를 말해봅시다. 가령, "우리는 둘 다 커피를 좋아합니다"라는 식으로.

26. 다음 문장을 완성해봅시다. "나는 _____를 함께 나눌 누군가가 있으면 좋겠습니다."

27. 상대방과 정말 가까운 사이가 된다고 생각하고, 그 사람이 나에 관해 알아야 할 중요한 점을 말해봅시다.

28. 상대방의 어떤 점이 좋은지 말해봅시다. 아주 솔직하게 말해봅니다. 잘 모르는 사람에게는 말하지 않는 정도로 아주

결혼학 개론

솔직하게.

29. 인생에서 가장 부끄러운 기억을 말해봅시다.

30. 마지막으로 다른 사람 앞에서 운 적은 언제입니까? 혼자 운 적은 언제입니까?

31. 상대방에 대해 이미 좋아하는 점이 있다면 말해봅시다.

32. 농담하면 안 될 만큼 심각한 주제의 이야기가 있습니까?

33. 오늘 밤 아무와도 연락하지 못하고 갑자기 죽게 된다면, 누구와 어떤 말을 하지 못한 것이 가장 후회될까요? 왜 그 사람에게 아직 그 이야기를 하지 못했습니까?

34. 내 전 재산이 담긴 집이 불타고 있다고 가정해봅시다. 사랑하는 가족과 반려동물은 모두 구했습니다. 마지막으로 하나를 더 가지고 나올 수 있다면, 무엇입니까? 그 이유는 무엇입니까?

35. 가족 중 누구의 죽음이 가장 슬플 것 같습니까? 그 이유는 무엇입니까?

36. 상대방에게 자신의 개인적인 고민을 털어놓고 그 사람이라면 그 문제를 어떻게 처리할지 조언을 구해봅시다. 그리고 내가 그 문제를 어떻게 느끼는 것처럼 보였는지 물어봅시다.

CHAPTER 1. 익숙함의 문제

1. Terrence Real, *The New Rules of Marriage: What You Need to Know to Make Love Work* (New York: Ballantine Books, 2008), 8.

2. Eli J. Finkel, *The All or Nothing Marriage: How the Best Marriages Work* (New York: Dutton, 2017), 83.

3. J. Yamada, M. Kito, and M. Yuki, "Passion, Relational Mobility, and Proof of Commitment: A Comparative Socio-Ecological Analysis of an Adaptive Emotion in a Sexual Market," *Evolutionary Psychology* (October- December 2017): 1-8, https:// doi. org/10. 1177/ 1474704917746056.

4. Finkel, *The All or Nothing Marriage*, 24.

5. L. Campbell and S. Moroz, "Humour Use Between Spouses and Positive and Negative Interpersonal Behaviours During Conflict," *Europe's Journal of Psychology* 10, no. 3 (2014): 532-42, https:// doi. org/10. 5964/ejop. v10i3. 763.

6.   Ibid., ironically.

7.   Elizabeth A. Robinson and M. Gail Price, "Pleasurable Behavior in Marital Interaction: An Observational Study," *Journal of Consulting and Clinical Psychology* 48, no. 1 (1980): 117-18, https://doi.org/10.1037/0022-006X.48.1.117.

8.   R. L. Weiss, "Strategic behavioral marital therapy: Toward a model for assessment and intervention, Volume 1." In J. P. Vincent, ed., *Advances in family intervention, assessment and theory* (Greenwich, CT: JAI Press, 1980), 229-71.

9.   T. J. Loving, E. E. Crockett, and A. A. Paxson, "Passionate Love and Relationship Thinkers: Experimental Evidence for Acute Cortisol Elevations in Women," *Psychoneuroendocrinology* 34, no. 6 (2009): 939-46, https://doi.org/10.1016/j.psyneuen.2009.01.010.

10.   A. W. Barton, T. G. Futris, and R. B. Nielsen, "Linking Financial Distress to Marital Quality: The Intermediary Roles of Demand/Withdraw and Spousal Gratitude Expressions," *Personal Relationships* 22, no. 3 (2015): 536-49, https://doi.org/10.1111/pere.12094.

11.   N. M. Lambert and F. D. Fincham, "Expressing Gratitude to a Partner Leads to More Relationship Maintenance Behavior," *Emotion* 11, no. 1 (2011): 52-60, https://doi.org/10.1037/a0021557.

12.   Jon Jecker and David Landy, "Liking a Person as a Function of

Doing Him a Favor," *Human Relations* 22, no. 4 (1969): 371-78, https://doi.org/10.1177/001872676902200407.

13. J. Dew and W. Bradford Wilcox, "Generosity and the Maintenance of Marital Quality," *Journal of Marriage and Family* 75, no. 5 (2013): 1218-28, https://doi.org/10.1111/jomf.12066.

14. J. R. Olson, J. P. Marshall, H. W. Goddard, and D. G. Schramm, "Shared Religious Beliefs, Prayer, and Forgiveness as Predictors of Marital Satisfaction," *Family Relations* 64, no. 4 (2015): 519-33, https://doi.org/10.1111/fare.12129.

15. F. D. Fincham and S. R. Beach, "I say a little prayer for you: Praying for partner increases commitment in romantic relationships," *Journal of Family Psychology*, no. 28 (2014): 587-93, https://doi.org/10.1037/a0034999.

16. S. R. Beach, T. R. Hurt, F. D. Fincham, K. J. Franklin, L. M. McNair, and S. M. Stanley, "Enhancing Marital Enrichment through Spirituality: Efficacy Data for Prayer Focused Relationship Enhancement," *Psychology of Religion and Spirituality* 3, no. 3 (2011): 201-16, https://doi.org/10.1037/a0022207.

17. Charlotte Reissman, Arthur Aron, and Merlynn R. Bergen, "Shared Activities and Marital Satisfaction: Causal Direction and Self-Expansion versus Boredom," *Journal of Social and Personal Relationships* 10, no. 2 (1993): 243-54, https://doi.

org/10. 1177/026540759301000205.

18. William Ruger, Sven E. Wilson, and Shawn L. Waddoups, "Warfare and Welfare: Military Service, Combat, and Marital Dissolution," *Armed Forces and Society* 29, no. 1 (2002): 85-107, https://doi.org/10.1177/0095327X0202900105.

19. James K. McNulty, Michael A. Olson, Rachael E. Jones, and Laura M. Acosta, "Automatic Associations between One's Partner and One's Affect as the Proximal Mechanism of Change in Relationship Satisfaction: Evidence from Evaluative Conditioning," *Psychological Science* 28, no. 8 (2017): 1031-40, https://doi.org/10. 1177/0956797617702014.

20. Irene Tsapelas, Arthur Aron, and Terri Orbuch, "Marital Boredom Now Predicts Less Satisfaction 9 Years Later," *Psychological Science* 20, no. 5 (2009): 543-45, https://doi.org/10.1111/j.1467-9280.2009.02332.x.

21. Irum Abbasi and Nawal Alghamdi, "The Pursuit of Romantic Alternatives Online: Social Media Friends as Potential Alternatives," *Journal of Sex and Marital Therapy* 44, no. 1 (2018): 16-28, https://doi.org/10.1080/0092623X.2017.1308450.

22. For a full list of the questions, please see Appendix.

23. D. W. Crawford, R. M. Houts, T. L. Huston, and L. J. George, "Compatibility, Leisure, and Satisfaction in Marital Relationships," *Journal of Marriage and Family* 64, no. 2 (2004): 433-49, https://doi.org/10.1111/j.1741-3737.2002.00433.x.

24. Real, *The New Rules of Marriage*, 13.

25. D. J. Knapp, J. A. Durtschi, C. E. Clifford, J. G. Kimmes, P. Barros-Gomes, and J. Sandberg, "Self-esteem and Care-giving in Romantic Relationships: Self and Partner Perceptions," *Personal Relationships* 23, no. 1 (2016): 111-23, https://doi.org/10.1111/pere.12114.

26. G. E. Birnbaum and H. T. Reis, "When Does Responsiveness Pique Sexual Interest? Attachment and Sexual Desire in Initial Acquaintanceships," *Personality and Social Psychology Bulletin* 38, no. 7 (2012): 946-58, https://doi.org/10.1177/0146167212441028.

CHAPTER 2. 잘 싸우는 것이 중요하다

1. Kira S. Birditt, Edna Brown, Terri L. Orbuch, and Jessica M. McIlvane, "Marital Conflict Behaviors and Implications for Divorce over 16 Years," *Journal of Marriage and Family* 72, no. 5 (2010): 1188-1204, https://doi.org/10.1111/j.1741-3737.2010.00758.x.

2. Stan Tatkin, "Relationships Are Hard, But Why?" TEDxKC, 2016. Retrieved from www.youtube.com/watch?v=2xKXLPuju8U.

3. Sun Tzu, *The Art of War* (Minneapolis Filiquarian Publishing, 2006: 7).

4.　Tara R. McRae, Tracy L. Dalgleish, Susan M. Johnson, Melissa Burgess-Moser, and Kyle D. Killian, "Emotion Regulation and Key Change Events in Emotionally Focused Couple Therapy," *Journal of Couple and Relationship Therapy* 13, no. 1 (2014): 1-24, https://doi.org/10.1080/15332691.2013.836046.

5.　Harriet Lerner, *Why Won't You Apologize?: Healing Big Betrayals and Everyday Hurts* (New York: Touchstone, 2017), 81.

6.　Sun Tzu, *The Art of War*, 9.

7.　Lerner, *Why Won't You Apologize?*, 47.

8.　Real, *The New Rules of Marriage*, 52.

9.　J. M. Gottman and R. W. Levenson, "A Two-Factor Model for Predicting When a Couple Will Divorce: Exploratory Analyses Using 14-Year Longitudinal Data," *Family Process* 41, no. 1 (2002): 83-96, https://doi.org/10.1111/j.1545-5300.2002.40102000083.x.

10.　Real, *The New Rules of Marriage*, 83.

11.　L. L. Carstensen, J. M. Gottman, and R. W. Levenson, "Emotional Behavior in Long-term Marriage," *Psychology and Aging* 10, no. 1 (1995): 140-49, www.ncbi.nlm.nih.gov/pubmed/7779311; R. W. Levenson, L. L. Carstensen, and J. M. Gottman, "Influence of Age and Gender on Affect, Physiology, and Their Interrelations: A Study of Long-term Marriages," *Journal of Personality and Social Psychology* 67, no. 1 (1994): 56-68, www.ncbi.nlm.nih.gov/pubmed/8046584.

12.　J. M. Gottman, *What Predicts Divorce?: The Relationship between Marital Processes and Marital Outcomes* (Hills-dale, NJ: Lawrence Erlbaum, 1994); J. M. Gottman, J. Coan, S. Carrere, and C. Swanson, "Predicting Marital Happiness and Stability from Newlywed Interactions," *Journal of Marriage and the Family* 60, no. 1 (1998): 5-22, https://doi.org/10.2307/353438.

13. Birditt, Brown, Orbuch, and McIlvane, "Marital Conflict Behaviors and Implications for Divorce over 16 Years."

14. T. Bradbury, S. Campbell, and F. Fincham, "Longitudinal and Behavioral Analysis of Masculinity and Femininity in Marriage," *Journal of Personality and Social Psychology* 68, no. 2 (1995): 328-41, https://www.ncbi.nlm.nih.gov/pubmed/7877096.

15. H. M. Maranges and J. K. McNulty, "The Rested Relationship: Sleep Benefits Marital Evaluations," *Journal of Family Psychology* 31, no. 1 (2017): 117-22, https://doi.org/10.1037/fam0000225.

16. P. R. Amato and A. Booth, "The Legacy of Parents' Marital Discord: Consequences for Children's Marital Quality," *Journal of Personality and Social Psychology* 81, no. 4 (2001): 627-38, http://dx.doi.org/ 10.1037/0022-3514.81.4.627.

17. Michael McCullough, Lindsey Root Luna, Jack Berry, Benjamin Tabak, and Giacomo Bono, "On the Form and Function of Forgiving: Modeling the Time-Forgiveness Relationship and Testing the Valuable Relationships Hypothesis," *Emotion* 10, no. 3 (2010): 358-76, https://doi.org/10.1037/a0019349.

18. Lerner, *Why Won't You Apologize?*, 52.

19. Miles Hewstone, Ed Cairns, Alberto Voci, Juergen Hamberger, and Ulrike Niens, "Intergroup Contact, Forgiveness, and Experience of 'The Troubles' in Northern Ireland," *Journal of Social Issues* 62, no. 1 (2006): 99-120, http://dx.doi.org/10.1111/j.1540-4560.2006.00441.x.

20. Janis Abrahms Spring with Michael Spring, *How Can I Forgive You? The Courage to Forgive, the Freedom Not To* (New York: Perennial Currents, 2005), 124.

21. Michael McCullough, Eric J. Pedersen, Evan Carter, and Benjamin A. Tabak, "Conciliatory Gestures Promote Human Forgiveness and Reduce Anger," *Proceedings of the National Academy of Sciences* 111, no. 30 (2014): 11211-16, https://doi.org/10.1073/pnas.1405072111.

22. Michael McCullough, *Beyond Revenge: The Evolution of the Forgiveness Instinct* (San Francisco: Jossey-Bass, 2008); Filippo Aureli and Frans B. M. de Waal, Natural Conflict Resolution (Berkeley, CA: University of California Press, 2000).

23. D. J. Hruschka and J. Henrich, "Friendship, cliquishness, and the emergence of cooperation," *Journal of Theoretical Biology* 239 (2006): 1-15.

24. 1 Corinthians 13:5.

25. McCullough, Root Luna, Berry, et al, "On the Form and Function of Forgiving," *Emotion* 10, no. 3 (2010): 358-76, https://doi.org/10.1037/a0019349.

26. Ibid.

27. M. E. McCullough, L. M. Root, and A. D. Cohen, "Writing about the Personal Benefits of a Transgression Facilitates Forgiveness," *Journal of Consulting and Clinical Psychology* 74, (2006): 887-97, https://doi.org/10.1037/0022-006X.74.5.887.

CHAPTER 3. 영원한 숙제, 돈

1. Scott I. Rick, Deborah A. Small, and Eli J. Finkel, "Fatal (Fiscal) Attraction: Spendthrifts and Tightwads in Marriage," *Journal of Marketing Research* 48, no. 2 (2011): 228-37, https://doi.org/10.1509/jmkr.48.2.228.

2. S. M. Stanley, H. J. Markman, and S. W. Whitton, "Communication, Conflict, and Commitment: Insights on the Foundations of Relationship Success from a National Survey," *Family Process* 41, no. 4 (2002): 659-75, https://doi.org/10.1111/j.1545-5300.2002.00659.x.

3. J. P. Dew and J. Dakin, "Financial Disagreements and Marital Conflict Tactics," *Journal of Financial Therapy* 2, no. 1 (2011): 22-42, https://doi.org/10.4148/jft.v2i1.1414.

4. L. M. Papp, E. M. Cummings, and M. C. Goeke-Morey, "For Richer, for Poorer: Money as a Topic of Marital Conflict in the

Home," *Family Relations* 58, no. 1 (2009): 91-103, https://doi. org/10.1111/j.1741-3729.2008.00537.x.

5. Ibid.

6. Pamela J. Smock, Wendy D. Manning, and Meredith Porter, "'Everything's There Except Money': How Money Shapes Decisions to Marry among Cohabitors," *Journal of Marriage and Family* 67, no. 3 (2005): 680-96, https://doi.org/10.1111/j.1741-3737.2005.00162.x.

7. K. M. Shuey and A. E. Wilson, "Economic Hardship in Childhood and Adult Health Trajectories: An Alternative Approach to Investigating Life-course Processes," *Advances in Life Course Research* 22 (2014): 49-61, http://doi.org/10.1016/j.alcr.2014.05.001.

8. Experian Credit and Divorce Survey, https://www.experian.com/blogs/ask-experian/survey-results-when-divorce-does-damage-to-your-credit/.

9. K. D. Vohs, N. L. Mead, and M. R. Goode, "The Psychological Consequences of Money," *Science* 314, no. 5802 (2006): 1154-56, https://doi.org/10.1126/science.1132491.

10. L. R. Dean, J. S. Carroll, and C. Yang, "Materialism, Perceived Financial Problems, and Marital Satisfaction," *Family and Consumer Sciences Research Journal* 35, no. 3 (2007): 260-81, https://doi.org/10.1177/1077727X06296625.

11. N. P. Li, A. J. Y. Lim, M.-H. Tsai, and J. O, "Too Materialistic to

Get Married and Have Children?," *PLoS ONE* 10, no. 5 (2015): e0126543, https://doi.org/10.1371/journal.pone.0126543.

12. Ibid.

13. D. G. Myers, *Exploring Social Psychology*, 4th ed. (New York: Worth, 2007).

14. S. L. Britt, E. J. Hill, A. B. LeBaron, D. R. Lawson, and R. A. Bean, "Tightwads and Spenders: Predicting Financial Conflict in Couple Relationships," *Journal of Financial Planning* 30, no. 5 (2017): 36-42, www.onefpa.org/journal/Pages/MAY17-Tightwads-and-Spenders-Predicting-Financial-Conflict-in-Couple-Relationships.aspx.

15. Scott Hankins and Mark Hoekstra, "Lucky in Life, Unlucky in Love?: The Effect of Random Income Shocks on Marriage and Divorce," *Journal of Human Resources* 46, no. 2 (2011): 403-26, https://doi.org/10.3368/jhr.46.2.403.

16. N. Shenhav, "What Women Want: Family Formation and Labor Market Responses to Marriage Incentives," (Job Market Paper, University of California, Davis, January 12, 2016), https://economics.ucr.edu/seminars_colloquia/2015-16/applied_economics/Shenhav%20paper%20for%202%204%2016%20job%20talk%20seminar.pdf.

17. R. Fry and D. Cohn, *New Economics of Marriage: The Rise of Wives*, Pew Research Center, 2010, www.pewtrusts.org/en/research-and-analysis/reports/2010/01/19/new-economics-of-

marriage-the-rise-of-wives.

18. Christin L Munsch, "Her Support, His Support: Money, Masculinity, and Marital Infidelity," *American Sociological Review*, Vol. 80, Issue 3 (2015): 469-495, https://doi. org/10.1177/0003122415579989

19. L. Pierce, M. S. Dahl, and J. Nielsen, "In Sickness and in Wealth: Psychological and Sexual Costs of Income Comparison in Marriage," *Personality and Social Psychology Bulletin* 39, no. 3 (2013): 359-74, https://doi.org/10.1177/0146167212475321.

20. Marta Murray-Close and Misty L. Heggeness, "Manning up and womaning down: How husbands and wives report their earnings when she earns more," June 06, 2018, Working Paper Number: SEHSD-WP 2018-20, https://www.census.gov/content/ dam/Census/library/working-papers/2018/demo/SEHSD-WP2018-20.pdf.

21. Vladas Griskevicius, Joshua M. Tybur, Jill M. Sundie, Robert B. Cialdini, Geoffrey F. Miller, and Douglas T. Kenrick, "Blatant Benevolence and Conspicuous Consumption: When Romantic Motives Elicit Strategic Costly Signals," *Journal of Personality and Social Psychology* 93, no. 1 (2007): 85-102, http://dx.doi. org/10.1037/0022- 3514.93.1.85.

22. R. T. Pinkus, P. Lockwood, U. Schimmack, and M. A. Fournier, "For Better and for Worse: Everyday Social Comparisons Between Romantic Partners," *Journal of Personality and*

주석

Social Psychology 95, no. 5 (2008): 1180-1201, https://doi.org/10.1037/0022-3514.95.5.1180.

23.   Andrew E. Clark and Andrew J. Oswald, "Satisfaction and Comparison Income, Journal of Public Economics 61, no. 3 (1996): 359-81, https://doi.org/10.1016/0047-2727(95)01564-7; Erzo F. P. Luttmer, "Neighbors as Negatives: Relative Earnings and Well-Being," Quarterly Journal of Economics, Vol. 120 (Aug. 2005, Issue 3): 963-1002, http://users.nber.org/~luttmer/relative.pdf.

24.   Olle Folke and Johanna Rickne, "All the Single Ladies: Job Promotions and the Durability of Marriage," Working Paper Number 1146, Research Institute of Industrial Economics, Stockholm, 2016.

25.   Christine R. Schwartz and Pilar Gonalons-Pons, "Trends in Relative Earnings and Marital Dissolution: Are Wives Who Outearn Their Husbands Still More Likely to Divorce?," Russell Sage Foundation Journal of the Social Sciences 2, no. 4 (2016): 218-36, www.rsfjournal.org/doi/full/10.7758/RSF.2016.2.4.08.

26.   Pinkus, "For Better and for Worse: Everyday Social Comparisons Between Romantic Partners."

27.   M. Shapiro, "Money: A Therapeutic Tool for Couples Therapy," Family Process 46, no. 3 (2007): 279-91, https://doi.org/10.1111/j.1545-5300.2007.00211.x.

28.   Joanna Pepin, "Normative Beliefs about Money in Families:

Balancing Togetherness, Autonomy, and Equality," *SocArXiv*, updated July 2, 2018, https://doi.org/10.17605/OSF.IO/6AQSE.

29. "Survey Results: When Divorce Does Damage to Your Credit," Experian.com, January 2017. This was an online survey of five hundred adults who had been divorced in the last five years.

30. Erin El Issa, "2016 American Household Credit Card Debt Study," NerdWallet.com, www.nerdwallet.com/blog/credit-card-data/household-credit-card-debt-study-2016/.

31. J. P. Dew, "Debt Change and Marital Satisfaction Change in Recently Married Couples," *Family Relations* 57, no. 1 (2008): 60-71, https://doi.org/10.1111/j.1741-3729.2007.00483.x.

32. J. P. Dew and J. Dakin, "Financial disagreements and marital conflict tactics," *Journal of Financial Therapy*, Vol. 2, Issue 1, Article 7 (2011), https://doi.org/10.4148/jft.v2i1.1414.

33. K. Archuleta, E. Rasure, J. Boyle, and E. Burr, "Do Couples Need to Be on the Same Page?: Exploring Shared Financial Goals as a Mediator for Financial Anxiety, Financial Satisfaction, and Relationship Satisfaction," *Consumer Interests Annual* 59 (2013): 1-3, https://www.consumerinterests.org/assets/docs/CIA/CIA2013/Posters2013/archuleta%20rasure%20boyle%20burr%20-%20do%20couples%20need%20to.pdf.

34. S. A. Burt, M. B. Donnellan, M. N. Humbad, B. M. Hicks, M. McGue, and W. G. Iacono, "Does Marriage Inhibit Antisocial Behavior?: An Examination of Selection vs. Causation via a

Longitudinal Twin Design," *Archives of General Psychiatry* 67, no. 12 (2010): 1309-15, https://doi.org/10.1001/archgenpsy chiatry.2010.159.

35. Megan de Linde Leonard and T. D. Stanley, "Married with children: What remains when observable biases are removed from the reported male marriage wage premium," *Labour Economics* Vol. 33 (Apr. 2015): 72-80. https://EconPapers.repec. org/RePEc:eee:labeco:v:33:y:2015:i:c:p:72-80.

36. Jay L. Zagorsky, "Marriage and Divorce's Impact on Wealth," *Journal of Sociology* 41, no. 4 (2005): 406-24, https://doi. org/10.1177/ 1440783305058478.

37. Janet Wilmoth and Gregor Koso, "Does Marital History Matter?: Marital Status and Wealth Outcomes among Preretirement Adults," *Journal of Marriage and the Family* 64, no. 1 (2004): 254-68, https://doi.org/10.1111/j.1741-3737.2002.00254.x.

38. Volker Ludwig and Josef Brüderl, "Is There a Male Marital Wage Premium? New Evidence from the United States," *American Sociological Review*, 83, no. 4, (2018) 744-770. https://doi.org/ 10.1177/ 0003122418784909.

39. Barbara A. Butrica and Karen E. Smith, "The Retirement Prospects of Divorced Women," *Social Security Bulletin* 72, no. 1 (2012): 11-22, www.ssa.gov/policy/docs/ssb/v72n1/v72n1p11. html.

CHAPTER 4. 가족이라는 이름

1. J. Belsky and M. Rovine, "Patterns of Marital Change across the Transition to Parenthood: Pregnancy to Three Years Postpartum," *Journal of Marriage and Family* 52, no. 1 (1990): 5-19, https://doi.org/10.2307/352833; C. P. Cowan and P. A. Cowan, *When Partners Become Parents: The Big Life Change for Couples* (Mahwah, NJ: Lawrence Erlbaum, 1992).

2. M. J. Cox, B. Paley, M. Burchinal, and C. C. Payne, "Marital perceptions and interactions across the transition to parenthood," *Journal of Marriage and the Family* 61 no. 3 (1999): 611-25, http://dx.doi.org/10.2307/353564.

3. A. F. Shapiro, J. M. Gottman, and S. Carrère, "The Baby and the Marriage: Identifying Factors That Buffer against Decline in Marital Satisfaction after the First Baby Arrives," *Journal of Family Psychology* 14, no. 1 (2000): 59-70, https://doi.org/10.1037//0893-3200.14.1.59; E. S. Kluwer, J. A. Heesink, and E. Vliert, "The Division of Labor across the Transition to Parenthood: A Justice Perspective," *Journal of Marriage and Family* 64, no. 4 (2002): 930-43, https://doi.org/10.1111/j.1741-3737.2002.00930.x; Julie M. Koivunen, Jeanne W. Rothaupt, and Susan M. Folfgram, "Gender Dynamics and Role Adjustment during the Transition to Parenthood: Current Perspectives," *Family Journal* 17, no. 4 (2009): 323-28, https://

doi.org/10.1177/1066480709347360.

4. Kim Parker and Wendy Wang, "Modern Parenthood: Roles of Moms and Dads Converge as They Balance Work and Family," Pew Research Center, Social and Demographic Trends, March 14, 2013, www.pewsocialtrends.org/2013/03/14/modern-parenthood-roles-of-moms-and-dads-converge-as-they-balance-work-and-family/.

5. Bureau of Labor Statistics, American Time Use Survey, "Charts by Topic: Household Activities," 2016, www.bls.gov/tus/charts/household.htm.

6. Bureau of Labor Statistics, Economic News Release, "Table 5. Employment Status of the Population by Sex, Marital Status, and Presence and Age of Own Children under 18, 2016-2017 Annual Averages," 2016, www.bls.gov/news.release/famee.t05.htm.

7. Parker and Wang, "Modern Parenthood, Roles of Moms and Dads Converge as They Balance Work and Family."

8. T. Hansen, "Parenthood and Happiness: A Review of Folk Theories versus Empirical Evidence," *Social Indicators Research* 108, no. 1 (2012): 29-64, https://doi.org/10.1007/s11205-011-9865-y.

9. J. M. Twenge, W. K. Campbell, and C. A. Foster, "Parenthood and Marital Satisfaction: A Meta-analytic Review," *Journal of Marriage and Family* 65, no. 3 (2003): 574-83, https://doi.org/10.1111/j.1741-3737.2003.00574.x; K. M. Nomaguchi and

M. A. Milkie, "Costs and Rewards of Children: The Effects of Becoming a Parent on Adults' Lives," *Journal of Marriage and Family* 65, no. 2 (2003): 356-74, https://doi.org/10.1111/j.1741-3737.2003.00356.x.

10. S. Offer, "Time with Children and Employed Parents' Emotional Well-being," *Social Science Research* 47 (2014): 192-203, https://doi.org/10.1016/j.ssresearch.2014.05.003.

11. Josh Coleman quoted in Sharon Meers and Joanna Strober, *Getting to 50/50: How Working Couples Can Have It All by Sharing It All: And Why It's Great for Your Marriage, Your Career, Your Kids, and You* (New York: Bantam Books, 2009), 189.

12. L. E. Kotila, S. J. Schoppe-Sullivan, and C. M. Kamp Dush, "Time in Parenting Activities in Dual-Earner Families at the Transition to Parenthood," *Family Relations* 62, no. 5 (2013): 795-807, PMCID: PMC4578481, www.ncbi.nlm.nih.gov/pubmed/26405367.

13. Parker and Wang, "Modern Parenthood, Roles of Moms and Dads Converge as They Balance Work and Family."

14. M. Lino, K. Kuczynski, N. Rodriguez, and T. Schap, *Expenditures on Children by Families*, 2015, Miscellaneous Publication No. 1528-2015, U.S. Department of Agriculture, Center for Nutrition Policy and Promotion, 2017, www.cnpp.usda.gov/sites/default/files/crc2015.pdf.

15. R. G. Lucas-Thompson, W. A. Goldberg, and J. Prause, "Maternal Work Early in the Lives of Children and Its Distal Associations

with Achievement and Behavior Problems: A Meta-analysis,"
Psychological Bulletin 136, no. 6 (2010): 915-42, https://doi.
org/10.1037/a0020875; *The NICHD Study of Early Child Care
and Youth Development: Findings for Children up to 41/2
Years*, U.S. Department of Health and Human Services, National
Institutes of Health, National Institute of Child Health and Human
Development, 2006, www1.nichd.nih.gov/publications/pubs/
documents/seccyd_06.pdf.

16. Ashley V. Whillans, Elizabeth W. Dunn, Paul Smeets, Rene
Bekkers, Michael I. Norton, "Buying time promotes happiness,"
Proceedings of the National Academy of Sciences Aug. 2017,
114 (32) 8523-8527; DOI: 10.1073/pnas.1706541114.

17. M. O'Brien and K. Wall, eds., *Comparative Perspectives on
Work-Life Balance and Gender Equality—Fathers on Leave
Alone* (New York: Springer Open, 2017).

18. Society for Human Resource Management, "2018 Employee
Benefits Survey—The Evolution of Benefits," Table 6, p. 25
(2018), https://www.shrm.org/hr-today/trends-and-forecasting/
research-and-surveys/Documents/2018%20Employee%20
Benefits%20Report.pdf.

19. N. K. Grote, M. S. Clark, and A. Moore, "Perceptions of Injustice
in Family Work: The Role of Psychological Distress," *Journal
of Family Psychology* 18, no. 3 (2004): 480- 92, https://doi.
org/10.1037/0893-3200.18.3.480; Kotila, Schoppe-Sullivan, Kamp

Dush, "Time in Parenting Activities in Dual-Earner Families at the Transition to Parenthood"; A. R. Poortman and T. Van der Lippe, "Attitudes toward Housework and Child Care and the Gendered Division of Labor," *Journal of Marriage and Family* 71, no. 3 (2009): 526-41, https://doi.org/10.1111/j.1741-3737.2009.00617.x.

20. William H. Jeynes, "Meta-analysis on the Roles of Fathers in Parenting: Are They Unique?," *Marriage and Family Review* 52, no. 7 (2016): 665-88, https://doi.org/10.1080/01494929.2016.1157121.

21. C. S. Mott Children's Hospital, National Poll on Children's Health, *Mott Poll Report: Mom Shaming or Constructive Criticism? Perspectives of Mothers* 29, no. 3, June 19, 2017, https://mottnpch.org/reports-surveys/mom-shaming-or-constructive-criticism-perspectives-mothers.

22. Jennifer Lehr, *Parentspeak: What's Wrong with How We Talk to Our Children— and What to Say Instead* (New York: Workman, 2016).

23. S. Gable, J. Belsky, and K. Crinic, "Marriage, Parenting, and Child Development: Progress and Prospects," *Journal of Family Psychology* 5, nos. 3-4 (1992): 276-94, http://dx.doi.org/10.1037/0893-3200.5.3-4.276.

24. Timothy Keller and Kathy Keller, *The Meaning of Marriage: Facing the Complexities of Commitment with the Wisdom of*

주석

God (New York: Dutton, 2011), 142.

25. Ayelet Waldman, "Truly, Madly, Guiltily," *The New York Times*, March 27, 2005, www.nytimes.com/2005/03/27/fashion/truly-madly-guiltily.html.

26. Chrystyna D. Kouros, Lauren M. Papp, Marcie C. Goeke-Morey, and E. Mark Cummings, "Spillover between Marital Quality and Parent-Child Relationship Quality: Parental Depressive Symptoms as Moderators," *Journal of Family Psychology* 28, no. 3 (2014): 315- 25, http://dx.doi.org/10.1037/a0036804.

27. G. T. Harold, J. J. Aitken, and K. H. Shelton, "Interparental Conflict and Children's Academic Attainment: A Longitudinal Analysis," *Journal of Child Psychology and Psychiatry* 48, no. 12 (2007): 1223-32, https://doi.org/10.1111/j.1469-7610.2007.01793.x.

28. Stephanie L. McFall and Chris Garrington, eds., *Understanding Society: Early Findings from the First Wave of the UK's Household Longitudinal Study* (Colchester: Institute for Social and Economic Research, University of Essex, 2011), 11, http://repository.essex.ac.uk/9115/1/Understanding-Society-Early-Findings.pdf.

29. Paul R. Amato, "The Consequences of Divorce for Adults and Children," *Journal of Marriage and Family* 62 (2000): 1269-1287, https://doi:10.1111/j.1741-3737.2000.01269.x.

30. Lynn White, "The Effect of Parental Divorce and Remarriage on Parental Support for Adult Children," *Journal of Family*

Issues 13, no. 2 (1992): 234-250, https://doi.org/10.1177/ 019251392013002007.

31. Judith Wallerstein, Julia Lewis, and Sandra Blakeslee, The Unexpected Legacy of Divorce: A 25-Year Landmark Study (New York: Hyperion, 2001), 298.

32. Paul R. Amato, Jennifer B. Kane, and Spencer James, "Reconsidering the 'Good Divorce,'" *Family Relations* 60, no. 5 (2011): 511-24, https://doi.org/10.1111/j.1741-3729.2011.00666. x.

33. Shelly Lundberg, Robert A. Pollak, and Jenna Stearns, "Family Inequality: Diverging Patterns in Marriage, Cohabitation, and Childbearing," *The Journal of Economic Perspectives : A Journal of the American Economic Association* 30, no. 2, (2016): 79-102. http://doi.org/10.1257/jep.30.2.79

34. S. A. Ruiz and M. Silverstein, "Relationships with Grandparents and the Emotional Well- being of Late Adolescent and Young Adult Grandchildren," *Journal of Social Issues* 63, no. 4 (2007): 793-808, https://doi.org/10.1111/j.1540-4560.2007.00537.x.

35. R. Dunifon and A. Bajracharya, "The Role of Grandparents in the Lives of Youth," *Journal of Family Issues* 33, no. 9 (2012): 1168-94, https://doi.org/10.1177/0192513X12444271.

CHAPTER 5. 뜨거운 밤을 위하여

1. *One-in-Five U.S. Adults Were Raised in Interfaith Homes*, Pew Research Center, October 26, 2016, www.pewforum .org/2016/10/26/one-in-five-u-s-adults-were-raised-in-interfaith-homes/; S. Elliott and D. Umberson, "The Performance of Desire: Gender and Sexual Negotiation in Long-Term Marriages," *Journal of Marriage and Family* 70, no. 2 (2008): 391-406, https://doi.org/10.1111/j.1741-3737.2008.00489.x.

2. Robert T. Michael, John H. Gagnon, Edward O. Laumann, and Gina Kolata, *Sex in America: A Definitive Survey* (Boston: Little, Brown, 1994).

3. Seth Stephens-Davidowitz, "Searching for Sex," *The New York Times*, January 24, 2015, www.nytimes.com/2015/01/25/ opinion/sunday/seth-stephens-davidowitz-searching-for-sex. html.

4. J. M. Twenge, R. A. Sherman, and B. E. Wells, "Declines in Sexual Frequency among American Adults, 1989-2014," *Archives of Sexual Behavior* 46, no. 8 (2017): 2389-2401, https://doi. org/10.1007/s10508-017-0953-1.

5. General Social Survey figures provided by Tom Smith, director of the General Social Survey at NORC by request.

6. George Pelecanos, *Hell to Pay: A Novel* (Boston: Little, Brown, 2002).

7. Esther Perel, "The Secret to Desire in a Long-term Relationship,"

결혼학 개론

TED talk, 2013.

8. L. A. Jordan and R. C. Brooks, "The Lifetime Costs of Increased
    Male Reproductive Effort: Courtship, Copulation and the
    Coolidge Effect," *Journal of Evolutionary Biology* 23, no. 11
    (2010): 2403-9, https://doi.org/10.1111/j.1420-9101.2010.02104.
    x.

9. Caitlyn Yoshiko Kandil, "Body-image studies explore the source
    of much of our anxiety," *Los Angeles Times*, March 27, 2016,
    http://www.latimes.com/socal/weekend/news/tn-wknd-et-
    0327-body-image-studies-20160327-story.html.

10. S. Kornrich, J. Brines, and K. Leupp, "Egalitarianism,
    Housework, and Sexual Frequency in Marriage," *American
    Sociological Review* 78, no. 1 (2013): 26-50, https://doi.
    org/10.1177/0003122412472340.

11. D. L. Carlson, A. J. Miller, S. Sassler, and S. Hanson, "The
    Gendered Division of Housework and Couples' Sexual
    Relationships: A Reexamination," *Journal of Marriage and
    Family* 78, no. 4 (2016): 975-95, https://doi.org/10.1111/
    jomf.12313.

12. D. L. Carlson, A. J. Miller, and S. Sassler, "Stalled for Whom?
    Change in the Division of Particular Housework Tasks and Their
    Consequences for Middle-to Low-Income Couples," Socius:
    Sociological Research for a Dynamic World 4 (2018): 1-17,
    https://doi.org/10.1177/2378023118765867.

13. William J. Becker, Liuba Belkin, and Sarah Tuskey, "Killing me softly: Electronic communications monitoring and employee and spouse well-being," *Academy of Management Proceedings*, 2018; 2018 (1): 12574 DOI: 10.5465/AMBPP.2018.121.

14. Adrienne Lucas and Nicholas Wilson, "Does Television Kill Your Sex Life? Microeconomic Evidence from 80 Countries," NBER Working Paper Number 24882, August 2018.

15. Juliana M. Kling, JoAnn E. Manson, Michelle J. Naughton, Mhamed Temkit, Shannon D. Sullivan, Emily W. Gower, Lauren Hale, Julie C. Weitlauf, Sara Nowakowski, and Carolyn J. Crandall, "Association of Sleep Disturbance and Sexual Function in Postmenopausal Women," *Menopause* 24, no. 6 (2017): 604-12, https://doi.org/10.1097/GME. 0000000000000824.

16. D. A. Kalmbach, J. T. Arnedt, V. Pillai, and J. A. Ciesla, "The Impact of Sleep on Female Sexual Response and Behavior: A Pilot Study," *The Journal of Sexual Medicine* 12, no. 5 (2015): 1221-32, https://doi.org/10.1111/jsm.12858.

17. Sarah Arpin, Cynthia Mohr, Alicia Starkey, Sarah Haverly and Leslie Hammer, "A Well Spent Day Brings Happy Sleep: Findings from a Dyadic Study of Capitalization Support," presented at 2017 convention of the Society for Personality and Social Psychology.

18. Gurit E. Birnbaum, Harry T. Reis, Moran Mizrahi, Yaniv Kanat-Maymon, Omri Sass, and Chen Granovski-Milner, "Intimately Connected: The Importance of Partner Responsiveness for

Experiencing Sexual Desire," *Journal of Personality and Social Psychology* 111, no. 4 (2016): 530-46, https://doi.org/10.1037/pspi0000069.

19. William H. Masters and Virginia E. Johnson, *Human Sexual Response* (Boston: Little, Brown, 1970), 219.

20. Mary Roach, *Bonk: The Curious Coupling of Science and Sex* (New York: W. W. Norton, 2008), 302.

21. J. A. Hess and T. A. Coffelt, "Verbal Communication about Sex in Marriage: Patterns of Language Use and Its Connection with Relational Outcomes," *The Journal of Sex Research* 49, no. 6 (2012): 603-12, https://doi.org/10.1080/00224499.2011.619282.

22. T. A. Coffelt and J. A. Hess, "Sexual Disclosures: Connections to Relational Satisfaction and Closeness," *Journal of Sex and Marital Therapy* 40, no. 6 (2014): 577-91, https://doi.org/10.1080/0092623X.2013.811449.

23. S. Sprecher and R. M. Cate, "Sexual Satisfaction and Sexual Expression as Predictors of Relationship Satisfaction and Stability," in J. H. Harvey, A. Wenzel, and S. Sprecher, eds., *The Handbook of Sexuality in Close Relationships* (Mahwah, NJ: Lawrence Erlbaum, 2004), 235-56; S. MacNeil and E. S. Byers, "Dyadic Assessment of Sexual Self-disclosure and Sexual Satisfaction in Heterosexual Dating Couples," *Journal of Personal and Social Relationships* 22, no. 2 (2005): 169-81, https://doi.org/10.1177/0265407505050942.

24. M. K. Pitts, A. M. Smith, J. Grierson, M. O'Brien, and S. Misson, "Who Pays for Sex and Why? An Analysis of Social and Motivational Factors Associated with Male Clients of Sex Workers," *Archives of Sexual Behavior* 33, no. 4 (2004): 353-58, https://doi.org/10.1023/B:ASEB.0000028888.48796.4f.

25. S. Sprecher, S. Metts, B. Burleson, E. Hatfield, and A. Thompson, "Domains of Expressive Interaction in Intimate Relationships: Associations with Satisfaction and Commitment," *Family Relations* 44, no. 2 (1995): 203-10, https://doi.org/10.2307/584810.

26. Pamela Regan and Leah Atkins, "Sex Differences and Similarities in Frequency and Intensity of Sexual Desire," *Social Behavior and Personality: An International Journal* 34, no. 1 (2006): 95-102, https://doi.org/10.2224/sbp.2006.34.1.95.

27. Jennifer M. Ostovich and John Sabini, "How Are Sociosexuality, Sex Drive, and Lifetime Number of Sexual Partners Related?," *Personality and Social Psychology Bulletin* 30, no. 10 (2004): 1255-66, https://doi.org/10.1177/0146167204264754.

28. P. Blumstein and P. Schwartz, *American Couples: Money, Work, Sex* (New York: William Morrow, 1983).

29. B. Komisaruk, B. Whipple, A. Crawford, W. C. Liu, A. Kalnin, and K. Mosier, "Brain Activation during Vagino cervical Self-stimulation and Orgasm in Women with Complete Spinal Cord Injury: fMRI Evidence of Mediation by the Vagus Nerves," *Brain*

결혼학 개론

Research 1024, nos. 1-2 (2004): 77-88, https://doi.org/10.1016/j.brainres.2004.07.029.

30. D. Herbenick, M. Mullinax, and K. Mark, "Sexual Desire Discrepancy as a Feature, Not a Bug, of Long-term Relationships: Women's Self-reported Strategies for Modulating Sexual Desire," *The Journal of Sexual Medicine* 11, no. 9 (2014): 2196-206, https://doi.org/10.1111/jsm.12625.

31. Cathi Hanauer, ed., *The Bitch Is Back: Older, Wiser, and (Getting) Happier* (New York: HarperCollins, 2016), 115.

32. Rosemary Basson, "The Female Sexual Response: A Different Model," *Journal of Sex and Marital Therapy* 26, no. 1 (2000): 51-65, https://doi.org/10.1080/009262300278641.

33. Rosemary Basson, "Rethinking low sexual desire in women," *BJOG: An International Journal of Obstetrics & Gynaecology* 109 (2002): 357-63, https://doi.org/10.1111/j.1471-0528.2002.01002.x.

34. C. M. Meston and D. M. Buss, "Why Humans Have Sex," *Archives of Sexual Behavior* 36 (2007): 477-507, https://doi.org/10.1007/s10508-007-9175-2.

35. Sari M. van Anders, Lisa Dawn Hamilton, Nicole Schmidt, and Neil V. Watson, "Associations between Testosterone Secretion and Sexual Activity in Women," *Hormones and Behavior* 51, no. 4 (2007): 477-82, https://doi.org/10.1016/j.yhbeh.2007.01.003.

36. Ibid.

37. Ellen McCarthy, "Psychologist Barry McCarthy Helps Couples Resolve Sex Problems," *The Washington Post*, December 6, 2009.

38. Michael Metz and Barry McCarthy, *Enduring Desire: Your Guide to Lifelong Intimacy* (New York: Routledge, 2011).

39. Amy Muise, Ulrich Schimmack, and Emily A. Impett, "Sexual Frequency Predicts Greater Well-being, But More Is Not Always Better," *Social Psychological and Personality Science* 7, no. 4 (2016): 295-302, https://doi.org/10.1177/1948550615616462.

40. S. Hite, *The Hite Report: A Nationwide Study of Female Sexuality* (New York: Dell, 1976).

41. K. S. Fugl-Meyer, K. Oberg, P. O. Lundberg, B. Lewin, and A. Fugl-Meyer, "On Orgasm, Sexual Techniques, and Erotic Perceptions in 18-to 74-Year-Old Swedish Women," *The Journal of Sexual Medicine* 3, no. 1 (2006): 56-68, https://doi.org/10.1111/j.1743-6109.2005.00170.x.

42. Barry R. Komisaruk and Beverly Whipple, "Functional MRI of the Brain during Orgasm in Women," *Annual Review of Sex Research* 16 (2005): 62-86, https://www.tandfonline.com/doi/abs/10.1080/10532528.2005.10559829.

43. Ibid.

44. J. R. Georgiadis, R. Kortekaas, R. Kuipers, A. Nieuwenburg, J. Pruim, A. A. Reinders, and G. Holstege, "Regional Cerebral Blood Flow Changes Associated with Clitorally Induced Orgasm

결혼학 개론

in Healthy Women," *European Journal of Neuroscience* 24, no. 11 (2006): 3305-16, https://doi.org/10.1111/j.1460-9568.2006.05206.x.

45. M. Chivers, M. Seto, and R. Blanchard, "Gender and Sexual Orientation Differences in Sexual Response to Sexual Activities Versus Gender of Actors in Sexual Films," *Journal of Personality and Social Psychology*, Vol. 93, No. 6 (2007): 1108-1121, https://doi.org/10.1037/0022-3514.93.6.1108.

46. Rachel Hills, *The Sex Myth: The Gap Between Our Fantasies and Reality* (New York: Simon & Schuster Paperbacks, 2015), 8.

47. T. Kohut, W. A. Fisher, and L. Campbell, "Perceived Effects of Pornography on the Couple Relationship: Initial Findings of Open-Ended, Participant-Informed, 'Bottom-Up' Research," *Archives of Sexual Behavior* 46, no. 2 (2017): 585-602, https://doi.org/10.1007/s10508-016-0783-6.

48. B. Y. Park, G. Wilson, J. Berger, M. Christman, B. Reina, F. Bishop, W. P. Klam, and A. P. Doan, "Is Internet Pornography Causing Sexual Dysfunctions? A Review with Clinical Reports," *Behavioral Sciences* 6, no. 3 (2016): 17, https://doi.org/10.3390/bs6030017.

49. E. L. Deci and R. M. Ryan, "The 'What' and 'Why' of Goal Pursuits: Human Needs and the Self-determination of Behavior," *Psychological Inquiry* 11, no. 4 (2000): 227-68, https://doi.org/10.1207/S15327965 PLI1104_01.

50. B. McCarthy, "Sexual Desire and Satisfaction: The Balance between Individual and Couple Factors," *Sexual and Relationship Therapy* 27, no. 4 (2012): 310-21, https://doi.org/10.1080/146819 94.2012.738904.

51. B. R. Komisaruk, C. Beyer-Flores, and B. Whipple, The *Science of Orgasm* (Baltimore: Johns Hopkins University Press, 2006).

52. G. Davey Smith, S. Frankel, and J. Yarnell, "Sex and Death: Are They Related? Findings from the Caerphilly Cohort Study," *The BMJ* 315, no. 7123 (1997): 1641-44, https://doi.org/10.1136/bmj.315.7123.1641.

53. Roach, Bonk, 39.

54. Karl Pillemer, *30 Lessons for Loving: Advice from the Wisest Americans on Love, Relationships and Marriage* (New York: Avery, 2015), p. 181.

CHAPTER 6. 현명하게 도움받기

1. One study did note parallels between Chapman's methods and other theoretical models: Nichole Egbert and Denise Polk, "Speaking the Language of Relational Maintenance: A Validity Test of Chapman's (1992) Five Love Languages," *Communication Research Reports* 23, no. 1 (2006): 19-26, https://doi.org/10.1080/17464090500535822.

2. Quoted in Susan Gilbert, "Married with Problems? Therapy May Not Help," *The New York Times*, April 19, 2005, www.nytimes. com/2005/04/19/health/psychology/married-with-problems-therapy-may-not-help.html.

3. M. Robin Dion, Sarah A. Avellar, Heather H. Zaveri, Debra A. Strong, Alan M. Hershey, Timothy J. Silman and Betsy Santos, "The Oklahoma Marriage Initiative: A Process Evaluation" May 23, 2008, research.policyarchive.org/15743.pdf.

4. According to National Directory of Marriage and Family Counseling, "Family and Marriage Counseling Cost: How Much Will It Cost?," www.counsel- search.com/articles/marriage-family-counseling_71.htm.

5. Douglas Wendt and Kevin Shafer, "Gender and Attitudes about Mental Health Help Seeking: Results from National Data," *Health & Social Work* 41, no. 1 (2016): e20-e28, https://doi.org/10.1093/hsw/hlv089.

6. L. J. Waite, D. Browning, W. J. Doherty, M. Gallagher, Y. Lou, and S. M. Stanley, *Does Divorce Make People Happy? Findings from a Study of Unhappy Marriages* (New York: Institute for American Values, 2002).

7. Rebecca Aponte, "Augustus Napier on Experiential Family Therapy," Psychotherapy.net, https://www.psychotherapy.net/interview/augustus-napier.

8. Tom W. Smith, Michael Davern, Jeremy Freese, and Michael

Hout, General Social Surveys, 1972-2016, https://gssdataexplorer.
norc.org/trends/Gender%20&%20Marriage?measure=xmarsex.

9.   William Jankowiak, M. Diane Nell, and Anne Buckmaster,
     "Managing Infidelity: A Cross-cultural Perspective," *Ethnology* 41,
     no. 1 (2002): 85-101, http://dx.doi.org/10.2307/4153022.

10. Daphne de Marneffe, *The Rough Patch: Marriage, Midlife, and
     the Art of Living Together* (New York: Scribner, 2018), 104-8.

11. Rose M. Kreider and Renee Ellis, "Number, Timing, and Duration
     of Marriages and Divorces: 2009," *Current Population Reports*,
     P70-125, U.S. Census Bureau, Washington, DC, 2011, figure 5.

12. Justin Lavner, Brandon Weiss, Joshua Miller, and Benjamin R.
     Karney, "Personality Change Among Newlyweds: Patterns,
     Predictors, and Associations With Marital Satisfaction Over Time,"
     Developmental Psychology 54 (2017), http://dx.doi.org/10.1037/
     dev0000491.

13. J. M. Randles, "Partnering and Parenting in Poverty: A
     Qualitative Analysis of a Relationship Skills Program for Low-
     Income, Unmarried Families," *Journal of Policy Analysis and
     Management* 33, no. 2 (2014): 385-412, https://doi.org/10.1002/
     pam.21742; R. G. Carlson, S. M. Barden, A. P. Daire, and J.
     Greene, "Influence of Relationship Education on Relationship
     Satisfaction for Low-Income Couples," *Journal of Counseling
     and Development* 92, no. 4 (2014): 418-27, https://doi.
     org/10.1002/j.1556- 6676.2014.00168.x.

14. Real, *The New Rules of Marriage*, 77.

15. Tom W. Smith, Michael Davern, Jeremy Freese, and Michael Hout, General Social Surveys, 1972-2016, https://gssdataexplorer. norc.org/trends/Gender%20&%20Marriage?measure=divlaw.

16. Waite, Browning, Doherty, et al., *Does Divorce Make People Happy?*

17. C. A. Johnson, S. M. Stanley, N. D. Glenn, P. A. Amato, S. L. Nock, H. J. Markman, and M. R. Dion, *Marriage in Oklahoma: 2001 Baseline Statewide Survey on Marriage and Divorce* (S02096 OKDHS) (Oklahoma City, OK: Oklahoma Department of Human Services, 2002).

18. William J. Doherty, Steven M. Harris, and Katharine Wickel Didericksen, "A Typology of Attitudes toward Proceeding with Divorce among Parents in the Divorce Process," *Journal of Divorce and Remarriage* 57, no. 1 (2016): 1-11, https://doi.org/1 0.1080/10502556.2015.1092350.

19. Waite, Browning, Doherty, et al., *Does Divorce Make People Happy?*

부록

1. Arthur Aron, Edward Melinat, Elaine N. Aron, Robert Darrin Vallone, and Renee J. Bator, "The Experimental Generation of Interpersonal Closeness: A Procedure and Some Preliminary Findings," *Personality and Social Psychology Bulletin* (1997) 23, 363- 77, https://doi.org/10. 1177/0146167297234003.

결혼학 개론

♥ 감사의 말

내가 이 책을 쓰기까지 정말 많은 사람이 아낌없는 도움을 주었다. 오랜 시간 힘들게 얻어낸 연구 결과와 상담 치료 과정을 내게 전해주었고, 떠올리는 것만으로도 힘든 개인적인 이야기를 들려주었다. 우리 가족은 내가 이 책에 우리 가족에 관한 개인적인 이야기를 싣도록 허락해주었고, 내 기억이 그들의 기억과 다른 부분이 있어도 크게 뭐라 하지 않았다. 이 책에 도움을 준 많은 사람이 대부분 책에 이름이 언급되었으므로 아직 언급되지 않은 사람들에게 이 페이지를 빌려 감사 인사를 전하고 싶다.

나는 이 책에 필요한 연구를 시행하는 과정에서 내가 소속된, 그리고 나를 비롯한 모든 독자를 매주 더 똑똑하게 만들어준다고 믿는 〈타임〉지로부터 헤아릴 수 없을 만큼 큰 도움을 받았다. 〈타임〉지 사람들은 흥미로운 주제를 찾아 그것을 하나의 이야기로 풀어내는 법, 새로운 주제에 관해 연구하고 글을 쓰는 법, 내가 쓴 글이 사실에 어긋남이 없는지 확인하는 법, 공정함과 정확성, 재미를 골고루 갖춘 글을 쓰는 법에 관해 정말 많은 것을 가르쳐주었다. 또한 그들은 편집실과 회의실에서 미팅이 있을 때마다 이 말 많고 특정 단어는 발음도 잘 안 되는 호주 출신 저자의 이야기를 인내심 있게 들어주었을 뿐 아니라, 한 팀의 일원으로 기꺼이 받아주었다. 지금까지 나는 여섯 명의 편집국장 밑에서 일했는데, 그들 모두에게 감사한다. 하지만 다음 사람들의 이름은 특별히 언급하지 않을 수 없다. 내 친구이자 멘토인 리처드 스텐겔Richard Stengel, 나에게 결혼을 주제로 글을 써보도록 방향을 제시해준 낸시 깁스Nancy Gibbs, 너무 말랑하다는 이유로 퇴짜를 받아온 주제에 관해 연구를 기반으로 글을 써보라고 용기를 준 에드워드 펠센탈Edward Felsenthal, 그들에게 특별히 감사 인사를 전한다.

이 책은 원래 수잔나 슈롭스도르프Susanna Schrobsdorff가 편집을 맡은 표지 기사로 시작했다. 그 뒤 나의 동료 제프 클루거Jeff Kluger가 그 기사가 좀 더 큰 프로젝트가 되도록 나를 몰아붙였다. 나의 에이전트이자 친구인 벳시 레너Betsy Lerner는 20년 전 작가 지망생일 뿐이었던 나를 찾아와 몇 년간 점심을 사주며 한 번도 욕하지 않고 끈기 있게 나의 집필 과정을 지켜봐주었다. 이 주제에 관심이 많았던 슈피겔 앤 그라우Spiegel & Grau의 편집장인 줄리 그라우Julie Grau는 이 모든 과정이 내가 생각했던 것보다 훨씬 수월하게 진행될 수 있게 도와주었다. 둘도 없는 내 절친이자 내 책의 초기 독자인 캐리 월리스Carey Wallace는 내가 자신감 저하로 허리케인급 두려움에 휩싸일 때마다 의지할 기둥이 되어주었다. 마지막으로 감사 인사를 전할 수잔 웨일Susan Weill은 나를 대신해 열심히 팩트 체크를 해주었다.

개인적인 면에서는 남편과 내가 힘든 시기를 헤쳐 나가고 진정한 동반자 관계가 무엇인지 이해할 수 있게 도와준 수 핀쿠소프Sue Pincusoff에게 큰 감사 인사를 전한다. 그렇게 오랜 시간을 함께하며 훌륭한 본보기가 되어준 우리 부모님에게도 감사한 마음을 전한다. 이 책을 작업하는 동안 "미안해, 엄마가 바빠서"라는 말을 지겹도록 들어준 우리 아이들에게

도 고맙다. 무엇보다 세상에서 가장 어렵고도 멋진 내 남편 제러미에게
도 감사 인사를 해야겠다. 고마워요, 여보. 우리 이야기를 쓸 수 있게 해
줘서. 내가 더 신나는 삶을 살 수 있게 나를 늘 괴롭혀줘서. 그리고 나와
결혼해줘서.